NOS PETITES COLONIES

POITIERS. — TYPOGRAPHIE OUDIN.

Pêcheurs de Saint-Pierre perdus dans la brume.

FERNAND HUE & GEORGES HAURIGOT

NOS
PETITES COLONIES

Saint-Pierre et Miquelon. — Le Gabon. — Le Congo. — La Côte-d'Or. — Obock. — Mayotte. — Nossi-Bé. — Sainte-Marie de Madagascar. — Établissements français dans l'Inde. — Taïti et ses dépendances. — Les Marquises. — Les Tuamotu. — Les Gambier.

H. LECÈNE et H. OUDIN, ÉDITEURS

PARIS | POITIERS
17, RUE BONAPARTE, 17 | 4, RUE DE L'ÉPERON, 4

1887

AVANT-PROPOS

Depuis quelques années, on s'est pris en France d'un vif intérêt pour les explorations géographiques ; notre récente expédition du Tong-King et le traité de protectorat de l'île de Madagascar, récemment signé avec la reine des Hovas, ont plus spécialement encore appelé l'attention sur les questions coloniales.

Et cependant, il faut bien le dire, nos colonies restent peu connues ; quelques-unes même sont complètement ignorées. Combien, parmi les gens du monde, savent que nous possédons quelque part un coin de terre qui s'appelle Obock ? Combien se font une idée exacte des îles Saint-Pierre et Miquelon, par exemple ? Combien connaissent les peuples qui habitent nos possessions d'outre-mer, la vie qu'y mènent nos compatriotes, les produits que nous en retirons ou que nous pourrions en retirer ?

C'est pour vulgariser ces questions particulièrement intéressantes que nous offrons notre œuvre au public.

Nous la commençons par l'étude des possessions françaises les plus ignorées. Nous les appelons *Petites Colonies*, parce que ce sont les moins importantes, et nous nous occupons de celles-là d'abord, justement parce qu'elles sont les moins connues.

Nous n'avons pas la prétention d'être les premiers à faire un travail d'ensemble sur les Colonies françaises ; nous croyons toutefois que l'ouvrage par nous entrepris, et dont ce volume n'est que le début, est le seul qui, à côté des renseignements techniques sur l'histoire, la géographie, la topographie, etc., fournisse des détails aussi complets sur les habitants, leurs coutumes, leurs travaux, leur vie intime. En un mot, nous avons donné beaucoup au côté pittoresque.

Nous ne prétendons pas non plus n'apporter dans cette œuvre que des faits absolument nouveaux. Qu'il nous soit cependant permis de dire que la majeure partie des détails donnés par nous proviennent de *documents inédits*, de *notes personnelles*, et surtout de *renseignements* dus à l'obligeance d'amis, qui ont longtemps habité ou habitent encore les pays dont nous entretenons le lecteur.

NOS PETITES COLONIES

NOS PETITES COLONIES

AMÉRIQUE

SAINT-PIERRE ET MIQUELON

CHAPITRE I.

Aspect général. — Situation. — Topographie. — Climat. — La neige. — Le poudrin. — Sifflets de brume. — Le chant des Sirènes. — La Vache. — Aurores boréales. — Les jardins. — Les fermes. — La sapinette. — Un remède contre les rhumatismes. — La cueillette.

Sans le voisinage des bancs de Terre-Neuve, Saint-Pierre et Miquelon ne seraient que des îlots sans nom, indiqués seulement sur les cartes marines pour prémunir les navigateurs contre les abords dangereux de ces roches dénudées.

C'est au milieu d'une brume épaisse, et comme un point noir qui surgit d'une mer grise et sombre, que les îles apparaissent aux yeux des marins se rendant à Terre-Neuve.

En venant par le large, on aperçoit d'abord le Grand-Colombier, énorme solitaire qui profile sa masse noire au-dessus des flots, et dont les pentes arides s'abaissent jusqu'à la mer ; puis, à mesure que l'on approche, on entend le ressac des lames qui se brisent sur les quartiers de roches, les *canailles* (amas de galets) placés en vedette en avant de l'île aux Pigeons. On passe ensuite devant l'île au Vainqueur, dont le lazaret, avec ses murailles blanches, se détache en relief sur le décor triste qui est particulier au ciel de ces régions.

Miquelon, que l'on voit dans le lointain, a l'air aussi désolé, et l'œil cherche en vain une trace de végétation. La côte se dessine presque inabordable, hérissée d'écueils dangereux, découpée de caps aigus, de baies profondes, et entourée d'une foule d'îlots placés là comme pour en défendre l'abord.

Dès qu'on a doublé le cap de l'Aigle, l'aspect se modifie. Dans une vaste baie s'ouvre la rade remplie de navires ; au fond, le *barrachois*, ou port de refuge, et plus loin, sur le rivage, la ville de Saint-Pierre, avec ses maisons de bois que domine la demeure du Gouverneur, et la jolie église flanquée de deux tours qui rappelle Saint-Vincent de Paul de Paris. De chaque côté se développe la plage où s'élèvent les *graves*, les *chauffauds*, les *cageots* et les habitations bizarres des nombreux ouvriers qui, pendant la saison de la pêche, viennent travailler à la préparation de la morue.

A gauche, au pied de la falaise où se dresse le phare Galantry, sont installés les *sifflets de brume*, qui remplacent le canon que, par le brouillard ou la neige, on tirait d'heure en heure.

Sur toute l'étendue de l'île, qui ne forme qu'un

amas de rochers, de pierres, de tourbe et de marécages, on ne rencontre qu'une végétation roussâtre et rabougrie, enfouie dans les replis des roches natives, seuls endroits où l'on trouve un peu de terre végétale.

Les Miquelon sont mieux partagées ; quoique les arbres y soient aussi rares qu'à Saint-Pierre, on y voit des pâturages qui ont permis la création de fermes où, depuis quelques années, on se livre avec succès à la culture des céréales.

Les îles Saint-Pierre et Miquelon sont situées dans l'Océan Atlantique par 46° 46' de latitude nord et 58° 30' de longitude ouest.

Des cartes anciennes, et, dit-on, certaines cartes marines, indiquent trois îles : Saint-Pierre, la Grande-Miquelon et la Petite-Miquelon ou Langlade ; cette division est inexacte, et même n'a jamais existé d'une façon permanente.

Les îles actuellement réunies ont été séparées de temps à autre par un canal que la mer creusait à travers l'isthme de Langlade dans les ouragans, pendant lesquels elle brise sur le rivage des lames monstrueuses, qui entraînent avec elles des parties de cet isthme composé d'herbes marines, de sable et de graviers. Peu à peu ce canal s'est comblé des débris de naufrages qui abondent sur la côte de l'ouest, et des apports que le ressac jette au milieu de ces débris; ils leur servent de centre et s'amoncèlent autour d'eux.

C'est probablement ainsi que la Petite et la Grande-Miquelon furent séparées en 1757 et réunies en 1781. « Ce canal avait alors 250 toises du nord au sud,

220 de l'est à l'ouest, et 2 à 3 brasses d'eau à mer basse (1). »

Aujourd'hui, les deux îles sont reliées entre elles par une chaussée de neuf à dix kilomètres de long ; très étroite dans sa partie moyenne et dépassant de deux mètres à peine le niveau des grandes marées, cette digue naturelle va s'élargissant à ses deux extrémités, notamment vers la Grande-Miquelon, où elle forme un refuge appelé le *Grand-Barrachois*.

Miquelon court exactement du nord au sud ; elle se termine au nord en une presqu'île étroite jointe à la terre par une langue de sable très mince, formant l'anse Miquelon et le cap du même nom. Au sud, la côte, très profondément hachée, s'arrête au cap *Coupé*.

Saint-Pierre suit une direction oblique et s'étend du nord-ouest au sud-est. Elle est séparée de Langlade par un détroit ou canal de quatre mille mètres environ, que les habitants appellent *la Baie*.

Saint-Pierre est la plus importante et la plus peuplée des deux îles ; c'est le chef-lieu administratif. Sa rade est le rendez-vous de tous les navires se rendant aux bancs ; elle possède *des sécheries* importantes, et dans sa capitale se réunit tout le commerce de la colonie. Et pourtant elle est, à coup sûr, plus petite, plus triste et plus aride que Miquelon.

Pourquoi alors avoir choisi Saint-Pierre pour en faire le centre de la colonie? Grave question, qu'agitent souvent les pêcheurs de Miquelon, le soir à la veillée ; braves gens qui voient tous les jours dimi-

---

(1) Archives locales.

nuer l'importance de leur île, tandis que celle de Saint-Pierre s'accroît de plus en plus. Le bourg Miquelon n'est-il pas, lui aussi, au fond d'une belle rade? Son entrée est facile, profonde, et elle pourrait contenir plus de navires que celle de Saint-Pierre. Assurément ; mais tandis que la nature s'est chargée de protéger d'une façon spéciale la rade de Saint-Pierre, il aurait fallu dépenser des sommes énormes pour rendre aussi sûr le port de Miquelon, qui n'est qu'une rade foraine, que rien n'abrite contre les vents du nord, et qui souvent est bloquée par la banquise ; aussi, imitant les nautoniers d'un autre âge, les pêcheurs de Miquelon sont-ils forcés de haler sur le rivage, quand vient le mauvais temps, leurs bateaux et leurs pirogues.

Autour des deux îles, mais surtout autour de Saint-Pierre, se groupent un certain nombre d'îlots : l'île *Verte*, l'île aux *Pigeons*, le *Grand-Colombier*, l'île au *Vainqueur*, et l'île aux *Chiens*. Cette dernière, qui est la plus importante, protège la rade de Saint-Pierre contre les vents du large, et, avec le Grand-Colombier et l'île au Vainqueur, la défend contre les envahissements de la banquise.

Les autres îlots ne sont que des rochers inhabités, où des bandes d'oiseaux aquatiques viennent déposer leurs œufs, et sur lesquels les loups de mer se réchauffent aux rares et pâles rayons du soleil.

Le nombre et la situation de ces îles, ainsi que les *basses* ou hauts fonds que l'on rencontre fréquemment à une assez grande distance, rendent l'accès des îles dangereux, et sont la preuve de l'inégalité du fond de l'Océan dans ces parages. La mer exerce une action sensible et continue sur ces rivages ; sans cesse mise en mouvement par les remous du *Gulf Stream*, qui agissent jusque dans ses profondeurs, elle accumule continuellement des galets et du sable dans les échancrures de la côte, qu'à la longue elle finit par combler.

On a tout lieu de supposer que le sol sur lequel repose le bourg Miquelon n'a pas d'autre origine. Malheureusement cette modification du littoral se fait aussi sentir à l'entrée des barrachois, dont les passes se rétrécissent chaque jour, et perdent de leur profondeur. Il est donc à craindre qu'un moment n'arrive où les navires d'un tonnage moyen ne pourront plus pénétrer dans ces refuges, dont les goulets sont déjà impossibles à franchir pour les bâtiments d'un trop grand tirant d'eau.

La superficie totale des îles est de vingt-trois mille cinq cents hectares, qui se répartissent de la manière suivante : Miquelon, vingt et un mille hectares ; Saint-Pierre, deux mille cinq cents. Cette dernière mesure sept kilomètres dans sa plus grande longueur, de la pointe *Henry* à la pointe du *Diamant ;* sa largeur, de la pointe Verte au cap Galantry, ne dépasse pas cinq mille mètres. Une belle route, construite par les marins de *l'Iphigénie*, et qui porte le nom de ce navire, parcourt l'île dans toute sa longueur, tandis que la route de *Gueydon* suit les bords de la rade.

L'île aux Chiens peut avoir trois ou quatre mille mètres de circonférence, en suivant toutes les sinuosités de son contour ; elle est longue de dix-huit cents mètres et large de quatre cents.

Il n'existe aux îles aucune source, et il n'y a par conséquent pas de rivière proprement dite. Nous

nous garderions bien, cependant, de ne pas mentionner un petit cours d'eau que les habitants ont baptisé *belle rivière*, et qui se trouve dans l'île Miquelon ; les résidents en sont si fiers, qu'ils ne nous pardonneraient certainement pas un tel oubli. C'est sur ses bords qu'ils se rendent en déplacement.

Il est vrai de dire que la nature, si peu prodigue de ses dons envers les autres points de notre colonie, semble avoir réuni sur celui-ci toutes ses séductions : de hauts sapins ombragent la belle rivière, et une végétation abondante pousse le long de son cours, végétation qui paraîtrait bien pauvre sous d'autres cieux, mais qui, au milieu de ces roches désolées, repose les yeux fatigués par l'uniformité d'un paysage éternellement gris.

Les vallées et les cavités naturelles des rochers forment des réservoirs où s'accumulent les eaux de pluie et celles provenant de la fonte des neiges ; comme le sol est très accidenté, le trop-plein se déverse dans les parties basses du territoire, créant ici des étangs à écoulement constant, là des marécages que les plantes aquatiques transforment en tourbières et qui s'avancent parfois jusqu'au rivage.

Ces tourbières, que les habitants appellent *terres noires*, atteignent quelquefois une profondeur considérable, et l'on ne peut, sans courir le plus grand danger, s'aventurer sur leur surface tremblante.

Les eaux qui concourent à la formation des étangs et dont le trop-plein cherche une issue, filtrent à travers les tourbes et les terrains pierreux, constituant l'humus de cette contrée, et s'écoulent dans la plaine, où elles vont alimenter les puits et les fontaines. Ces eaux sont d'une grande pauvreté en matières salines ; leur passage dans les couches de tourbes, dont les propriétés antiseptiques sont considérables, les purifie au point qu'elles ne contiennent aucun des corps étrangers qui auraient pu les altérer ; le peu de principes minéraux qu'elles possèdent n'est dû qu'au voisinage de la mer.

Le sol des îles est généralement montagneux, et ce n'est guère que sur le territoire de Miquelon que l'on rencontre quelques plaines, qui plutôt sont des plateaux. A partir du littoral, le terrain s'élève graduellement vers le centre, jusqu'à une hauteur de deux cent cinquante mètres, en pentes irrégulières, mais dont les couches, dirigées du nord-est au sud-ouest, suivent une orientation identique à celle de Terre-Neuve.

Dans les endroits où n'existent ni les tourbières, ni les marécages dont nous venons de parler, le rocher se présente nu ou recouvert d'une couche de terre fort légère ; c'est un terreau tourbeux, composé de débris végétaux qui, défiant l'humidité, conservent indéfiniment leurs formes, leurs structures, et parmi lesquels on peut reconnaître les feuilles aciculaires du sapin et les feuilles coriaces des éricinées.

La constitution géologique des îles est, du reste, fort simple : Saint-Pierre et Miquelon sont exclusivement formées par des porphyres pétro-siliceux, à pâte d'un brun violâtre ou d'un rouge vineux, dont les fissures sont remplies par des injections de quartz, le plus souvent opaque, quelquefois limpide et vitreux, et alors cristallisé.

Quoique situées sous la même latitude que Châtellerault, Châteauroux et Chalon-sur-Saône, les îles sont loin de jouir d'une température semblable. même à celle du nord de la France. Au point de vue météorologique, Saint-Pierre et Miquelon se trouvent placées dans la zone froide, sur la ligne isotherme qui, passant au nord des îles Ferroë, a pour moyenne 5° au-dessus de 0 ; avec cette différence, toutefois, qu'elles n'ont pas, comme les autres contrées situées sous la même ligne, les étés de Paris et les hivers de Saint-Pétersbourg. L'été est sans chaleur, c'est l'été d'Arkhangel; l'hiver est plus long que froid, c'est l'hiver de la partie méridionale de la Suède.

Pendant la saison d'été, la chaleur ne dépasse jamais 20° au-dessus de 0 ; elle est assez uniforme, et les oscillations thermométriques sont peu importantes.

En hiver, le froid atteint quelquefois 20° au-dessous de zéro, mais c'est exceptionnel, et le thermomètre reste généralement entre 14 et 16°. Les changements de temps sont brusques à cette époque, et les différences de température très sensibles ; on voit fréquemment le mercure monter de 15° au-dessous de zéro à 4 ou 5° au-dessus ; de sorte que l'on assiste à des dégels continuels, qui s'arrêtent brusquement, pour recommencer aussitôt.

Les vents d'entre nord et nord-ouest, que les habitants nomment *anordie*, soufflent avec violence pendant tout l'hiver, et amènent la banquise dans le voisinage des îles, dont l'approche est ainsi rendue impossible ; lorsque les glaces ne sont pas réunies entre elles et n'existent qu'à l'état de glaçons flottants (c'est généralement ce qui arrive), on dit aux îles que c'est du *crémi* ; les hivers sont rares, où la banquise, ne formant qu'un bloc, enserre Saint-Pierre et Miquelon d'une ceinture infranchissable.

Sous l'influence des vents qui s'établissent d'une façon presque invariable au nord du compas, il se produit, quand la neige couvre la terre, un phénomène que dans les Alpes on nomme *tourmente*, que les Canadiens appellent *poudrerie*, et que nos compatriotes de Saint-Pierre ont baptisé du nom de *poudrin*.

Le poudrin est de la poussière de neige soulevée par le vent. Semblable aux sables du désert chassés par le siroco, elle remplit l'air qu'elle obscurcit et rend opaque, brûle les yeux, serre la gorge, étouffe, et constitue un danger sérieux pour le voyageur qu'elle surprend loin des habitations ; les histoires d'enfants et même d'hommes asphyxiés ou engloutis par le poudrin abondent dans l'île.

Un autre inconvénient de ces soulèvements de neige, c'est la facilité avec laquelle cette poussière pénètre partout, par la plus petite fente, le plus léger interstice, transformant l'atmosphère en une sorte de brouillard glacial.

En somme, sous cette région, il n'y a que deux saisons : l'été, qui dure d'avril à octobre, et l'hiver, qui sévit pendant les six autres mois.

La neige commence à tomber dans les premiers jours de novembre ; elle ne disparaît complètement qu'en avril.

Les pluies, qui ne sont pas très abondantes, durent rarement plus d'une journée ; en revanche, le brouillard persiste pendant des semaines, on pourrait dire des mois entiers. Il est très intense, surtout en juin et juillet, ne laisse voir qu'à de rares intervalles quelques échappées de ciel, et, comme s'il avait regret de s'être dissipé un instant, reparaît bientôt plus dense et plus impénétrable.

Pendant tout le temps que dure ce brouillard, le canon, que l'on tirait autrefois d'heure en heure, a été remplacé par le *sifflet de brume*, mû par la vapeur, que l'on a installé au-dessous du phare de la pointe Galantry. Ce sifflet se fait entendre toutes les minutes pendant six secondes ; quand le temps est calme et le vent favorable, il a une portée de dix ou quinze milles, et de trois à six milles pendant la tempête ou à vent contraire. Sur la pointe plate de Langlade est établie une sirène ; son *chant* est un coup de sifflet dont le son, plus aigu, plus saccadé et plus strident que celui de Galantry, se répercute à vingt milles par le bon vent, et à huit milles quand la brise souffle du large. La sirène chante deux fois par minute pendant huit secondes. Les habitants, agacés par ce bruit qui vient à intervalles réguliers leur déchirer les oreilles, ont donné à la sirène un surnom qui, pour n'être pas choisi dans le vocabulaire du langage élégant, exprime bien la sensation qu'ils éprouvent ; ils l'appellent la *Vache*.

La grêle est presque inconnue dans notre colonie, et les orages sont excessivement rares ; des années entières s'écoulent sans que le tonnerre se fasse entendre.

Les aurores boréales sont fréquentes, surtout pendant les mois de mars et septembre, et ce phenomène offre un des plus beaux spectacles qu'il soit donné à l'homme de contempler.

Lorsque l'aurore est à son apogée, elle forme un arc de cercle lumineux, dont les deux extrémités semblent reposer sur des montagnes invisibles ; la clarté qui s'en dégage est aussi intense que celle de la lune ; le ciel noir sur lequel elle se détache donne encore plus d'éclat aux rayons qui en jaillissent et forment des pointes brillantes, illuminant par leur réverbération tous les objets environnants, donnant un aspect fantastique aux grandes roches couvertes de neige et aux icebergs qu'au loin charrie la mer. Peu à peu, les rayons pâlissent et s'éteignent, la lumière semble se concentrer dans l'arc qui se brise en fragments, pour disparaître bientôt, replongeant tout dans l'obscurité.

Malgré le rude climat que nous venons de décrire, les îles sont loin d'être malsaines ; les maladies sont les mêmes qu'en France, mais la mortalité y est inférieure.

Elevés en plein air, habitués à toutes les intempéries, les hommes sont forts et solides; les femmes rappellent par leur vigueur et la fraîcheur de leur teint les paysannes du littoral de la Manche et les jolies filles du pays basquais. Le climat n'exerce sa terrible influence que sur la végétation. Le saule et le houblon sont l'unique ornement des jardins ; on rencontre à peine quelques fleurs, appartenant pour la plupart à cette famille des renonculacées, qui semble avoir fait du nord sa région préférée.

Bien que le sol de Saint-Pierre soit pauvre en terre végétale, et très aride, on y voit cependant beaucoup de jardins cultivés à grand'peine, et il est peu de familles qui n'aient leur petit coin de terre où poussent des légumes d'Europe. On ne trouve, sur toute la surface de l'île, comme échantillon de la végétation naturelle, que des broussailles épaisses et rampantes, des fouillis

Elles rappellent les paysannes du littoral de la Manche, et les femmes du pays basquais.

d'arbres verts, dont le plus élevé ne dépasse pas deux mètres, et que les habitants ont baptisés du nom pompeux de *la forêt*.

Langlade est plus favorisée ; la terre y est en plus grande abondance et en couches plus épaisses ; aussi y a-t-on installé *treize* fermes. Beaucoup des plantes légumineuses de France y réussissent, et si les céréales ne sont pas l'objet d'une culture suivie, c'est que l'élève du bétail et la récolte du fourrage donnent des bénéfices plus certains. Cependant, il y a quelques années, un fermier a fait l'essai en grand de la culture du blé et de l'avoine, et ses efforts ont été couronnés de succès.

On rencontre encore sur les îles le genévrier, dont les baies produisent un excellent genièvre, et une sorte de pin nommé *spruce*, dont on tire une bière dite *sapinette*. Voici comment se fabrique cette bière : on fait bouillir le spruce dans une cuve pleine d'eau, pendant cinq à six heures ; le liquide est ensuite passé et décanté dans de petits fûts ayant contenu du rhum ou du cognac ; on ajoute deux litres de mélasse par fût, et l'on agite fortement pour bien mélanger le tout, puis on laisse fermenter pendant quelques jours, après quoi la bière est tirée et mise en bouteilles, où elle achève de se faire. Ce breuvage, très sain à cause des principes de goudron qu'il contient, est la boisson habituelle des habitants, et un ancien règlement de la colonie en fait un des éléments de la ration des pêcheurs, sans en limiter la quantité.

Mais là ne s'arrête pas la prévoyance de la nature ; à côté du spruce, à base de goudron, elle a placé le remède contre les rhumatismes, si fréquents sous ce climat froid et humide. La feuille séchée du *sarracenia purpurea*, plante carnivore, employée en infusion, est, paraît-il, d'un effet souverain contre les douleurs. A l'utile elle a joint encore l'agréable, sous la forme de petites baies tantôt écarlates, tantôt jaune safran, ou encore bleu foncé, qui, vers la fin de juillet, tranchent sur la mousse couleur émeraude des petits bois. Ce sont les *pommes des prés*, les *bleuets*, les *plats de bière;* quand vient l'époque de la cueillette, la montagne se couvre de bandes joyeuses qui *vont aux graines;* on fait une ample moisson de ces petits fruits, au goût fruste, qui, plongés dans l'eau bouillante, avec addition de beaucoup de sucre, donnent d'excellentes confitures, que les ménagères soigneuses mettent en réserve pour les longs jours d'hiver.

Jacques Cartier sur son navire.

CHAPITRE II.

Un peu d'histoire. — Origines des colons. — La colonisation anglaise. — Les habitants. — Pêcheurs et chasseurs. — Les loups de mer. — Saint-Pierre. — Miquelon. — Arrivée des marins. — Le marchand et le matelot anglais.

Jean Cabot découvrit-il en 1497 tout le littoral de l'Amérique du Nord, qui s'étend entre 34° et 66° de latitude nord sur l'Océan Atlantique?

Grave question, qui a vivement passionné les esprits en Angleterre; car, si, d'une part, Cabot est d'origine vénitienne, d'autre part, il est né à Bristol, il voyageait sur les vaisseaux de Henri VII, et les Anglais revendiquaient la possession de Terre-Neuve (*new found lands*), qu'ils voulaient appeler *Cabotie*.

Mais, dès le commencement du xve siècle, des marins basques et des pêcheurs normands et bretons, qui poursuivaient jusque dans ces parages les baleines auxquelles ils faisaient une guerre acharnée, avaient déjà baptisé l'île, du nom de leurs meilleurs auxiliaires, île du *cap Breton*. A la même époque, l'île et les bancs de Terre-Neuve étaient connus, et dès 1504 la pêche y était faite en grand par le commerce français, qui en avait le monopole.

Trente ans plus tard, Jacques Cartier, de Saint-Malo, prenait, au nom du roi François Ier, possession du Canada, qui devenait, sous le nom de Nouvelle-France, notre plus belle colonie.

La réputation de Terre-Neuve comme territoire de pêche, augmentée encore par le voisinage de nos magnifiques possessions, rendit bientôt cette île le point de mire de l'Angleterre, qui se la fit adjuger par le traité d'Utrecht le 11 avril 1713 ; cependant le droit de pêche nous restait.

Cinquante ans plus tard, le traité de Paris enlevait à la France toutes ses colonies de l'Amérique septentrionale : Canada, Acadie, Louisiane, ne laissant à nos pêcheurs, pour tout asile, que les îles Saint-Pierre et Miquelon.

Les îles étaient déjà habitées. Nous dirons plus loin à la suite de quels terribles événements de malheureux proscrits vinrent chercher sur cette terre inhospitalière un asile contre la haine et la tyrannie anglaise.

Pendant la guerre de l'indépendance américaine, les îles furent prises par les Anglais, qui emmenèrent tous les habitants en captivité, et ce n'est qu'en 1783, à la suite du traité de Versailles, que les colons furent rendus à la France et rapatriés aux frais de l'État.

En 1793, Saint-Pierre et Miquelon sont enlevées de nouveau par les Anglais ; mais cette fois le gouvernement britannique embarque tous les habitants, qui sont déportés sur le sol français.

Lorsqu'en 1802, le 27 mars, cette colonie nous fut rendue, la plus grande partie des familles retourna aux îles dont nous reprenions possession, mais ce fut pour peu de temps, car, le 20 mars 1803, nous reperdions Saint-Pierre et Miquelon.

Enfin, le traité de Paris nous ayant rendu, le 30 mai 1814, nos pêcheries d'Amérique, avec tous les droits et privilèges de pêche sur les côtes de Terre-Neuve, les îles voisines et même le golfe du Saint-Laurent, la rétrocession définitive des îles Saint-Pierre et Miquelon eut lieu le 22 juin 1816.

La population des îles, qui s'élève à quatre mille neuf cents habitants, dont sept cents environ pour Miquelon, est entièrement composée des Bretons, Basques et Normands venus d'Acadie. Voyons comment nos compatriotes ont été amenés à s'établir dans les îles.

En 1755, l'Acadie, bien qu'elle fût sous la domination anglaise depuis 1713, était toujours française de cœur. Comme aujourd'hui, dans nos deux provinces perdues, les habitants de certains villages se rendirent coupables du crime d'attachement à la mère-patrie dont ils venaient d'être si durement séparés.

Les Anglais sommèrent les Acadiens de prêter serment de fidélité au roi Georges, et de se déclarer ses bons et fidèles sujets. Ils refusèrent, ne voulant ni désavouer leur nationalité, ni prêter un serment qui répugnait à la fois à leur patriotisme et à leur conscience. Le gouvernement anglais, appliquant alors à une nation civilisée, — pour la dernière fois peut-être dans l'histoire, — l'ancien code barbare de la guerre, résolut de les déporter.

Sept mille habitants de tout sexe et de tout âge furent attirés dans une embuscade, cernés et arrêtés par l'armée anglaise ; on les déporta en masse dans la Nouvelle-Angleterre. « Les familles furent dispersées, les pères séparés de leurs enfants, les maris de leurs femmes ; les terres, maisons et bestiaux des proscrits, confisqués au profit de la couronne, qui les distribua à ses nouveaux colons. Peu d'Acadiens s'établirent dans la Nouvelle-Angleterre ; le plus grand nombre alla sur les rives du Saint-John, quelques-uns à la Louisiane, d'autres en Guyane (1). » Un certain nombre se réfugia à Saint-Pierre et Miquelon.

« Il n'y a pas d'exemple dans les temps modernes, dit M. Garneau, de châtiment infligé à un peuple paisible et inoffensif avec autant de calcul, de barbarie et de sang-froid que celui dont il est question. »

Cette conduite cruelle de l'Angleterre a inspiré au poète américain Longfellow un de ses poèmes les plus touchants (*Evangelina*), où il n'a pas craint de flétrir comme ils le méritent les actes de la nation anglaise.

Nous n'avons pas l'intention d'aborder ici la question coloniale, que ne comportent ni le but ni le cadre de cet ouvrage. Disons seulement que le mode de colonisation des Anglais, que l'on admire tant en France, est fertile en incidents de ce genre; toute leur politique coloniale semble se résumer dans ces mots : anéantir et supprimer les indigènes, quand ils ne peuvent leur servir, et les remplacer par leurs nationaux. L'on sait du reste les moyens qu'ils emploient pour arriver à ce but.

Les trois races qui formèrent la population primitive des îles ont produit, en se mélangeant, un type qui ne présente aucune originalité, mais chez lequel on retrouve, avec un langage émaillé de vieux français, de mots bretons et d'expressions normandes, les coutumes de ces contrées. Leurs noms mêmes sont ceux que portent les vieilles familles du pays dont ils sont partis ; nous avons noté, comme les plus connus

---

(1) Lanier. *Choix de lectures géographiques*, p. 385.

de nous, des noms fort communs en Normandie : des Aubert, des Coste, etc.

La majeure partie des habitants sont marins. Ce sont ces rudes pêcheurs, honnêtes et robustes, qui, méprisant le danger sans cesse affronté, vont au milieu de périls sans nombre demander à l'Océan de quoi subvenir aux besoins de leurs familles ; populations laborieuses qui « vivent mouillées », a dit un grand poète, et dont toute l'histoire tient entre le flot qui monte et la vague qui s'en va.

L'été, sur les goëlettes, les waris et les pirogues, tous sont employés à la pêche de la morue, soit pour leur compte, soit comme embarqués ; leurs fils sont mousses, et commencent dès l'âge de huit ans le rude apprentissage de la mer. Les femmes non plus ne restent pas inactives. Dès qu'apparaît le *capelan*, elles vont ramasser sur le rivage des myriades de ces poissons que le flot y dépose en abondance ; et quand vient la saison des *encornets*, elles se livrent avec ardeur à la pêche de cet appât qui sert à prendre la morue.

Quand l'hiver a suspendu tous les travaux extérieurs, quand les bateaux, désormais inutiles, dorment halés sur les grèves, quand la neige a couvert la terre d'une couche épaisse et rendu les communications presque impossibles, la femme répare les dommages éprouvés par la garde robe pendant la rude saison qui vient de finir, tricote bas et vareuses pour la campagne prochaine, dont on attend l'ouverture avec impatience ; le mari raccommode, met en ordre les engins, et fabrique ces longs filets à mailles étroites dont il se sert pour la pêche aux harengs.

1**

Que le vent du nord cesse de souffler un instant, que le poudrin disparaisse, de pêcheur qu'il était notre homme devient chasseur ; il ira dans *la forêt* poursuivre ces grosses perdrix, grises l'été, blanches l'hiver, que l'on ne rencontre que dans les régions boréales ; ou bien, armé d'une lourde canardière, abrité contre la bise par un quartier de roche, il se tiendra à l'affût sur la plage pendant des heures entières, pour tirer des *maullacs*, des *cacaouites* et des oiseaux aquatiques, qu'un chien de Terre-Neuve, dressé à cet effet, ira chercher au milieu des lames froides et toujours agitées.

La guerre au loup marin est non seulement une distraction et une occupation pour les longs jours d'hiver, mais encore une chasse productive à cause de l'huile que l'on extrait de cet amphibie.

Les loups marins viennent par bandes de cent à cent cinquante dans le grand barrachois de Langlade; ils atterrissent sur la plage et y prennent souvent leurs ébats ; mais ces animaux, que le voisinage de l'homme et les dangers qu'il leur fait courir ont rendus défiants, ne se hasardent sur la grève qu'avec d'infinies précautions. Longtemps avant d'aborder, ils inspectent le terrain, ne laissant voir à la surface de l'eau que leur grosse tête brune; ils sont alors fort difficiles à tirer, car, outre qu'ils ne présentent à la vue qu'une très petite partie de leur individu, il est toujours à craindre que la bête blessée, même mortellement, ne soit perdue pour le chasseur. Il est donc préférable d'attendre qu'ils aient pris terre; mais ils ne se laissent pas approcher, et au moindre danger signalé par les vedettes placées sur les flancs du troupeau, ils se précipitent dans la mer et disparaissent sans retour. C'est à ce moment que l'on peut les capturer à l'aide de Terre-Neuves qui, laissant fuir le gros de la bande, attaquent les traînards et les étranglent, avant qu'ils aient eu le temps de rejoindre l'élément liquide.

Un fermier établi au Goulet de Langlade possède une meute de ces molosses parfaitement dressés à ce genre de chasse, et chaque hiver il capture un nombre suffisant de loups marins pour retirer un assez grand profit de la vente des peaux et de l'huile qu'il en extrait.

Du reste de la population, nous n'avons que peu de chose à dire : marchands de denrées ou d'objets de première nécessité, ils ont, été comme hiver, à satisfaire aux besoins de leur clientèle locale ; mais l'hiver est plutôt pour eux la morte saison, pendant laquelle ils se reposent des fatigues de l'été. Beaucoup ne sont que des représentants, des gérants de maisons de France, et plusieurs n'habitent pas Saint-Pierre pendant la mauvaise saison : ils n'y viennent que quelques jours avant les armements.

Nous ne parlerons pas ici de la vie de tous ces gens pendant l'été, cette description trouvera plus naturellement sa place dans le chapitre que nous consacrons à la pêche de la morue.

La population des îles est répartie dans trois centres : Saint-Pierre, le bourg Miquelon et l'île aux Chiens.

Saint-Pierre avec des maisons de bois à un étage, des rues tortueuses et étroites, Saint-Pierre d'il y a vingt ans, que les voyageurs nous décrivaient comme un grand village de pêcheurs, et que quelques-uns même comparaient aux modestes hameaux de nos côtes, ne ressemble en rien au Saint-Pierre actuel. C'est maintenant une jolie ville, où les maisons de bois font place à des constructions en pierres, depuis que des incendies, hélas! trop nombreux, ont démontré le danger des habitations de bois dans un pays où on se chauffe presque toute l'année. La ville, qui augmente tous les jours, gravit maintenant les flancs de la hauteur au pied de laquelle elle se concentrait jadis; elle est divisée en deux parties : la ville en bois ou vieille ville, qui est située près de la mer, et la ville en pierre, ou ville neuve. Les rues sont propres et larges : une ordonnance du gouverneur a fixé à *neuf mètres* la largeur des voies bordées de maisons de pierres, et à *douze mètres* celles où se trouvent les vieilles constructions, que du reste on n'autorise plus.

L'église, très ancienne, est fort jolie, quoiqu'en bois; elle est flanquée de deux hautes tours carrées, qui lui donnent un cachet monumental. Le *palais* du gouverneur est une assez jolie construction ; notons encore l'hôpital, tenu par les Sœurs Saint-Joseph de Cluny, qui dirigent aussi un pensionnat de jeunes filles, une école communale et une salle d'asile.

Miquelon n'est qu'un village de pêcheurs, semblable à ceux que l'on rencontre sur le littoral de l'Océan : de petites maisons entourées de palissades faites avec les épaves que le flot jette à la grève, et sur lesquelles sèchent des filets; sur la plage, des bateaux renversés que calfatent de vieux pêcheurs, pendant que les femmes préparent les lignes, et que les enfants aux pieds nus jouent sur le rivage.

Mais si pendant l'hiver les rues de Saint-Pierre sont tristes et désertes, si pendant que la neige couvre

L'hiver à Saint-Pierre et Miquelon.

la terre la plage est abandonnée, si l'on ne voit dans le port que des goëlettes dégréées et presque veuves de mâts, tout autre est le spectacle quand reviennent les beaux jours. A peine la neige a-t-elle débarrassé la terre, on nettoie les *habitations*, qui comprennent non seulement les constructions où l'on prépare la morue, mais encore les magasins et les *graves*.

« L'aspect de la rade et du barrachois change tout à coup; les maisons où l'on se tenait barricadé s'ouvrent de toute part; les auberges, qui sont en grand nombre, depuis le *Lion-d'Or* jusqu'au moindre cabaret, arborent à leurs fenêtres des appâts séduisants de bouteilles de tous les formats, et une multitude de navires venant du large débarquent sur le quai une population nouvelle qui arrive de tous les ports de la France, depuis Bayonne jusqu'à Dunkerque, et qui fait monter le chiffre des habitants de l'île à dix, douze et même quinze mille âmes.

« Et c'est là, à sa façon, à un certain point de vue, une population très distinguée, très fière d'elle-même, qui se considère comme une espèce d'élite dans la création, et qui, en vérité, n'a pas tout à fait tort. En un mot, ce sont les pêcheurs des bancs, qui font là leurs provisions de vivres pour eux-mêmes, d'appâts pour le poisson qu'ils veulent prendre.

« Le costume de ces matelots atteint les dernières limites possibles du désordre pittoresque. Des bottes montant jusqu'à mi-cuisse, des chausses de toile ou de laine, amples comme celles de Jean Bart sur l'enseigne des marchands de tabac, des camisoles bleues et blanches, ou rouges, ou rouges et blanches, des vestes ou des vareuses de tricot qui n'ont plus de couleur, si jamais elles en ont eu; des cravates immenses, ou plutôt des pièces d'étoffe accumulées, tournées, nouées autour du cou; des *suroits* énormes pendant sur le dos, ou bien des bonnets de laine bleue enfoncés sur les oreilles; et sortant de toutes ces guenilles, des mains comme des battoirs, des visages plutôt basanés que de couleur humaine, plutôt noirs que basanés, couverts de la végétation désordonnée d'une barbe qui depuis quinze jours n'a pas vu le rasoir, voilà l'aspect honoré, respecté, admiré du pêcheur des bancs. Il reste encore un point important pour que la description soit complète. Prenez l'homme ainsi qu'il vient d'être dit, roulez-le pendant deux bonnes heures dans la graisse de tous les poissons possibles, alors il ne manquera rien à la ressemblance. Car il faut le concevoir huileux au premier chef, sans cela ce ne serait plus le vrai pêcheur.

« Ainsi fait, il descend de sa goëlette, aussitôt qu'il a mouillé, et va s'offrir avec bonhomie, mais avec le juste sentiment de ce qu'il vaut, à l'accueil chaleureux et admiratif de l'habitant. Il marche dans le sentiment de sa gloire sur ce sol qui l'appelle depuis un mois. Les mains dans les poches, la pipe à la bouche, il rappelle Adam dans le paradis terrestre, il en a l'innocence et la satisfaction d'être au monde, dont il se considère aussi, en toute humilité, comme la merveille; et, encore une fois, il a raison, car il n'est pas un homme de mer, depuis l'amiral jusqu'au mousse, qui ne pense cela de lui (1). »

Mais ce marin qui débarque et que nous venons de

---

(1) Gobineau, *Voyage à Terre-Neuve*. (Tour du Monde, 1863).

décrire, c'est le marin français ; en même temps qu'il arrive à Saint-Pierre, viennent aussi les navires américains, chargés de *boitte* ou appâts destinés à la pêche. Ceux-là aussi sont attendus avec impatience, car ils laissent à Saint-Pierre beaucoup de l'argent qu'ils reçoivent du produit des amorces qu'ils vendent, et ils sont chaque année la source de bénéfices importants pour les petits commerçants de notre colonie qui, pour attirer leur clientèle, les entourent d'une foule de séductions.

« Le trafiquant de ce pays-là, qui n'a guère ouvert boutique que pour avoir affaire au matelot, a dû naturellement choisir ce client pour premier objet de son étude. Il n'était pas difficile de pénétrer promptement et complètement une nature aussi peu complexe et de deviner que lorsque, dans ces vastes poches, il se trouvait quelque argent, l'argent sortait aussitôt que l'on pouvait inspirer à son maître une fantaisie.

« Avec les pêcheurs des bancs, il n'y a pas grand succès à obtenir, parce qu'ils n'ont rien à dépenser ; mais les Anglais vendeurs de boitte sont dans une position toute différente. Ce sont, le plus ordinairement, des habitants de la côte méridionale de la grande terre, gens aisés, pêchant pour leur compte, et lorsqu'ils ont livré leurs capelans à nos navires, ayant les poches bien garnies. La question à résoudre pour le marchand, c'est d'attirer cet argent-là, genre de pêche qui demande un peu d'habileté, mais beaucoup moins que celle du poisson.

« Quelques maisons respectables, comme disent les prospectus, ont établi cet usage d'avoir à la porte de leurs magasins une barrique d'eau-de-vie et un verre, et tout matelot qui entre est invité à user à discrétion et gratis de cette magnifique hospitalité.

« Tout d'abord, le brave homme est ému de tant de politesse. Il se croirait déshonoré s'il se rendait suspect à ses propres yeux de lésinerie. Il est comme Orosman, et ne veut pas se laisser vaincre en générosité; il remue son argent dans les profondeurs de ses chausses, et paie immédiatement un baril de farine. Content de lui, il se verse un second verre d'eau-de-vie (ce ne sont pas petits verres), l'avale, et, en essuyant ses grosses lèvres sur sa manche droite, il parcourt la boutique d'un regard satisfait.

« Il commence à raconter ses affaires, et tout en parlant et disant qu'il a de l'argent, ce qu'il espère gagner encore, les incidents de la pêche et le reste, il entend que son hôte lui demande s'il n'a pas besoin de planches.

« Il y a une heure, il n'avait pas la plus légère idée qu'il eût besoin de planches. Mais, en ce moment, il sent de toute la force de sa conviction qu'il ne peut s'en passer. « Vous prendrez bien toutes les planches qui sont là? » dit le commerçant. Le matelot pense judicieusement qu'un homme comme lui doit prendre toutes les planches possibles et ne saurait jamais en avoir trop. Il paie et avale encore un verre d'eau-de-vie.

« L'habile homme, qui le tient harponné, dirige les désirs du grand enfant d'après la connaissance qu'il acquiert bientôt de la somme contenue dans sa bourse. Il lui prend tout ce qu'il peut lui prendre, et souvent il lui prend tout. Après la farine et les planches, il lui impose du fromage, des clous, du lard, des gilets, des cravates, des barriques vides, enfin ce qu'il peut. Les objets ne sont pas tarifés d'une manière bien exacte.

L'interlocuteur est si aimable, son eau-de-vie si bonne, et d'ailleurs on n'est pas à quelques sous de plus ou de moins!

« Quand il n'a plus rien, le matelot serre chaleureusement la main de son ami, et retourne à son bord en chantant. Ce n'est que le lendemain qu'il s'aperçoit de toutes les belles acquisitions qu'il a faites, et que, s'il est marié, il commence à se gratter l'oreille, en se demandant avec inquiétude ce qu'au retour sa femme va penser et dire (1). »

Comme excuse pour le marchand, nous dirons qu'il ne fait que reprendre au marin anglais ou américain l'argent que nous lui avons donné.

Malheureusement, ainsi que nous le verrons plus loin, cette espèce d'exploitation du pêcheur par le fournisseur se pratique sur une grande échelle, et le juge est quelquefois obligé d'intervenir.

(1) Gobineau, *Voyage à Terre-Neuve* (Tour du Monde, 1863).

CHAPITRE III.

Les bancs. — La morue. — Armements de la métropole. — Armements locaux. — Le fournisseur. — Pêcheurs à la pouche. — La boitte. — Les lignes. — Le tanti. — La pêche. — L'habillage. — Le salage. — Morue verte et morue sèche. — Les sécheries. — L'huile de foie de morue. — La petite pêche. — Le désarmement. — Règlement de la Saint-Michel. — Il y a des juges à Saint-Pierre. — Conclusion.

La pêche à la morue sur les bancs dure six mois, du *premier avril* au *premier octobre*. Aussitôt qu'arrivent les premiers Bankers (navires qui font la pêche sur les bancs), on met en état *graves*, *chaffauds*, *cageots*, *vigneaux*, et autres appareils destinés à la préparation de la morue ; on restaure les *habitations* qui doivent recevoir les *graviers*, et tout est prêt pour les travaux qui vont commencer.

Avant d'expliquer à nos lecteurs la signification des mots barbares que nous venons d'employer, et qui doivent leur être parfaitement inconnus, nous allons nous embarquer avec eux sur une goëlette de Saint-Pierre, armée pour la pêche, les faire assister à la capture du poisson, et leur montrer les différentes préparations qu'il doit subir avant d'arriver à l'état de morue salée à la devanture de nos épiciers.

Mais, d'abord, un mot sur les bancs, sur le poisson qui les habite et sur les armements.

Les bancs de Terre-Neuve ne sont pas, comme on pourrait le croire, des plages de sable plus ou moins couvertes d'eau. Ce sont des *hauts fonds* sur lesquels les navires voguent librement et sans crainte, et qu'ils sillonnent en tous sens, car ils sont à trente, quarante et même soixante brasses (1) de profondeur. M. le vice-amiral Cloué explique ainsi l'origine de ces plateaux océaniques :

« C'est en grande partie au *Gulf Stream* qu'il faut attribuer la formation de ces bancs. On sait que ce fleuve d'eau chaude, qui remonte l'Atlantique septentrional, en suivant à peu près un arc de grand cercle, tourne à l'est en arrivant aux bancs de Terre-Neuve ; c'est là qu'il rencontre le courant froid venant de la mer de Baffin, le long des côtes du Labrador et de Terre-Neuve. Le changement de direction du *Gulf Stream* n'est pas la seule conséquence du choc de ces deux masses d'eau : le courant qui arrive du nord entraîne, pendant une bonne partie de l'année, un très grand nombre de ces immenses montagnes de glace (icebergs) arrachées à la zone arctique ; au contact des eaux chaudes du *Gulf Stream* ces montagnes se fondent et opèrent ainsi, depuis plus de cinq mille ans, le dépôt de toutes les pierres et matières solides qu'elles renferment et charrient depuis qu'elles ont quitté les continents polaires. En même temps le *Gulf Stream* apporte des eaux tropicales son tribut d'innombrables animaux marins, que la mort saisit au contact des eaux froides, dont les coquilles et les débris s'amoncèlent sans cesse et finissent, avec l'aide des siècles, par combler les abîmes de la mer. »

A côté de ces hauts fonds qui occupent un espace

---

(1) Mesure de longueur des deux bras étendus que l'on compte à 1 mètre 62 environ.

considérable (900 kilomètres de long et 400 de large), la sonde ne rencontre plus rien : ce qui ferait aussi supposer que ces bancs sont des plateaux qui couronnent les sommets de hautes montagnes sous-marines, environnées de vallées et de dépressions insondables.

Comme nous ne nous occupons que de Saint-Pierre et de Miquelon, nous ne citerons que pour mémoire les bancs de Terre-Neuve, qui sont au nombre de trois principaux.

Le *Grand-Banc*, le *banc à Vert* et le *Banquereau*; viennent ensuite ceux de *Misaine*, d'*Artimon*, l'île de *Sable*, le *Causeau* et le *Middle-Ground*.

Le grand banc, qui est le plus important, atteint cinq cents kilomètres de long sur trois cent soixante de large; il est traversé dans toute sa longueur par un sillon profond que l'on appelle la *Fosse*.

Au sud-ouest de Saint-Pierre, sur une étendue considérable, se trouve le banc du même nom; c'est là que nous conduirons nos lecteurs.

La morue, genre des gades, est un poisson presque rond, qui a le dos gris, tacheté de jaunâtre, et le ventre blanc. Son corps est recouvert de petites écailles molles; elle atteint un mètre de long à l'âge adulte; elle est très vorace et se nourrit de poissons, de crustacées et de mollusques. Elle descend des régions polaires à la suite des *capelans*, dont elle est très friande; ce poisson, plus petit que la sardine, arrive en bandes tellement pressées, que la mer en prend une teinte laiteuse, et que souvent le flot le jette sur le rivage, où il l'accumule en monceaux de plusieurs pieds de hauteur.

Arrêtée dans ses migrations par les bancs, la morue y dépose ses œufs, s'y multiplie et s'y nourrit de ces myriades de petits poissons ; quand la saison des capelans est passée, les harengs et les encornets lui procurent encore un aliment suffisant pour la retenir dans ces parages jusqu'à l'entrée de l'hiver.

La morue abonde dans toute cette région, et peut-on s'en étonner quand on songe à l'infinie fécondité de ce poisson et au nombre prodigieux d'œufs que porte une femelle ? « On en a compté, écrit M. A. Guérin, *neuf millions trois cent quarante mille* dans une morue ; et si le plus grand nombre de ces œufs n'était privé de la laite féconde du mâle, ni détruit par les accidents, ni dévoré par différents animaux, on voit aisément combien peu d'années il faudrait pour que l'espèce de la morue eût, pour ainsi dire, comblé le vaste bassin des mers. »

Les expéditions de pêche effectuées des ports de la métropole pour les parages de Terre-Neuve prennent les désignations suivantes :

Armements pour le grand banc de Terre-Neuve, avec sécheries à Saint-Pierre et Miquelon.

Armements avec sécheries à la côte ouest de Terre-Neuve.

Armements à la côte est de Terre-Neuve.

Armements pour la côte ouest de Terre-Neuve, pêche et sécheries.

Armements pour les îles Saint-Pierre et Miquelon.

Enfin, armements pour le grand banc de Terre-Neuve, sans sécheries.

Ces armements commencent au mois de janvier. Les navires apportent leurs équipages de pêcheurs, et comme, pour toucher une prime, ils sont obligés d'embarquer un nombre d'hommes proportionné à leur jaugeage, ils amènent généralement un personnel de *graviers* chargés de la préparation de la morue. Ils partent principalement de Dieppe, de Fécamp, de Grandville, de Saint-Malo, de Saint-Servan et de Saint-Brieuc. Le départ a lieu vers fin mars, et les navires sont réunis sur la rade de Saint-Pierre vers le 20 avril.

Aussitôt arrivés, les matelots débarquent pour se procurer les amorces nécessaires à la pêche et que l'on nomme *boitte*; elles se composent, suivant la saison, de harengs, de capelans ou d'encornets.

Le hareng se prend à la seine dans les premiers jours de printemps; le capelan se pêche sur les côtes du golfe de Saint-Laurent, dans des filets à mailles étroites. Les femmes et les enfants se livrent fort à cette pêche très lucrative pour les Anglo-Saxons, qui ont su prendre le monopole presque exclusif de l'approvisionnement de la boitte. Nous pourrions, nous aussi, nous la procurer à bon marché, tandis qu'elle nous coûte *quinze cent mille* francs par an.

Aussitôt leurs approvisionnements terminés, les navires quittent Saint-Pierre et se rendent sur les bancs pour commencer leur campagne de pêche, qui se divise en plusieurs périodes. Au bout de chacune d'elles, ils rentrent au port pour renouveler leurs provisions de toutes sortes, et débarquer la morue verte, qui est aussitôt emmenée en France, à Bordeaux principalement, par les *longs courriers.* On appelle ainsi des navires de petit tonnage, légers et bons marcheurs, qui viennent à Terre-Neuve et à Saint-Pierre prendre les morues pêchées, pour les porter sur le grand marché de France. On comprend aisément la raison qui fait choisir pour ce service de fins voiliers ; les premiers arrivés se débarrassent de leur chargement dans de meilleures conditions que les derniers venus ; aussi, comme le capitaine a toujours un intérêt sur la vente, c'est une lutte de vitesse entre les longs courriers qui font ces voyages.

Laissons les navires armés par la métropole se diriger chacun sur le banc pour lequel il est désigné, et occupons-nous de l'armement d'une goëlette de notre colonie ; c'est à son bord que nous nous embarquerons.

Cent quatre-vingt-sept goëlettes, jaugeant environ seize mille huit cent trente tonneaux, c'est-à-dire quatre-vingt-dix tonneaux chacune en moyenne, sont armées tous les ans par la colonie. Les armements locaux recrutent facilement leur personnel dans la population maritime des deux îles, qui demande à la pêche son pain quotidien. Le livret d'inscription est le *vinculum juris* qui attache le compagnon pêcheur à la mer ; grâce à ce livret, sur lequel sont marqués tous les objets qu'il prend, le pêcheur est nourri, vêtu et entretenu avec toute sa famille par un fournisseur spécial. Comment s'acquittera-t-il de la dette qu'il contracte et qui s'augmente chaque jour, vis-à-vis de ce fournisseur ? En louant ses bras pour la prochaine campagne de pêche, et en s'engageant à bord d'une des goëlettes des îles. Nous verrons comment, au moment du débarquement, le fournisseur interviendra pour toucher, en son lieu et place, le produit de son rude labeur.

Comme les marins résidant dans la colonie ne peuvent suffire pour former les équipages des navires destinés à la pêche, équipages qui, comme ceux de France, doivent être d'un nombre d'hommes déterminé pour avoir droit à la prime, on recrute des auxiliaires dans les ports français. Ces hommes arrivent à Saint-Pierre *inscrits* sur des *rôles* provisoires, qui deviennent définitifs quand le commissaire de *l'inscription* maritime a passé la *revue*, et constaté qu'ils remplissent les conditions nécessaires.

Il y a bien une autre catégorie de pêcheurs qui viennent pour s'enrôler sur les goëlettes des îles, mais ils sont peu appréciés, et on ne les emploie pour la grande pêche que faute de mieux : ce sont les pêcheurs *à la pouche*. Ils arrivent sans engagements préalables ; ceux qui ne trouvent pas à se faire embarquer font la petite pêche dont nous parlerons plus loin.

Montons à bord maintenant, et dirigeons-nous sur le banc de Saint-Pierre ; si le vent nous favorise, nous y serons arrivés dans cinq heures. Profitons de ce temps pour examiner les divers engins que nos matelots vont employer à capturer la morue.

Voici d'abord la *faux*, ou ligne à faucher, dont l'usage est prohibé, mais que les pêcheurs emploient néanmoins, malgré les défenses sévères. Son nom indique le rôle qu'elle joue ; en guise d'appât, la faux porte à *l'haim* fixé à *l'empile* un morceau de plomb figurant un poisson. La ligne est lancée à la volée et ramenée rapidement à travers les bancs de morues ; elle commet des ravages inouïs.

Celle-ci se nomme *la flotte* ; elle ne diffère de la première que par la forme du plomb, qui est rond, au lieu d'imiter un poisson ; mais elle a aussi l'inconvénient de blesser ou de tuer le poisson sans que l'on puisse s'emparer de toutes les victimes.

Cette autre, c'est la *ligne à main*; elle est plus spécialement employée par les Américains et les Anglais ; elle se compose d'un *filin* très fin et très fort ; l'extrémité, garnie d'un hameçon, est munie d'un plomb dont le poids est proportionné à la profondeur de l'eau, à l'endroit où l'on pêche, et à la force du courant. Le matelot qui s'en sert est placé sur la *lisse* du navire, ou dans une barrique fixée aux bastingages ; il laisse filer le plomb jusqu'à une brasse environ du fond et retire généralement la ligne garnie d'un poisson. Mais tout le monde n'a pas la main heureuse, *ça ne mord pas toujours*; aussi les marins qui sont superstitieux attachent souvent à leur ligne une amulette, un ruban, souvenir de la bien-aimée, ou quelque objet béni le jour de la Saint-Patrick. Quand la morue est abondante, un homme peut en prendre de la sorte trois ou quatre quintaux par jour, pourvu que la boitte soit de bonne qualité.

Mais voici la ligne dont nous allons nous servir : c'est la ligne de *fond* ou ligne *dormante*, qu'emploient presque tous les pêcheurs français ; les marins de Saint-Pierre l'appellent *tanti*. C'est un cordeau de deux ou trois mille brasses de long, auquel sont fixées de distance en distance (un mètre environ) de minces cordelettes munies d'un hameçon.

Ces lignes amorcées sont *lovées* dans des bailles déposées sur le pont.

Nous sommes arrivés, il ne reste plus qu'à choisir le terrain de pêche, et ce n'est pas l'opération la moins intéressante, car toutes les places ne sont pas également bonnes, et le capitaine n'est guidé dans son choix par aucun indice, c'est une question de flair. Il y a à Saint-Pierre des patrons qui sont renommés pour leur chance.

Enfin, l'emplacement est trouvé, on jette l'ancre par quarante brasses de fond, car nous avons eu soin de nous munir de câbles de chanvre spéciaux qui permettent de mouiller à une aussi grande profondeur. Comme la goëlette doit faire là un long séjour, les voiles sont soigneusement serrées et les mâts de flèche callés jusqu'aux chouques; les bailles contenant les lignes sont placées dans les *dorys*, petits bateaux à fond plat qui tiennent admirablement la mer et que deux hommes peuvent facilement manœuvrer; ces embarcations sont affalées à la mer et les pêcheurs n'attendent plus que le signal pour s'y embarquer.

Dès ce moment va commencer pour les hommes du bord une vie de périls, de souffrances et de durs labeurs; par tous les temps, presque sans repos ni trêve, les pêcheurs resteront sur le pont, en butte aux intempéries d'un climat terrible; ou bien, montés dans leurs légères chaloupes, ils iront loin du bord, à travers une brume épaisse, poser des lignes sur une mer sans cesse sillonnée de nombreux navires, exposés aux abordages, aux coups de vents violents, si fréquents dans ces parages. Combien ont quitté le navire en chantant, par une mer relativement calme et un temps clair, qui, surpris par le brouillard, entraînés par les courants, n'y sont jamais rentrés !

« Et chose triste à dire, il faut attribuer la perte de plus d'une embarcation à l'état d'ivresse de ceux qui la dirigent. Vivant dans une humidité constante, dormant peu, travaillant presque sans relâche, forcés de conserver pendant des journées entières de lourds vêtements trempés de pluie, ayant à lutter contre un danger souvent terrible, capable de paralyser le courage de l'homme le plus brave, s'il est de sang-froid, nos pêcheurs demandent à la mauvaise eau-de-vie qu'on leur délivre ou qu'ils se procurent, l'insensibilité physique dont ils ont besoin pour ne pas faiblir dans l'accomplissement de leur rude besogne. L'autorité du capitaine est nulle en pareille matière ; il sait par expérience qu'après avoir bu, l'homme oublie le danger et supporte mieux la fatigue : aussi bien le laisse-t-il boire. L'armateur fait les frais du liquide, et il les fait largement, car il n'y perdra rien (1). »

Il est trois heures, les pêcheurs montent dans leurs dorys et s'éloignent de la goëlette à angle droit, *longeant* la ligne qui s'enfonce à mesure que l'embarcation avance. Cette ligne, au lieu de surnager, repose au fond de la mer, où elle est fixée par un grapin. A son extrémité, une bouée flottante, surmontée d'un petit drapeau, indique la place exacte du dernier grapin.

Cette besogne terminée, les hommes reviennent à bord et prennent un repos bien gagné avant d'aller relever la ligne.

Pour cette opération, ils partent à la pointe du jour et vont droit à la bouée ; le grapin est relevé, et les pêcheurs, se halant sur la maîtresse corde du *tanti*, décrochent le poisson capturé, qu'ils jettent au fond du dory. Les hommes restés sur la goëlette hissent la

---

(1) *Les Pêcheries de Terre-Neuve et les traités* (Revue des Deux-Mondes, 1874).

2*

ligne à bord au moyen du *virevant*. Quand les dorys ont rallié le navire avec la *marée faite*, le produit de la pêche, qui peut être de *quatre à cinq cents* morues par ligne, est jeté sur le pont, et le patron note sur un carnet le résultat obtenu par chaque chaloupe.

Aussitôt commence l'*habillage* du poisson; il n'y a pas un moment à perdre, car si elle n'était préparée sans retard, la morue s'amollirait, et ne serait plus *bonne morue loyale et marchande*.

Lorsque l'habillage et le salage de la morue se pratiquent à bord, elle devient la *morue verte*. Pour obtenir la *morue sèche*, le poisson est envoyé à terre par des bateaux spéciaux.

La morue que nous avons vue jeter sur le pont est immédiatement passée au *décolleur*, qui lui arrache la tête de façon à laisser subsister le *chignon*. Le poisson est ensuite *décossé*, c'est-à-dire qu'il est fendu dans toute sa longueur d'un seul coup de couteau; l'arête médiane est enlevée, ainsi que la partie correspondante de la cavité abdominale; à la section de l'arête, il reste une cuillerée de sang qu'un mousse *énocte* (enlève) avec une cuiller. Si la morue n'est fendue que jusqu'à la naissance de la queue, elle devient la *morue ronde;* si elle est ouverte jusqu'à son extrémité, c'est la *morue plate*. Toute cette besogne est faite par l'*habilleur* qui, après avoir lavé le poisson, le passe au *saleur;* celui-ci le place dans des bailles, où il trempe dans la saumure, puis en *arrimes*, c'est-à-dire en tas, d'où la saumure dégoutte sans baigner la morue.

Les foies et les langues sont mis à part; les premiers sont bouillis dans de vastes chaudrons appelés *foissiers*, assez semblables aux *cabousses* dont se servent les baleiniers pour fondre le lard et la graisse des grands cétacés. Le produit, appelé *draches* ou *marc*, est enfermé dans des barils qui restent sur le pont.

Tout est bon dans la morue ; la langue et les œufs (*rogues* ou *raves*) constituent un mets délicat ; les intestins (*noves*) sont préparés pour la table ou conservés pour la pêche à la sardine, et les nageoires fournissent une excellente colle.

Le travail que nous venons de décrire s'exécute sur le pont, sans relâche et sans interruption, quelque temps qu'il fasse ; mouillés, pleins d'huile et de sang, les matelots se relaient et continuent jour et nuit leur rude besogne au milieu d'une odeur infecte. On ne peut s'arrêter ; à peine le produit d'une première pêche est-il habillé, que d'autres poissons arrivent, et, sous peine d'être débordé, on ne peut interrompre le travail.

Mais quelquefois la pêche n'a pas été heureuse, les lignes relevées au jour n'ont pas donné la quantité de poissons attendue. Sitôt arrivés, les marins doivent repartir ; les dorys quittent de nouveau la goëlette et les deux matelots s'éloignent, sans vivres, couverts de leurs lourds vêtements et chaussés de leurs grosses bottes ; à peine s'ils emportent une petite boussole achetée dans quelque bazar avant le départ. Pendant leur absence, le vent s'élève, le brouillard obscurcit le ciel ; la goëlette, fatiguée par la houle, chasse sur ses ancres, il faut *déraper* et *mettre à la cape* ou *tirer des bordées*, pour éviter les grands steamers qui sillonnent ces parages. Mais le dory monté par ses deux marins est revenu, malgré la brume et la tempête, près de l'endroit qu'occupait le navire ; celui-ci n'est plus là, il faut le retrouver, et pendant cette recherche, que de dangers courus ! Souvent les matelots montent sur le premier bâtiment qu'ils peuvent aborder, au risque d'être broyés par la lame qui les jette sur les flancs du navire hospitalier. D'autres fois, ballotté par la tempête dans sa recherche infructueuse, le dory *capote*, engloutissant les deux marins que leurs lourds vêtements empêchent même de nager. Ils coulent à pic, la mort est instantanée, car les cadavres rejetés au rivage ne portent jamais sur leurs traits aucune contraction.

Laissons ces complications douloureuses, et, pour étudier les travaux de la sécherie, quittons la goëlette et rentrons à Saint-Pierre avec le bateau chargé d'y transporter la pêche de la journée.

Le bâtiment vient se ranger dans le port le long d'un petit quai, qui d'un côté s'avance dans la mer, et de l'autre s'étend jusque près des *chaffauds*. Ces chaffauds ou échafauds sont de grands hangars construits sur pilotis, dont une partie s'avance sur la mer, tandis que l'autre repose sur la terre ferme ; ils ont souvent plusieurs étages et sont faits au moyen de sapins tronçonnés et superposés horizontalement ; le plancher est à claire-voie.

Autrefois, les morues étaient enlevées au moyen de fourches de fer, et par conséquent mutilées ; aujourd'hui, elles sont débarquées sur le quai, où des hommes prennent les poissons en introduisant deux doigts dans leurs yeux, seul moyen de maintenir cette peau gluante et visqueuse, et les chargent dans des brouettes. On les conduit ensuite aux chaffauds et on les remet aux mains des décolleurs qui, armés de leurs longs couteaux à deux tranchants (*tranchons*), protégés par un tablier de cuir (*cuirier*), se tiennent devant des tables à hauteur d'appui ; les têtes tranchées tombent à l'eau, ainsi que les entrailles, au grand détriment de l'agriculture, car on pourrait convertir ces détritus en un excellent engrais, aussi fertilisateur que le guano. Cependant des usines commencent à s'établir pour traiter ces débris; il en existe une, entre autres, à l'entrée du détroit de Belle-Isle, qui fournit annuellement huit à dix mille tonnes d'engrais. On a calculé que si l'on utilisait le produit de toutes les pêcheries, on obtiendrait *cent cinquante mille* tonnes d'engrais, soit la moitié de ce que l'on importe du Pérou.

L'habilleur, qui reçoit le poisson du décolleur, lui fait subir la même préparation que celle que nous avons vu faire à bord, et le passe ensuite au saleur. L'emploi de celui-ci est fort important ; de la quantité de sel dont il saturera la morue dépendra son bon ou son mauvais état de conservation.

Quand l'opération du salage est terminée, les morues sont entassées en *meules* et restent ainsi pendant trois ou quatre jours, après quoi les graviers ou *peltats* les étendent sur les *graves* ou grèves artificielles faites de galets. Elles doivent y sécher soit au vent, soit au soleil.

Pour activer cette dessiccation et pouvoir la surveiller, on se sert de *vigneaux;* ce sont des claies mobiles construites avec des branchages où l'air peut circuler, et qui permettent d'exposer ou non le poisson à l'action du soleil. Chaque soir, les morues sont retirées des claies et mises en piles, le dos tourné en haut, afin de les préserver de l'humidité. Il en est de même quand le soleil est trop ardent ou que le temps menace, car, s'il est important de protéger la morue contre les rayons d'un soleil trop chaud, il est encore plus indispensable de la préserver des atteintes de l'humidité; c'est une grave affaire que de bien prévoir les changements de temps, la plus légère moiteur suffit à gâter le poisson.

Après plusieurs semaines de ce traitement, quand la morue a suffisamment *sué*, on l'emmagasine; mais, avant de l'expédier à destination, il faut encore l'étendre, pendant les chaudes heures du jour, sur le sable fin, pour lui donner le « dernier coup de soleil. »

Quand on veut fumer la morue, on la brosse aussitôt son habillage et on lui fait passer douze ou quinze heures dans le sel, puis on l'accroche dans la *loge à boucan*, où elle reste exposée pendant six jours à la fumée d'un feu de cèdre et de sapin.

Salée ou fumée, la morue exige trois qualités pour être parfaite : elle doit être bien lavée après l'habillage, bien salée, absolument sèche.

Les foies, que l'on a mis à part, sont jetés dans une grande cuve de bois ayant la forme d'un cône renversé, de deux ou trois mètres de côté, et dont le fond, à claire-voie, est placé sur un large récipient enfoui en terre. Cet appareil se nomme *cageot*. Les foies y sont placés pour fermenter, et l'huile qui en découle tombe dans la cuve inférieure, d'où elle est ensuite extraite et enfermée dans des barils.

Les diverses préparations que subit la morue dans les sécheries ne sont pas faites pas les marins, mais par des ouvriers spéciaux, connus sous le nom de graviers. Les uns sont des habitants des îles, les autres, et c'est le plus grand nombre, sont amenés de France.

Ces derniers, débarqués aussitôt leur arrivée à Saint-Pierre, sont logés dans des *habitations* d'un genre spécial. Ce sont de grandes constructions à plusieurs étages faites avec des troncs de sapins placés perpendiculairement et fort rapprochés, dont les interstices sont calfatés. Le toit, en planches inclinées, est recouvert d'une toile goudronnée.

A l'intérieur, la case est divisée en deux parties par un corridor composé de troncs qui servent de supports à de petits lits superposés et installés graduellement jusqu'au plafond, de sorte que les couchettes inférieures servent de marches pour atteindre celles du haut.

La literie se compose d'un matelas placé sur un filet à larges mailles.

Un de nos compatriotes, le Dr Carpon, médecin de la marine marchande, qui a fait plusieurs campagnes de pêche à Terre-Neuve et à Saint-Pierre, a, pour occuper les loisirs de ses longs séjours sur les bancs, composé en vers expressifs tout un poème sur la pêche et l'habillage de la morue. Nous ne pouvons résister au plaisir de reproduire, malgré leur fin un peu naturaliste, les quelques vers dans lesquels il décrit les divers traitements de la morue que nous venons d'indiquer :

« Un matelot la jette, un mousse la ramasse,
« Aux mains d'un décolleur lestement il la passe,
« Qui, lui serrant les yeux, debout dans un baril,
« De son couteau-poignard l'ouvre jusqu'au nombril.
« Deux doigts de la main droite en détachent le foie,
« Sans tête et sans boyaux, avec force il l'envoie

« Au trancheur vigilant armé de son couteau,
« Qui la fait en deux temps tomber sur le traîneau.
« La troupe des traîneurs, en crasseux équipage,
« A ces mots : *l'âne pète!* en fait le charriage. »

Cette expression peu poétique est le signal consacré pour annoncer que le traîneau est rempli.

Outre la pêche que nous venons de décrire, qui se fait sur les bancs et avec des bateaux relativement importants, il en existe une autre, plus modeste, il est vrai, mais qui n'en occupe pas moins un certain nombre d'hommes ; elle est connue sous le nom de *petite pêche*.

La petite pêche se fait dans des *warys* montés par deux hommes, ou dans des *pirogues* ayant à bord deux matelots et un mousse. Ces petits bateaux, qui partent le matin et rentrent le soir, rapportent souvent une ample provision de poissons, et c'est alors grande joie à Miquelon et à l'île aux Chiens, centre de ces petits armements ; car ces pauvres embarcations donnent aussi lieu à un armement. Une cabane, un wary avec ses agrès, ses apparaux et engins, tel est le fond que l'armateur fournit au modeste pêcheur pour exploiter les abîmes de l'Océan.

Le mois d'octobre arrivé, les désarmements commencent; or, pour désarmer, il ne suffit pas de serrer les voiles, de dégréer la goëlette, de la rentrer dans le barrachois et de licencier l'équipage. Les matelots ont avec l'armateur un compte à régler.

Lorsque les hommes ont été embarqués, il a été convenu que les *deux tiers* du produit de la pêche appartiendraient à celui qui a fourni le navire et les agrès, et que l'autre *tiers* serait réparti entre les hommes de l'équipage. C'est cette part que l'on appelle *salaire* des marins, et, en vertu de l'ordonnance royale de 1745, encore en vigueur, ce salaire est insaisissable.

Sur le tiers revenant aux matelots et qui constitue *leur part*, le patron de la goëlette prélève *deux parts*, le second *une part et un quart*, chaque matelot *une part*, les novices *trois quarts de part*, et le mousse une *demie*. Il est en outre accordé aux hommes une gratification, qui varie suivant l'importance des bénéfices réalisés.

Ici se présente une difficulté. Comment calculera-t-on la quotité revenant à chaque pêcheur, puisque la morue a un cours qui subit sur les divers marchés du monde des fluctuations souvent importantes ? On a tranché cette difficulté en stipulant sur le contrat, et ceci depuis un temps immémorial, que le règlement se ferait sur le cours moyen coté à Saint-Pierre; c'est ce qu'on appelle *régler sur le prix moyen de la colonie*. Il est bien entendu que ces conditions ne s'appliquent qu'aux hommes composant les armements locaux, qu'ils soient habitants de la colonie, ou que, recrutés en France, ils aient été engagés à Saint Pierre.

C'est à ce moment du règlement des comptes que nous voyons apparaître le fournisseur qui, comptant sur le travail du pêcheur pendant la prochaine saison, lui a fait les avances inscrites sur son livret. Armé du privilège que lui confère la loi (1), il prend sa place et touche chez l'armateur le montant des sommes dues

---

(1) Jugement de la Cour de cassation du 18 août 1825.

au matelot. Il lui rembourse ensuite l'excédent qu'il peut avoir à toucher. C'est le *règlement de la Saint Michel*.

L'établissement des comptes se fait rarement sans récrimination de la part du pêcheur, qui discute et le prix des objets fournis et quelquefois même la quantité. Si, d'une part, le marin dépense sans compter, il faut bien dire aussi que souvent le fournisseur, sûr de rentrer dans ses avances, loin de l'arrêter dans ses prodigalités, l'y pousse et l'encourage.

Très souvent ces discussions d'intérêts trouvent leur dénouement devant le juge de paix, qui efface impitoyablement les fournitures lui paraissant exagérées ou qui ne constituent pas des objets de première nécessité, protégeant ainsi le pêcheur contre la rapacité de certains négociants.

Tels sont, en résumé, les instruments, les ustensiles et les procédés usités pour la pêche et la préparation de la morue; à cette féconde industrie, nous employons, tant sur nos côtes que sur celles de Terre-Neuve, cinq à six cents navires jaugeant quatre-vingt mille tonneaux.

Toutefois notre exploitation dans le golfe de Saint-Laurent est beaucoup trop négligée; les Anglais et les Américains nous y font une concurrence désastreuse: le tonnage des bateaux de pêche employés par ces derniers ne s'élève pas à moins de cent cinquante mille tonnes, et c'est par millions de livres sterling que les Anglo-Saxons comptent le revenu que leur procure cette pêche.

A peine nous donne-t-elle onze millions de francs, se répartissant comme suit, en moyenne :

Morue verte.	fr.	975.900	»
« sèche.	»	9.105.605	»
Huile de morue.	»	795.690	»
Issues de »	»	147.160	»
Rogues »	»	13.966	»
Cuir vert »	»	2.342	»
Objets d'histoire naturelle.		3.608	»
Total. . .		11.044.271	»

tandis que les pêcheries rendent environ *onze millions* de dollars aux Etats-Unis, et *dix millions* aux Etats de l'Angleterre dans l'Amérique du Nord, ce qui fait au total vingt et un millions de dollars; soit plus de cent cinq millions de francs.

Si nous ajoutons que ces chiffres, déjà assez éloquents par eux-mêmes, tendent encore à augmenter tous les ans, on saura à quoi s'en tenir sur les résultats possibles d'une branche d'industrie que nos plus chers intérêts nationaux nous commandent impérieusement de développer, autant pour le produit qu'elle peut nous procurer, que parce qu'elle est l'école d'où sortent une pépinière de marins hardis au danger, et capables de lutter, toujours avec avantage, contre leurs rivaux anglais ou américains.

« N'a pas navigué qui n'a pas été sur les bancs », disent nos marins; et au rapide tableau tracé par nous de la vie qu'ils mènent pendant une campagne de pêche, nos lecteurs voient quels matelots on peut former à pareille école.

Cette dernière considération, même en dehors de toutes les autres, vaut bien la peine qu'on s'y arrête.

De tous côtés en entend dire que notre marine marchande dégénère, que l'on prévoit un avenir prochain où le commerce manquera de marins. Nos côtes ne fournissent plus ces hardis pêcheurs qui faisaient de notre marine l'une des plus renommées du monde; dégoûtés d'un métier dur et pénible, qui n'offre pas, comme compensation aux dangers courus, des bénéfices suffisants, qui n'assure pas à la veuve du matelot mort à la mer une pension lui permettant d'élever ses enfants, le pêcheur fait de son fils un *terrien*, un ouvrier, un valet de ferme, plutôt que de le laisser embrasser une carrière que lui-même regrette d'avoir suivie.

Mais les primes, direz-vous ? Les primes d'armement et les primes sur les produits profitent à l'armateur, et non au marin. Si la campagne a été heureuse, le pêcheur, *qui est responsable des avaries faites aux agrès*, touchera environ un *millier* de francs pour sa saison. Gain médiocre et bien peu fait pour encourager cet homme, si l'on songe aux fatigues qu'il a endurées, aux périls qu'il a bravés, et surtout aux bénéfices énormes que l'armateur a retirés de son travail.

BIBLIOGRAPHIE.

—※—

Cte DE GOBINEAU. *Voyage à Terre-Neuve.* (Tour du Monde, 1863.)

Amiral CLOUÉ. *Le Pilote de Terre-Neuve.* (Paris in-8°, 1873. Bossange.)

E. CHEVALIER. *La Pêche à la morue.* (Exploration, septembre 1878.)

X. *Campagne de pêche à Terre-Neuve.*

DU HAILLY. *Campagne sur les côtes de l'Amérique du Nord.* (Paris, in-18, 1864. Dentu.)

X. *Annuaire de Saint-Pierre et Miquelon*, année 1882.

X. *Archives de la colonie à Saint-Pierre.*

LANIER. *Choix de lectures géographiques.* (Paris, in-12, 1883. Eug. Belin.)

LONGFELLOW. *Evangélina.*

GARNEAU. *Histoire du Canada.* (Québec, in-8°, 1852.)

X. *Les Pêcheries de Terre-Neuve et les traités.* (Rev. des Deux-Mondes, 1874.)

DUVAL (J.). *Les colonies et la politique coloniale de la France.* (Paris, 1860, in-8°.)

X. *Renseignements économiques sur Saint-Pierre et Miquelon.* (Revue maritime et coloniale, 1876.)

FERNAND HUE. *Documents personnels inédits.* — Ces documents proviennent de notes recueillies par nous auprès de plusieurs de nos amis qui ont visité ces parages, chargés de missions scientifiques ou comme commandants de navires faisant la pêche.

JACQUES FEYROL. *Les Français en Amérique, Canada, Acadie, Louisiane.* (1 vol. in-8°, Lecène et Oudin. Paris, 1886.)

AFRIQUE

ÉTABLISSEMENTS DE LA COTE DE GUINÉE

LE GABON

CHAPITRE I.

Occupation française. — Les traités. — Aspect général. — Topo-graphie. — Rivières.

Lorsqu'en 1841 M. Bouet-Villaumez, lieutenant de vaisseau, recevait de Louis-Philippe la mission de négocier avec les chefs indigènes, Denys et Louis, la cession à la France de l'estuaire du Gabon et du territoire environnant, il est certain que le gouvernement n'avait pas en vue la création d'une colonie agricole, et qu'il ne recherchait, dans la possession de ce point de la côte, qu'un port sûr où il pût établir une station maritime importante, et peut-être un centre commercial.

En effet, bien que les îlots de la baie et le pays qui s'étendait au loin offrissent l'aspect d'une végétation luxuriante, d'un sol fertile, abondamment arrosé par de nombreuses rivières, il était facile de supposer que l'on n'amènerait jamais la population indigène, indolente et molle, à s'astreindre aux durs travaux de la terre, et qu'il serait impossible de transformer en agriculteurs ces peuplades à demi nomades. Le seul parti que l'on pouvait espérer en tirer était de s'en servir comme intermédiaires dans nos relations commerciales avec les tribus de l'intérieur.

Quant à cultiver eux-mêmes, les Européens n'y pouvaient songer, pas un n'eût pu supporter le rude labeur du défrichement à douze lieues à peine de l'équateur, sous un climat torride et débilitant.

Un autre obstacle s'opposait, et s'oppose encore aujourd'hui à toute idée de véritable colonisation ; cet obstacle, c'est, malgré l'augmentation de notre territoire, le peu de terres cultivables dont le gouvernement pourrait disposer en faveur des émigrants cultivateurs. En effet, le pays sur lequel s'étend notre souveraineté se divise en trois parties :

1° Les terrains domaniaux, qui ne comprennent qu'une petite étendue de terres réservées pour l'exécution des travaux de défense ; et une zone de six cents mètres de profondeur, située entre le fort d'Aumale et la « Pointe Fétiche ». Cette dernière partie, qui représente environ cent trente-cinq hectares de superficie, est presque entièrement occupée par les constructions du gouvernement, et ne peut fournir de terrains à concéder.

2° Les propriétés particulières et les terres appartenant aux indigènes. Pour ces dernières, que l'on ne peut exproprier et qu'il faudrait acheter, le gouvernement n'a pas voté de fonds.

3° La partie appelée *terrains vagues*. Celle-là, qui est la seule disponible, ne réunit pas les conditions nécessaires à la culture.

Il est donc impossible d'accorder des concessions, gratuites ou autres, à moins que ce ne soit dans l'intérieur du pays ; de sorte que les Européens qui voudraient s'établir au Gabon seraient obligés d'acheter des terres aux indigènes. Il est vrai que ceux-ci n'attachent qu'une valeur minime à la propriété foncière, et qu'ils acceptent en paiement des marchandises européennes, ce qui en diminue encore le prix; mais enfin le colon, au lieu d'arriver pour défricher un terrain concédé, doit commencer par s'en rendre acquéreur. On comprend que cet état de choses n'est pas fait pour attirer l'émigration vers notre colonie du Gabon.

Mais, ainsi que nous le disions plus haut, tel n'était pas le but du gouvernement.

La France venait de conclure avec l'Angleterre un traité pour l'abolition de l'esclavage, dont le foyer le plus actif se trouvait sur cette côte occidentale d'Afrique.

Fidèle aux engagements qu'il avait pris, notre pays entretenait dans ces parages une flotte de vingt-six navires chargés de donner la chasse aux négriers. Ces bâtiments, bricks et goëlettes pour la plupart, destinés à remonter le cours des rivières, étaient d'un petit tonnage et d'un faible tirant d'eau. Ils embarquaient peu de vivres et étaient, par conséquent, obligés à de fréquents ravitaillements. La création d'une station navale sur ce point s'imposait donc comme une nécessité, et l'on désirait ardemment acquérir un port sûr où, après avoir franchi les huit cents lieues qui séparent l'île de Gorée du Gabon, nos vaisseaux pussent trouver un centre de ralliement et des entrepôts abondamment fournis de vivres et de munitions.

Le but fut atteint, et la colonie a bien rendu, au moins pendant les premières années de notre occupation, tous les services qu'on en attendait.

Nous n'avions du reste pas été les premiers Européens que la situation exceptionnelle du Gabon eût engagés à s'y établir. Vers le milieu du XVIIIe siècle, des Portugais, croyant trouver l'or en abondance dans cette région, pénétrèrent dans l'estuaire du Gabon et s'installèrent dans l'île Coniquet, à l'embouchure du Como; elle leur offrait une position parfaitement à l'abri des attaques possibles des indigènes. De là, toujours à la recherche du précieux métal, ces hardis explorateurs s'avancèrent dans l'intérieur, remontèrent une partie du cours du Como et nommèrent montagne de *Cristal* la chaîne où ce fleuve prend sa source. Quelques auteurs accusent les Portugais d'avoir profité de leur séjour au Gabon pour y faire la traite des noirs, et d'avoir laissé dans la mémoire des populations un triste souvenir de leur passage. Quoi qu'il en soit, leurs recherches ne donnant pas les résultats qu'ils en attendaient, les Portugais se retirèrent et allèrent rejoindre à Cap Coast des compatriotes plus heureux.

Depuis cette époque jusqu'en 1841, cette côte ne semble pas avoir été visitée. Lorsque M. Bouet-Villaumez se présenta pour entamer les négociations avec les chefs indigènes, il reçut d'eux un accueil favorable.

Grâce à l'habileté de l'officier français, le chef Louis signait, le 18 mars de la même année, le traité qui nous concédait une partie du territoire situé sur la rive droite du Gabon.

Le 18 juin 1843, une expédition, partie un mois auparavant de Gorée, prenait possession de notre nouvelle colonie.

Cette expédition se composait du *Zèbre*, commandé par M. de Montléon; de l'*Eglantine*, capitaine Jance, et d'un navire de commerce chargé du matériel. M. Guillemain, capitaine d'infanterie de marine, commandant la garnison, accompagnait la petite armée d'occupation.

L'année suivante, aux mois d'avril et de juillet, de nouveaux traités passés avec les principaux chefs des tribus occupant les deux rives du Gabon nous assuraient la souveraineté de toutes les terres, îles ou presqu'îles baignées par les affluents du Gabon.

En 1849, on créait *Libreville* sur le *Plateau*, où s'élevaient déjà les magasins de l'Etat ; le nouveau village était peuplé avec un chargement de noirs enlevés au négrier l'*Elizia* et rendus à la liberté.

Quelques années plus tard, le 1er juin 1862, notre colonie s'augmentait du territoire du cap Lopez ; plus récemment encore, les chefs de Sangatang et d'Isambey, anciens foyers de traite, reconnaissaient notre suprématie, et leur exemple était bientôt suivi par ceux de la rivière Danger et des îles Elobey, au nord du Gabon.

Aujourd'hui, notre colonie, située à 30' de l'équateur, par 7° de longitude est, s'étend entre le fleuve Moundah ou Mondah au nord, et l'Ogooué au sud; elle comprend l'estuaire du Gabon.

C'est une baie magnifique, de vingt-trois milles de

profondeur et large environ de huit à dix milles dans sa partie moyenne, qui peut donner asile à une flotte tout entière, et au milieu de laquelle surgissent quelques îlots.

Plusieurs rivières se jettent dans cette baie. Les plus importantes sont le Como, qui prend sa source aux montagnes de Cristal, coule du nord au sud, et, après avoir reçu les eaux du Boghoe, se jette dans le Gabon, un peu au-dessus de la rivière Rhamboe. Celle-ci, qui, suivant le tracé fourni par Serval en 1862, prend sa source non loin de l'Ogooué, vient se déverser dans l'estuaire, au point nommé Chinchiva, centre commercial de toute cette partie du pays.

D'autres cours d'eau traversent encore notre possession. Ce sont au nord : le Mondah, qui se jette dans l'Océan, au cap Estérias ; la rivière Danger, qui, avec le Como partant d'un même point, forme un angle dont les monts de Cristal sont le sommet.

Enfin au sud, l'Ogooué, qui débouche par deux bras auprès du cap Lopez, et dont nous étudierons le cours en indiquant les principales explorations tentées pour pénétrer par cette voie dans l'intérieur.

Lorsque l'on vient du large et qu'on entre dans la rade, on aperçoit sur la rive droite le mont Bouet, ainsi nommé en mémoire du fondateur de la colonie. Au pied de la hauteur, une maison en briques rouges tranche sur le fond de verdure sombre qui couvre le rivage : c'est la mission catholique. Un peu plus loin, quelques cases de bois, puis deux maisons blanches carrées : c'est Libreville, ou Plateau, puis le siège du gouvernement, et l'hôpital. Plus au fond, on peut distinguer dans le lointain, sur la plage, les demeures de *Glass*, où sont les principaux établissements de commerce anglais, allemands et américains ; puis sur une éminence la mission américaine et *Prince Glass*, le village des noirs.

Autour de la rade, d'énormes touffes de palétuviers trahissent la présence de terrains marécageux; plus loin, croît une végétation abondante, que dominent d'immenses fromagers et de grands spathodéas, connus sous le nom de tulipiers du Gabon, qui se couvrent deux fois par an d'une abondante moisson de fleurs orangées.

Enfin, au dernier plan, l'île aux Perroquets et l'île Coniquet, qui surgissent de l'eau comme d'énormes bouquets de verdure, ferment le coup d'œil de la rade et cachent l'embouchure du Como et du Rhamboe. A l'horizon ondulent les premières lignes de montagnes du continent africain, dont les teintes, s'affaiblissant par degrés, se fondent et s'évanouissent dans le bleu intense du ciel.

Tout cela donne à cette baie un aspect qui séduirait, s'il était plus animé. Cette rade profonde et si belle manque de mouvement ; on n'y voit que le stationnaire de la division, un petit nombre de navires anglais ou américains et, plus rares encore, quelques navires français ou quelques goélettes chargées de remonter le cours des rivières.

Tel est notre établissement du Gabon, fondé pour servir d'appui à notre marine de guerre, et peut-être pour favoriser les essais d'un commerce qui a prospéré assez bien entre les mains des Anglais et des Américains, mais qui, entre les nôtres, est resté timide ou malheureux. Ce n'est pas la faute du gouvernement qui l'a créé, si le but militaire seul a été rempli et si notre pavillon n'a eu à protéger que des intérêts étrangers.

CHAPITRE II

Administration. — Les missionnaires. — Climat. — Grandes pluies. — Production. — La culture.

Notre colonie, qui est régie par la même législation que le Sénégal, en dépend pour certaines questions. Elle est gouvernée par un commandant assisté d'un chef du service de l'intérieur et d'un chef du service judiciaire. Le chef du service de l'intérieur cumule les fonctions de chef administratif : il a, en cette qualité, la direction de tout ce qui concerne la comptabilité et l'administration des services militaires.

Le commandant est secondé par un conseil qu'il préside et dont font partie le chef du service de l'intérieur et deux indigènes nommés par lui. Ce conseil est chargé de statuer sur toutes les questions relatives à l'administration de la colonie.

Le service de la justice a été organisé par décrets des 1er juin 1878, 20 avril 1879 et 26 décembre 1881. Aux termes de ces décrets, la justice est rendue par un tribunal de première instance, composé d'un juge président.

Ce magistrat connaît des affaires civiles, commerciales et correctionnelles. Les crimes sont jugés au Sénégal, à moins qu'ils n'aient un caractère politique ou ne soient de nature à compromettre l'action de l'autorité française, auquel cas ils sont jugés sur place par un tribunal criminel spécial.

Mais, à côté de l'autorité officielle qu'exerce le commandant dont nous venons d'indiquer les fonctions, existe l'influence morale du nom français; aussi, quoique les chefs indigènes aient conservé un semblant de pouvoir dans leurs tribus, quoiqu'ils se parent du nom pompeux de rois, leur puissance est devenue absolument nominale, et leur rôle se borne presque exclusivement à maintenir un bon ordre que les habitants ne cherchent pas à troubler. Partout, et dans toutes les circonstances, c'est la volonté du commandant qui prévaut, qu'il s'agisse d'un différend entre deux tribus, ou même de l'élection d'un chef.

A cette influence officieuse qui s'est imposée aux populations et qu'elles ont facilement acceptée, est venue s'ajouter celle de nos missionnaires, qui n'a pas été la moins efficace. Certes, nous ne voulons pas dire que les conversions aient été nombreuses, les nègres abandonnant difficilement les superstitions qui constituent le fond de leur religion. D'une nature essentiellement sensuelle et d'une intelligence bornée, ils acceptent mal les théories spiritualistes; mais c'est sur l'esprit des enfants confiés à leurs soins que les missionnaires ont pu agir, et ceux-ci, en rentrant chez eux, y rapportent les belles leçons qu'ils ont reçues. En outre, ils acquièrent presque tous un état; car, à part les heures de classes auxquelles ils sont astreints, ils fournissent chaque jour quelques heures de travail manuel et apprennent dans les magnifiques jardins de la mission catholique, de la mission américaine et des Sœurs, où l'on récolte les légumes de nos contrées, à cultiver les plantes si utiles de leur pays.

De retour dans leurs tribus, ils peuvent instruire

leurs compatriotes, s'ils réussissent à triompher de leur paresse et de leur apathie. Presque tous ces enfants deviennent jardiniers, charpentiers ou maçons. Ces résultats sont dus surtout à Mgr Bessieux, qui a consacré quarante années de sa vie à cette œuvre de régénération, et qui, pour atteindre le but qu'il s'était proposé, a puisé dans une volonté et une énergie surhumaines la force de supporter aussi longtemps les fatigues d'un travail incessant et de résister à ce climat sous lequel les autres Européens ne séjournent pas impunément plus de deux ou trois ans.

Malgré la situation équatoriale du Gabon, la chaleur n'y est pas excessive, mais elle est constante. Si le thermomètre monte rarement au-dessus de 33°, plus rarement encore il descend au-dessous de 23°; la moyenne habituelle est de 28°, ce qui constitue déjà une température assez élevée, que l'humidité et la tension électrique de l'air achèvent de rendre insupportable. Ces fâcheuses conditions empirent encore pendant l'hivernage; alors le corps fatigué s'affaisse, sans trouver le repos dans l'immobilité ni la réparation de ses forces dans le sommeil; l'intelligence allourdie s'endort et les appétits s'éteignent.

Tristes effets, qui sont hors de proportion avec l'élévation de la température, et dans lesquels il faut voir la résultante de plusieurs causes dont celle-ci n'est pas toujours la plus active. Combien de fois les voyageurs n'ont-ils pas remarqué ce défaut d'harmonie entre les indications de leur thermomètre et la sensation de chaleur dont ils sont accablés ! Il est frappant au Gabon.

En somme, ce climat, avec ses oscillations thermo-

métriques qui ne dépassent pas dix degrés, es
forme; mais il est par suite uniformément débilita
et ce caractère se retrouve dans les maladies qu'il en
gendre. Pas d'affections excessives, peu de dyssenteries
peu d'insolations; mais beaucoup de fièvres pernicieuses
car le pays est très marécageux, et, pour tout l
monde, l'anémie avec son cortège de lassitudes san
causes, de douleurs sans lésions, et de débilité sans re
mède (1).

A cette description déjà peu engageante du climat
il faut ajouter les pluies, qui arrivent vers le 15 sep
tembre et durent jusqu'aux premiers jours de janvier
puis elles cessent pendant six semaines environ, pé
riode que dans le pays on appelle *petite saison sèche*
mais qui, pour n'être pas pluvieuse, n'en est pas moins
humide, lourde à supporter et féconde en maladies
graves.

Après ce temps d'arrêt, elles recommencent, tombant par torrents, accompagnées d'interminables et
magnifiques orages, et exerçant sur la santé les plus dé
plorables effets. Après quoi, trois mois de sécheresse
viennent pomper jusqu'à la dernière goutte cette ca-
taracte annuelle.

Ainsi, sept mois de pluies, dont quatre de déluge,
tel est le climat du Gabon.

Un pareil pays peut séduire un instant le voyageur
avide de nouveautés, mais l'Européen qui n'y est pas
retenu par de sérieux motifs n'y séjourne pas; en
tous cas, s'il arrive à s'y acclimater, c'est à titre personnel, ses descendants ne s'y implanteront pas, car ce

(1) Docteur Griffon du Bellay. *Le Gabon* (Tour du Monde, 1865).

climat n'est pas fait pour la femme blanche. Celle qui braverait ici les périls de la maternité tenterait une entreprise mortelle pour elle-même peut-être, et à coup sûr stérile pour sa race.

Faut-il s'étonner après cela que le nombre des Européens et surtout de nos nationaux soit aussi peu considérable au Gabon ? que le commerce, malgré toutes les tentatives faites pour lui donner le développement que comporterait ce pays, soit aussi peu important, et qu'il se restreigne à quelques produits d'échanges ?

L'ivoire, le caoutchouc, l'ébène et le bois rouge de teinture forment la base du trafic de notre colonie; malheureusement, ce commerce, déjà presque insignifiant, ne reste pas absolument entre nos mains; il est accaparé par deux maisons : l'une anglaise et l'autre allemande, qui bientôt monopoliseront tout le mouvement commercial du Gabon. Le commerce français n'est représenté à Libreville que par quelques petites maisons de détail; tous les autres comptoirs sont à Glass, village anglais, et à Prince Glass.

L'élevage des bestiaux, très difficile, demande des soins constants et multipliés. Les troupeaux du gouvernement, malgré la peine qu'ils donnent, et bien qu'ils soient renouvelés constamment, ne font que dépérir ; il n'y a réellement que ceux des missions françaises et américaines qui soient dans un état de prospérité satisfaisant.

La principale culture du pays est le manioc qui, avec le poisson sec, constitue le fond de la nourriture des indigènes. Il y a aussi quelques plantations de riz et de maïs, mais elles sont de faible importance. On a essayé à Sibange la culture du café ; cette tentative est récente et n'a pas encore donné de résultats. Si elle réussit, comme tout le fait supposer, il y a lieu d'espérer que cet exemple sera imité par beaucoup de commerçants.

La culture qui doit procurer le plus de bénéfices aux planteurs, et sur laquelle doivent porter tous leurs efforts, est celle du palmier, qui donne une huile très appréciée, vendue à un prix assez élevé. Cette espèce de palmier, originaire du pays, y croît avec une grande activité et, une fois le terrain préparé, ne demande plus beaucoup de soins.

Pour arriver à donner à cette culture une certaine importance, il faudrait s'avancer dans l'intérieur, défricher une forêt de palmiers, en ne laissant subsister que les sujets jeunes et vigoureux, et avec l'aide de Krowmen engagés sur la côte de Guinée, les planteurs arriveraient en fort peu de temps à obtenir de beaux bénéfices.

Les attaques ne sont pas à craindre de la part des indigènes, et des navires à vapeur montent et descendent continuellement le cours des fleuves jusqu'à une assez grande distance.

CHAPITRE III.

Habitants du Gabon. — Les Krowmen. — Les M'Pongwés. — Les Boulous. — Les Bakalais. — Les Fans. — Essences forestières. — Les éléphants. — Les gorilles. — Les fourmis.

Le Gabon proprement dit, et les territoires qui en dépendent, sont habités par quatre races principales . les *M'Pongwés*, établis dans la partie nord de notre possession, qui forment la population stable des établissements, et que nous appellerons Gabonais ; les *Boulous*, ainsi nommés parce qu'ils habitent les forêts qui s'étendent autour et en arrière de l'estuaire ; leur vrai nom est *Shekianis* ; les *Akalais* ou *Bakalais*, que l'on rencontre au sud du fleuve ; enfin les *Fans* ou *Pahouins*, qui occupent dans l'est une région très étendue, et que l'on rencontre encore sur les bords de l'Ogooué.

Ces peuplades ne sont pas originaires du Gabon, elles viennent toutes de l'Est, et comme la plupart des nations occupant aujourd'hui les côtes d'Afrique, elles semblent avoir obéi à une grande loi de migration qui pousse les tribus de l'intérieur à se rapprocher toujours du littoral.

Quelle raison fait ainsi mouvoir ces nations ? Est-ce le désir du voisinage des Européens qui provoque leurs émigrations ? ou bien ne sont-elles pas plutôt le résultat de leur accroissement considérable ?

Quoi qu'il en soit, ces déplacements s'opèrent avec lenteur, mais fatalement, et toujours au préjudice des premiers occupants. Parti du centre de l'Afrique, le trop-plein d'une tribu s'avance vers les rives de l'Océan, poussant devant lui d'autres tribus ; celles-ci, à leur tour, se mettent en marche et absorbent les nations qu'elles rencontrent ; elles-mêmes finissent un jour par être absorbées et confondues dans la foule d'un autre peuple qui arrive.

C'est le cas des Fans qui, venus des territoires de l'Est, chassent devant eux les Bakalais; ceux-ci font fuir les Boulous, qui, de leur côté, auront bientôt fait disparaître les M'Pongwés, pour prendre leur place et la céder ensuite aux Bakalais.

Ce travail d'absorption est puissamment aidé d'ailleurs par la transformation qui s'opère à notre contact chez les habitants de la côte. A notre fréquentation, ils dépouillent en partie leurs croyances superstitieuses et leurs coutumes barbares, mais ils perdent aussi leur vigueur native. Ils ne se contentent pas de s'associer à la dépravation européenne, ils surpassent très vite leurs maîtres ; primitivement robustes, ils s'abrutissent par la boisson, s'usent dans la paresse, s'atrophient et ont très peu d'enfants ; ils finiraient par disparaître complètement, si un sang plus jeune et plus riche ne venait parfois renouveler leurs forces.

Ce phénomène de migrations n'est pas nouveau ; au xve et au xvie siècle, une grande nation habitant les territoires qui s'étendent au sud du Tanganika, entre les sources du Zaïre et du Zambèse, disent les uns, — la Sierra Leone, prétendent les autres, — s'avança comme un flot envahissant jusqu'aux rives de l'Océan Indien, ravageant Montbaze, Zanguebar et Quiloa; se répandant dans le pays des Caffres, puis revenant sur ses pas, cette horde sauvage finit par s'établir au sud du Congo.

Outre les quatre grandes races que nous venons de citer, on en rencontre une cinquième au Gabon. Elle n'y est représentée, il est vrai, que par un petit nombre d'individus, et n'y séjourne pas à l'état permanent; c'est une nation de passage que l'on pourrait classer dans la population flottante. Nous voulons parler des Krowmen.

Originaires des côtes de la Krow, situées à trois cents lieues plus au nord, par 5° de latitude, les Krowmen, quand ils sont jeunes, s'engagent volontiers pour un an ou dix-huit mois, rarement plus, à la condition de n'être pas emmenés au delà de Gorée au nord et du Gabon à l'est. Moyennant un salaire de quinze francs par mois pour eux, et de vingt-cinq ou trente pour les chefs qu'ils se sont donnés, ils remplissent les emplois de portefaix ou d'agriculteurs avec une douceur, une intelligence et une honnêteté que l'on rencontre rarement chez les nations africaines. Ils calculent merveilleusement la durée de leur contrat ; mais, à l'expiration de leur engagement, la fièvre du retour s'empare d'eux, rien ne saurait plus les retenir loin du village natal, où ils rapportent aux anciens qui ne peuvent plus émigrer un coffre rempli des mille riens qui les ont tentés, et tout ce qu'ils ont économisé sur leurs gages.

Le retour dans la patrie est l'occasion de fêtes aussi touchantes que folles.

Ce n'est pas au M'Pongwé qu'il faut demander un travail pénible. « Homme indolent et sans ressort, dit M. Griffon du Bellay, le Gabonais sait très bien répondre, quand on lui propose un labeur un peu sérieux : « Ça, travail pour Krowman », ou mieux encore : « Travail pour blanc ». Selon lui, le bon Dieu ne veut pas que les M'Pongwés travaillent. C'est donc dans son village qu'il faut aller le chercher, ou bien sur la plage qui lui sert de grande route ; car, en sa qualité de courtier maritime (c'est son métier, quand il en exerce un), il a son village au bord de l'eau, sa pirogue est son seul véhicule, la plage son chemin de communication. C'est, du reste, à marée basse, la promenade la plus agréable du pays.

Cette population est assez belle ; voici le portrait qu'en a tracé le docteur Lestrille (1) : « Le M'Pongwe est généralement grand et bien proportionné. Les saillies dessinées par ses muscles dénotent la vigueur. La jambe est mieux faite qu'elle ne l'est ordinairement chez le noir, le pied est plat, mais le cou-de-pied est cambré, la main est petite et parfaitement attachée. Les yeux sont en général beaux et expressifs, le nez peu ou point épaté. La bouche médiocrement fendue, la lèvre inférieure est épaisse, sans être pendante. La couleur est plutôt bronzée que noire ; le système pileux est relativement développé ; la plupart se rasent une partie des cheveux, en figurant des dessins variés ; beaucoup sont complètement dépourvus de barbe ; enfin leur poitrine est large et bien développée. »

Les villages forment généralement une grande rue bordée de cases bâties avec les branches et les feuilles d'une sorte de palmier appelé *Enimba*. Ces demeures, assez spacieuses, ne se composent guère que d'une

(1) Citation de M. Griffon du Bellay (*Tour du Monde*, 1865).

seule pièce donnant sur la rue; elle est meublée d'un canapé, avant tout, et d'un nombre illimité de coffres, la plupart vides, mais que le maître de la maison montre avec complaisance, car c'est un signe de richesse ; aussi, chaque fois que sur une affaire il réalise un bénéfice inespéré, s'empresse-t-il d'augmenter le nombre de ses bahuts.

Le canapé, vieux meuble européen, est l'apanage du maître ; il passe là une partie de ses journées à fumer et à dormir, tandis que tout le reste de la famille, femmes, enfants et serviteurs, est réuni autour du foyer; car, quelle que soit la température extérieure, un feu est toujours allumé dans la case, et c'est autour de ce feu, dont la fumée est destinée à éloigner les insectes, que se réunissent les habitants. Ils se livrent là à tous les travaux du ménage, et aux détails de la toilette la plus intime.

Outre leurs cases dans le village, les Gabonais ont une autre demeure à la campagne ; ils la nomment *habitation*, et c'est là qu'ils se livrent à la culture.

Les M'Pongwés sont polygames, ils ont autant de femmes que leur fortune leur permet d'en posséder ; c'est pour eux une affaire de vanité, une manière de faire étalage de leur richesse ; mais c'est en même temps une question d'intérêt, un moyen d'obtenir un grand crédit pour les transactions commerciales, la femme étant souvent le gage d'une opération à long terme. Plus le Gabonais possède d'épouses, plus son crédit augmente, et plus ses opérations prennent d'importance; aussi, dans la majeure partie des affaires, même commerciales, soumises à l'arbitrage du chef de tribu ou du tribunal français, peut-on « chercher la femme ».

Partant de ce principe que l'épouse est un gage ayant cours, on comprend que le M'Pongwé soit obligé de l'acheter à sa famille ; quelquefois même, en plus des cadeaux d'usage, il donne à son beau-père, par-dessus le marché, en guise de pot-de-vin, une de ses sœurs en mariage. Ordinairement, les Gabonais ne se marient pas dans leur village, ils vont demander une femme à quelque tribu de leur nation habitant l'intérieur ; c'est, disent-ils, en raison des liens de parenté qui les unissent ; mais c'est bien plutôt pour étendre leurs relations commerciales : peut-on trouver dans une tribu éloignée un meilleur représentant que son beau-père ?

A part la première épouse, que l'on appelle la *grande femme*, à qui incombe la surveillance de la maison, les femmes du Gabonais vivent dans une triste situation. Traitées comme des esclaves ou des bêtes de somme, elles ont la charge des travaux les plus pénibles ; elles cultivent les champs, défrichent les terrains incultes et portent les fardeaux, pendant que leur seigneur et maître vit dans la plus grande oisiveté, laissant à la grande femme le soin de maintenir l'ordre dans la maison ; c'est chose facile, car, élevée dans les principes de soumission, la femme accepte sans se plaindre le sort qui lui est fait ; du reste, elle n'en connaît pas d'autre.

La famille africaine n'existe pas ; le chef peut vendre ses femmes ; et ses biens, quand il meurt, au lieu de revenir à ses fils, appartiennent à son neveu, fils aîné de sa sœur, car, chez les M'Pongwés, la ligne héréditaire s'établit par les femmes.

Les Gabonais n'ont, à proprement parler, pas de religion ; comme presque toutes les nations africaines, et ainsi que les tribus voisines, ils sont fétichistes.

« Fétiches et Féticheurs sont deux mots, dit M. Griffon du Bellay, qui reviennent à chaque instant à la bouche du Gabonais. Tout est fétiche pour lui. *Moondah*, le mot qui exprime cette idée, semble, comme le tabou des Taïtiens, être le fond de sa langue. Le petit ornement en griffes de tigres que les femmes portent au cou est Moondah ; Moondah encore, l'herbe élégante et finement découpée dont il a bien soin d'orner ses instruments de pêche avant de les jeter à l'eau ; Moondah aussi, le morceau de cervelle de léopard calcinée, que le guerrier cache sous son pagne et qu'il caresse au moment du combat pour se donner du cœur. C'est là un grand fétiche ; mais il y en a un autre plus puissant encore : c'est la cendre que produit la calcination des chairs ou des os d'un blanc, talisman infaillible à la guerre.

« Mais ce ne sont là que des amulettes, des gris-gris. Les vrais dieux sont des représentations plus ou moins grotesques de la forme humaine. Ces idoles ont souvent la prétention de reproduire les traits de l'Européen, son nez aquilin, ses lèvres minces, son visage coloré. »

On voit quelquefois ces fétiches dans l'intérieur des habitations, où ils jouent le rôle tutélaire des dieux lares du paganisme ; mais ce n'est pas l'ordinaire. Dans tout village, une petite case leur est spécialement affectée, temple modeste où parfois l'adorateur ne saurait pénétrer qu'en rampant, mais qui, dans les grands villages, a des proportions plus en rapport avec les hôtes auxquels il est destiné.

Après les fétiches, le féticheur ; *l'Oganda* fabrique les fétiches, les distribue et leur donne leur vertu. C'est lui aussi qui indique les cérémonies à accomplir avant d'entreprendre un voyage, une guerre, une affaire commerciale. Bien entendu, ces différents services ne sont pas gratuits, et chaque fois que l'on a recours au ministère du féticheur, on doit payer ; il est aussi médecin ; c'est lui qui se charge, à l'aide d'incantations, de guérir tous les maux. L'oganda a encore une autre fonction : quand l'homme confié à ses soins vient à mourir, cas assez fréquent, c'est qu'il a été empoisonné ; or c'est le médecin lui-même qui est chargé de désigner le coupable et de lui faire subir une espèce de jugement de Dieu, consistant dans l'absorption d'un poison terrible. Nous le verrons à l'œuvre chez les Boulous.

Le peuple M'Pongwé est gouverné par des chefs nombreux, un par village au moins. Ces chefs, qui se donnent le titre pompeux de roi, ne sont que des négociants un peu plus aisés que les autres. Leur pouvoir, fort restreint et purement nominal, est entièrement soumis à l'autorité française ; il n'est même pas héréditaire, les chefs étant élus par leurs sujets; heureux M'Pongwés qui possèdent le suffrage universel ! Mais ces élections sont souvent l'occasion de bruyants débats, car chez eux aussi on pratique la fraude électorale, et les moyens employés par les candidats rendraient jalouse plus d'une nation civilisée; mais c'est toujours le chef présenté par le commandant qui est nommé. Où la candidature officielle va-t-elle se nicher ?

Telle est l'image de ces Gabonais, autrefois forts et redoutables, qui, à notre contact, se sont améliorés, ont dépouillé une partie de leur ancienne barbarie, abandonné leurs superstitions les plus nuisibles, mais qui ont pris aussi nos vices les plus dégradants. Sous l'influence de l'ivrognerie et de la débauche la plus éhontée, cette population tend à disparaître, et diminue de jour en jour, malgré la polygamie.

Il ne nous reste plus à voir que les différentes plantes dont ils retirent les fruits, et nous examinerons ensuite rapidement les trois races qui, avec les M'Pongwés, fréquentent notre possession du Gabon.

C'est encore à M. du Bellay que nous empruntons les détails relatifs à la culture et aux productions naturelles de ce pays.

Au milieu d'une nature vigoureuse et puissante, les Gabonais n'ont su se créer que des ressources insuffisantes pour eux-mêmes et absolument nulles pour les étrangers. Auprès de leurs villages, on ne voit guère que quelques belles touffes de bananiers et de manioc; dans leur intérieur, quelques arbres sacrés voisins de la case fétiche, et quelques *ilangus*, liliacées qui ont la propriété d'éloigner la foudre. Le manguier, introduit par les Européens, commence à y paraître; l'arbre à pain a moins de succès, malgré les généreux efforts de la mission française. Aux habitations, on cultive en plus grandes proportions la banane, le manioc, l'igname, quelques arachides, le maïs, la canne à sucre en petite quantité, et enfin quelques aromates.

Ces cultures changent fréquemment de place aux dépens des forêts voisines. Ce n'est pas un médiocre travail que celui des défrichements. Les villages tout entiers émigrent à la fois pour cette grande affaire et vont camper sous bois. On dresse des abris recouverts avec les feuilles d'un balisier très commun, l'*ogongau*; quelques femmes s'occupent de la cuisine, pendant que les autres, portant leurs enfants sur leur dos, vont aider les hommes à débiter les arbres qu'ils ont abattus. Chacun a chassé la paresse originelle et travaille avec ardeur; mais aussitôt que la clairière est ouverte et le gros œuvre terminé, le naturel revient au galop, c'est-à-dire que les hommes retournent chez eux se reposer de leurs fatigues, laissant aux femmes le soin d'ensemencer seules le terrain qu'ils ont déblayé par un commun effort.

C'est, en somme, pour la banane et le manioc que se développe cette activité; le bananier est dans ce pays une ressource immense. Le manioc a sur celui d'Amérique l'inappréciable avantage de n'être pas toxique. On le réduit en une pâte nommée *Gouma*, après une macération préalable qui lui donne un certain degré de fermentation et un goût aigre et nauséeux très apprécié des indigènes. C'est, avec le poisson sec et la banane cuite avant maturité, la base de l'alimentation.

Il n'est pas de pays peut-être qui soit plus riche en fruits oléagineux inexploités. Voici d'abord l'*oba*, dont l'amande concassée produit le *dika*, qui par son goût et sa couleur rappelle le chocolat. Puis le *djavé*, qui fournit une huile à demi concrète, et le *noungou*, qui donne une graisse ferme et blanche ; le *m'poga*, d'où l'on tire une huile excellente, mais d'une extraction difficile, à cause de la dureté du fruit qui la contient ; le *maketa*, gingembre doré de bonne qualité ; le *yanguébéré*, l'*énoné*, et plusieurs autres plantes dont les graines chaudes et aromatiques sont connues dans le commerce sous le nom de malaguette, poivre de Guinée, etc... N'oublions pas l'*iboga*, dont la racine est réputée comme un aphrodisiaque énergique, et l'*ombéné*, dont le goût âpre et sucré imprègne fortement les papilles de la langue et les rend momentanément insensibles aux saveurs désagréables. L'eau saumâtre paraît alors fraîche et sucrée.

On voit combien ce pays est riche en matières végétales, et quelles ressources les habitants pourraient y trouver, s'ils voulaient se donner la peine, non de cultiver, mais seulement de récolter.

Les Boulous ou Shekianis étaient autrefois une nation puissante et terrible, qui maintenant ne compte plus que trois mille individus environ. Pendant fort longtemps, ils ont servi d'intermédiaires aux Pahouins pour leurs échanges avec la côte ; ils étaient armés de fusils, qu'ils se gardaient bien de vendre à cette nation, et, grâce à ces armes, ils purent longtemps la tenir en respect ; mais depuis plusieurs années déjà, les Fans ont des armes à feu, et dans les querelles fréquentes qui se sont élevées entre cette tribu et les Boulous, ceux-ci ont été décimés ; ils sont réduits aujourd'hui à quelques familles.

Les Boulous sont plus noirs que les M'Pongwés, leur peau est rude et terreuse ; la saillie des mâchoires est plus prononcée, et l'ensemble de la physionomie a quelque chose de bestial et de sauvage. Au moral, voleurs et pillards, ils sont toujours à la piste de quelque case à dévaliser. Essentiellement nomades, ils parcourent sans cesse les forêts, où ils vivent de préférence ; leurs cases, petites et mal bâties, se ressentent de leur humeur vagabonde ; ces cases, construites avec les pétioles de feuilles de *raphia*, sont divisées en plusieurs compartiments, qui servent de logement et de magasins pour les provisions.

Leurs vêtements sont aussi sommaires que possible; les hommes et les femmes ne portent qu'un pagno taillé dans une pièce d'étoffe qui s'attache à la ceinture et descend au-dessus du genou. Comme ornements, les femmes se mettent aux jambes de gros anneaux de cuivre, tellement nombreux et tellement serrés qu'ils garnissent le mollet et l'emprisonnent comme une botte de métal.

Ainsi que les Gabonais, les Boulous sont fétichistes; mais leur coutume de vivre dans les bois en a fait pour les populations voisines des êtres mystérieux, connus surtout comme de grands féticheurs. Moins rapprochés de nous que leurs voisins, ils ont en effet conservé plus entières leurs coutumes et leurs superstitions, et nous retrouvons chez eux le féticheur dans toute sa puissance.

A la mort d'un Boulous, tout le village prend le deuil et témoigne de son chagrin par des pleurs et des cris lamentables ; puis, quand la douleur des survivants est un peu calmée, c'est-à-dire au bout de deux ou trois jours, le défunt est emporté à une certaine distance des cases et enfoui dans la forêt. Alors les pleurs se sèchent comme par enchantement, et l'on ne pense plus qu'à venger le mort. Ces peuples sauvages ne peuvent considérer la mort par maladie comme une désorganisation de la machine humaine; pour eux, c'est le résultat d'un empoisonnement. Le féticheur est chargé de trouver le coupable, et il en trouve toujours un; d'ordinaire, il désigne un esclave du défunt ou un de ses familiers qui, bien entendu, proteste, mais pour la forme, car celui qui est désigné sait bien qu'il ne pourra éviter son sort. C'est alors que, pour mettre à néant ses dénégations, on lui fait subir une épreuve.

Cette épreuve consiste à boire un poison, disent les uns, une plante diurétique, disent les autres, mais qui produit toujours l'effet attendu, c'est-à-dire qui établit clairement la culpabilité du prévenu; et si, par hasard, l'accusé réussit, à l'aide de quelque subterfuge, à sortir vainqueur de l'épreuve, il n'est pas sauvé pour cela, car le féticheur sait bien, à l'aide de quelque torture, arracher au malheureux l'aveu d'un crime imaginaire.

En somme, cette nation, à la veille de disparaître, joint aux vices et aux superstitions des M'Pongwés une grande cruauté; elle mène dans les bois une existence misérable, ne se livre à aucune culture et ne vit presque que du produit de ses chasses et de ses maraudes. Pour préparer leurs aliments, les Boulous se servent d'une huile dont la provenance impure soulèverait de dégoût l'estomac le moins rebelle. Ils l'obtiennent en faisant bouillir à pleine marmite un gros termite à tête noire, au corps bleuâtre et mou, dont l'aspect rappelle assez la grosse tique du chien.

Aussi voleur et aussi laid que le Boulous, le Bakalais mène la même vie nomade; il habite près des rivières et le long des forêts qui les avoisinent. Relativement industrieuse, cette nation exploite particulièrement l'*énimba*, sorte de palmier qui pousse dans ces parages et dont le Gabonais se sert pour construire ses cases; le Bakalais l'emploie aussi pour construire sa demeure. Cet arbre fournit des planches toutes faites. Ce sont les branches mêmes de l'enimba, ou plutôt les nervures de ses feuilles; longues de cinq ou six mètres, étroites, plates sur une de leurs faces, elles sont d'une rectitude parfaite. On n'a donc qu'à les débarrasser de leurs folioles pour en faire des planches d'un emploi commode.

Ils vendent encore aux Gabonais le bois d'ébène et le bois de santal, qu'ils échangent contre les denrées qui leur font en partie défaut.

Les femmes des Bakalais tissent avec des fibres végétales une étoffe assez fine et très flexible, assurément plus durable que les cotonnades européennes, mais qui, près des indigènes, jouit de moins de faveur.

Chose extraordinaire, ce peuple sauvage et superstitieux, voleur et cruel, possède au plus haut degré le sentiment musical. Ils fabriquent eux-mêmes leurs instruments, sortes de harpes et de guitares informes; les accords qu'ils en tirent sont peu variés; c'est tantôt une mélopée lente et plaintive, qui semble inspirée par les mille bruits de la forêt, ou le roulement monotone des rapides, tantôt un chant guerrier, souvenir lointain des hauts faits de leurs aïeux. On entend alors un vacarme étourdissant, une musique infernale accompagnée de danses bizarres ; et la nuit, dans les bois éclairés par de grands feux, ces noirs danseurs, qui tournent et sautent jusqu'à complet épuisement, semblent les mauvais génies des vieilles forêts africaines.

Les Fans ou Pahouins ont dans tout l'ensemble de leur physionomie un cachet particulier qui ne permet de les confondre ni avec la race gabonaise, ni avec aucune de celles que nous venons de décrire. Les pommettes, très saillantes, qui font ressortir la cavité des tempes et la proéminence excessive du front, donnent à ces figures un air singulier. Grand, maigre, les bras grêles et trop longs, la poitrine tatouée de couleurs étranges, le Pahouin, vêtu d'une simple pièce d'étoffe qui entoure ses reins, présente un aspect bizarre. Ce que le Fan abandonne le moins volontiers, c'est son fusil, car il est chasseur et guerrier.

Les femmes, généralement affligées d'un embonpoint exagéré, se font surtout remarquer par la petitesse de leurs mains et la finesse de leurs attaches. Elles sont d'une coquetterie extrême, se couvrent la poitrine de colliers, et attachent à leurs cheveux une multitude de perles blanches, qui pendent sur leur front ou leur fouettent le visage. Leurs bras et leurs jambes sont garnis de bracelets de cuivre qui leur donnent, a-t-on dit, un faux air de ressort à boudin. En somme, malgré tous ces soins pour orner leurs personnes, les

Pahouines sont, à de rares exceptions près, d'une laideur accomplie.

L'organisation sociale des Pahouins ne diffère pas sensiblement de celle des tribus voisines. La famille est constituée sur des bases peu solides. Cependant, quoique la polygamie existe chez eux comme chez les Gabonais, il faut constater qu'elle est y moins effrénée, que les mariages y sont moins précoces et les mœurs moins relâchées. Est-ce parce que cette nation, qui fréquente moins nos territoires, n'a pas encore eu le temps de perdre la vigueur de son caractère primitif? toujours est-il que les races Pahouines ne sont pas encore décimées par le fléau de la dépopulation, résultat fatal de l'ivrognerie et des débauches.

Il ne faudrait cependant pas conclure de là que les Fans sont un peuple absolument parfait ; car, si nous venons de parler des vices qu'ils n'ont pas, nous n'avons encore rien dit de leur défaut capital qui, c'est triste à dire, n'a presque pas diminué. Les Fans sont anthropophages ! Est-ce affaire de cruauté ? Est-ce poussés par des appétences toujours inassouvies qu'ils se livrent à ces honteux festins ? Ne mangent-ils que leurs ennemis prisonniers ? Autant de questions qui ont soulevé de longues discussions, diversement résolues par les voyageurs qui les ont visités. Quoi qu'il en soit, ils sont cannibales, le fait est certain.

Les Pahouins sont grands chasseurs, et les territoires qu'ils habitent se dépeuplent rapidement. Cette nation, dit M. Alfred Marche, est la seule, avec celle des Bakalais, qui fasse des chasses réglées.

Les Pahouins entourent quelquefois une étendue

de plusieurs kilomètres carrés par des palissades de pieux dans lesquels ils enchevêtrent des lianes ; puis ils rabattent le gibier vers l'enceinte avec leurs filets, et peu d'animaux parviennent à rompre le cercle. Ils s'avancent ensuite, resserrant toujours l'espace, concentrant le gibier, qu'ils font finalement prisonnier dans un enclos relativement très petit. Ils établissent, alentour des abris, des *feux*, et vivent là dans l'abondance jusqu'à ce qu'ils aient tout tué, tout mangé. Après quoi ils vont plus loin chercher un nouveau terrain de chasse.

C'est à ces migrations fréquentes qu'il faut attribuer la pauvreté de leurs villages et la structure élémentaire de leurs cases. Ces villages ne se composent que d'une seule rue, bordée de chaque côté par des espèces de hangars ouverts sur la rue. Au centre, un abri sert de corps de garde, et non loin de là se trouve la case fétiche, car les Fans, eux aussi, sont fétichistes ; il semble, toutefois, que leur zèle soit moins grand que celui des nations voisines.

Telle est la race pahouine, la plus curieuse à étudier de toutes celles qui habitent le Gabon, et aussi celle qui nous intéresse le plus, car elle s'avance à grands pas vers nos comptoirs. On suit leur marche avec plaisir, car, s'il est possible de faire quelque chose dans le pays, ce sera avec ces hommes bien trempés. Il ne faut pas se dissimuler pourtant que nous aurons là des sujets bien remuants et des auxiliaires difficiles à manier ; habituellement doux et hospitaliers, ils ont cependant un caractère ombrageux, versatile, servi par une énergie et une adresse que peu de noirs possèdent.

Nous avons vu les principaux produits des bois du Gabon, nous allons maintenant passer rapidement en revue les animaux qui peuplent ses forêts et les insectes qui, parfois, en rendent le séjour insupportable.

A tout seigneur, tout honneur. Voici d'abord l'éléphant. C'est le roi des forêts. Il est remarquable par le développement extraordinaire de ses défenses. Les Pahouins sont les meilleurs pourvoyeurs du commerce de l'ivoire. Leur manière de chasser l'éléphant exige une connaissance approfondie des mœurs de cet animal. Ces grands pachydermes, qui vivent par troupes, quittent rarement leurs lieux d'habitation ; lorsqu'ils sont réunis en nombre suffisant, les chasseurs les poussent devant eux dans une enceinte de lianes, trop faible assurément pour arrêter leur fuite, mais assez forte pour la ralentir. Les animaux ainsi embarrassés et entourés tombent sous les balles et les coups de sagaies, non sans danger pour les chasseurs. On a aussi recours à un piège, qui consiste à suspendre au-dessus d'une trouée pratiquée dans le fourré par lequel l'animal devra nécessairement chercher à s'échapper, une énorme poutre pointue qui tombe sur lui quand il passe et lui brise les reins.

Après l'éléphant, le gorille, singe gigantesque spécial à ces régions, si peu connu il y a quelques années encore, que l'on a pu raconter sur cet homme des bois les histoires les plus invraisemblables. Le gorille ou *d'gima* est d'une taille supérieure à celle de l'homme ; ses épaules, d'une largeur énorme, donnent à sa poitrine un développement extraordinaire ; la tête,

Gorille.

extrêmement grosse, est formée d'une face monstrueuse et d'un crâne relativement petit ; une crête très élevée sert d'attache à des muscles puissants destinés à mouvoir une mâchoire d'une force prodigieuse ; le nez est petit et aplati, le front fuyant ; les bras, trop longs, descendent jusqu'aux genoux ; le pied est impropre à une longue station verticale, et tout le corps est couvert d'un poil noir et ras. La capacité de sa poitrine, et un appareil très curieux de renforcement dont son larynx est pourvu, donnent à sa voix une puissance formidable.

Tel est ce singe monstrueux, que les noirs redoutent à l'égal des bêtes féroces, et qui joue un rôle important dans les récits superstitieux du pays.

M. Du Chaillu, qui a écrit des choses si vraies et si intéressantes sur le Gabon, a décrit le gorille un des premiers. Il s'est peut-être laissé emporter un peu loin par son imagination de chasseur, quand il nous a dépeint ce singe comme attaquant l'homme. Il ne faudrait pas croire non plus, que chaque fois que le chasseur a manqué son coup, le gorille se précipite sur lui. Si vous ne l'attaquez pas, assurent les noirs, il s'éloigne de votre chemin et ne cherche pas à vous faire de mal. La vie paraît, d'ailleurs, s'échapper assez facilement de ces corps monstrueux, et beaucoup succombent sur le coup à des blessures qui pour l'homme seraient à peine dangereuses.

Le nombre des panthères, autrefois très communes, diminue chaque jour : on n'en rencontre plus que rarement.

Les serpents, qui abondent, sont souvent dangereux, et toujours très venimeux, à l'exception du *boa python*, que sa taille seule rend redoutable. Le plus remarquable de ces reptiles est l'*eschyda gabonica*, grosse vipère à cornes, sans queue, qui atteint parfois deux mètres de long.

Après ces désagréables animaux, citons un buffle sauvage, le *niaré*, et le sanglier à front blanc, espèce devenue très rare ; un museau verruqueux, des yeux entourés de longues soies, de grandes oreilles terminées par une petite touffe de poils, donnent à ce dernier une physionomie vraiment originale ; cinq ou six espèces d'antilopes, depuis le gracieux animal qui atteint à peine la taille du lièvre, jusqu'au *bango* zébré de blanc, aussi grand qu'un daim, et dont l'exposition coloniale possède un beau spécimen.

A côté des animaux dangereux, nous aurions pu placer certains insectes, et parmi eux, les fourmis, le fléau des pays chauds. Il y en a de toutes sortes, de toutes couleurs, depuis la blanche jusqu'à la noire et la rousse. Les unes vivent au milieu des villages rendant les mêmes services que les chiens à Constantinople ; elles ne sont que gênantes. D'autres, blondes, au corselet svelte et allongé, s'installent sur les arbres, construisent leur nid sur les feuilles et y déposent leurs œufs par millions.

Une autre espèce, les rousses celles-là, défilent dans les sentiers en suivant un ordre particulier ; le gros de la bande s'avance en troupe serrée, tandis que des éclaireurs battent l'estrade sur les flancs de la colonne. M. Marche rapporte avoir rencontré une bande de ces fourmis nommées *chounous*.

« Ces fourmis, dit-il, sont les plus voraces de ces régions. Elles voyagent par bandes innombrables ; on les voit défiler quelquefois pendant plus de dix heures, sans relâche. Si quelque cadavre d'animal ou d'homme se trouve sur leur route, il est dévoré et réduit à l'état de squelette avec une incroyable rapidité. Le feu seul les fait reculer, et les noirs emploient ce moyen pour les détourner. Le voyageur qui tombe au milieu d'une de ces bandes en est aussitôt couvert, et n'a plus qu'une ressource : s'enfuir hors de leurs atteintes, se dépouiller de ses vêtements et les tuer une à une. »

Les nègres, qui marchent toujours sans chaussures, n'ont garde de les fouler aux pieds; ils ont même pour elles un certain respect. M. du Bellay raconte le fait suivant, à joindre aux superstitions des noirs :

« Je me promenais un jour avec un chef, quand nous rencontrâmes une de ces armées voraces qui traversait le sentier. Au moment de la franchir, mon compagnon s'arrêta, alla cueillir une feuille à l'arbre le plus voisin, la posa délicatement dans le courant et passa. Flairant quelque mystère, je lui demandai ce que signifiait ce singulier péage. « Ma femme est grosse, me répondit-il, c'est pour qu'il ne lui arrive pas malheur pendant ses couches. » A cette singulière révélation, je ne pus garder mon sérieux. Mon homme en fut blessé et me dit d'un ton d'humeur que j'avais tort de me moquer de lui ; qu'après tout, si nous autres blancs, nous n'avions pas peur des fourmis, nous n'avions pas grand mérite à cela, puisque nous n'amenions jamais nos femmes au Gabon. Il faut convenir que l'argument était péremptoire. »

Si nous ajoutons aux fourmis les scorpions, les cancrelats, les cent-pieds, les termites, nous n'aurons pas encore épuisé la nomenclature des insectes qui pullulent au Gabon, mais nous aurons du moins indiqué les principaux d'entre eux.

CHAPITRE IV.

L'Ogooué et ses explorateurs. — Serval et Griffon du Bellay. — Walker. — Genoyer. — Marche et de Compiègne. — De Brazza, Ballay et Marche. — De Brazza.

Nous avons dit, en indiquant les cessions de pays faites à la France, que, le 1ᵉʳ juin 1862, tout le territoire du cap Lopez avait été ajouté à notre possession. Cette région comprend le delta formé par la division de l'Ogooué en deux branches à son embouchure. Le Nazareth, sa branche nord, est sur le territoire français.

Jusqu'à cette époque, le cours du fleuve était demeuré inconnu ; mais la direction de ses eaux venant de l'est fit supposer que par cette voie on pourrait peut-être, d'une part, atteindre le centre du continent africain, d'autre part, utiliser cette « route qui marche » pour amener dans notre colonie les riches produits des contrées riveraines. On se demandait encore si ce grand fleuve n'était pas en communication avec les cours d'eau qui traversent notre colonie et viennent se jeter dans l'estuaire du Gabon.

Afin de s'éclairer sur ce point, M. l'amiral Didelot, qui commandait alors nos établissements de la côte d'Afrique, confia à M. Serval, lieutenant de vaisseau, et à M. Griffon du Bellay, chirurgien de marine, la mission de faire une rapide exploration du fleuve.

Le 18 juillet 1862, l'expédition partait à bord du *Pionnier* et pénétrait dans la rivière Nazareth ; mais on était dans la saison sèche, les eaux avaient subitement baissé, et à peine le petit bâtiment eut-il franchi l'entrée de l'Ogooué, qu'il s'échoua sur un banc de sable, en face du village de Dambo, à seize milles environ de l'embouchure du fleuve. Celui-ci offrait une large surface et une magnifique perspective ; ses bords étaient couverts de pandanus, de yuccas, et le palmier à huile s'y montrait en abondance ; mais son cours était obstrué par un grand nombre d'îles et de bancs de sable qui en rendaient la navigation impossible, même pour un navire d'un faible tirant d'eau. Il fallut continuer la route en pirogue.

Après quelques jours d'une navigation pénible, l'expédition, qui voulait remonter l'Ogooué jusqu'au confluent du N'Gounié, fut obligée de s'arrêter au lac Eliva, pour éviter un conflit avec les indigènes.

Quelques mois après, M. Serval remontait le cours du Rhamboe, et reconnaissait les routes qui mettent cette rivière en communication avec l'Ogooué, qu'il atteignait en un point distant de la mer d'environ soixante-quinze lieues. « Le fleuve avait encore là plus d'un kilomètre de largeur, — dit le chef de l'expédition, — mais d'où venait-il ? »

Onuango, le point atteint par Serval en 1862, était visité en 1864 par Genoyer, et en 1866 par Walker, qui confirmaient les détails donnés sur la situation des sources du Rhamboe et la possibilité de les mettre en rapport avec l'Ogooué.

Au mois de janvier 1873, Walker arrivait jusqu'à Lopé, village situé à quelques lieues de l'équateur, par 9° 37' de longitude est.

Si l'on suit le cours de l'Ogooué sur une carte, on verra que ses eaux coulent du sud au nord jusqu'à

10° de longitude ; que, depuis ce point jusqu'à 8° 40' environ, il suit presque exactement la ligne équatoriale de l'est à l'ouest. Ce n'est qu'à partir de ce dernier point qu'il prend une direction sud, formant un angle à peu près droit au lac Eliva ; il va ensuite à l'ouest, pour se jeter dans l'Océan.

Le bas Ogooué commençait donc à être connu. M. Walker, dans une seconde expédition, avait fondé, à la jonction de ce fleuve et du N'Gounié, une factorerie importante ; peu après, MM. Schultz et Holtz créèrent à Adamlinanlago des comptoirs desservis par de petits vapeurs. Dès lors, il s'exporta des bords de l'Ogooué de grandes quantités d'ivoire, d'ébène, surtout de caoutchouc, et les affaires prirent un développement considérable. Mais le problème des origines du fleuve n'était pas résolu ; venait-il des grands lacs du centre de l'Afrique, et si on le remontait jusqu'à sa source, aurait-on découvert une route pour pénétrer au cœur du continent mystérieux ?

Poussés par l'ardent désir de trouver une réponse à ces diverses questions, deux de nos compatriotes, le marquis de Compiègne et Alfred Marche, entreprirent en 1872 de remonter le cours du fleuve pour pénétrer jusqu'aux grands lacs et rejoindre Livingstone, encore vivant, mais sur le sort duquel on commençait à être inquiet.

Ils partirent donc, subventionnés par M. Bouvier, naturaliste à Paris, qui leur avait ouvert un crédit illimité, à la seule condition que le produit de leurs chasses et leurs collections lui seraient réservés.

Le 9 janvier 1873, grâce à deux chefs indigènes, amis personnels des voyageurs, ceux-ci purent commencer leur aventureux voyage. L'expédition se composait de trente Inengas et cinquante Gallois, montés sur quatre pirogues qui devaient les conduire jusqu'à Lopé.

Ils y arrivèrent le 21 janvier, après bien des difficultés suscitées par leurs équipages. Ils restèrent là cinq semaines, tant dans le but d'étudier les pays environnants que pour recruter les hommes nécessaires à la continuation du voyage. Ils réussirent à enrôler cent vingt Okandas, qui s'engageaient à les conduire dans le pays des Madounas, éloigné de vingt journées de pirogue. L'expédition se mit de nouveau en route le 28 février ; mais, après treize jours de marche, elle fut attaquée par les Osyebas, écrasée par le nombre et obligée de fuir. Poursuivis et harcelés par les indigènes des pays qu'ils venaient de traverser, et dont ils avaient reçu bon accueil quelques jours auparavant, c'est au milieu de périls sans nombre que les voyageurs réussirent à gagner Lopé, après avoir atteint un point nommé Ivondo, situé par 10° 7' de longitude. Nos deux compatriotes ne purent mettre à exécution le hardi projet qu'ils avaient formé de recommencer leur entreprise. Rentrés en France, ils se trouvèrent séparés : le marquis de Compiègne, nommé secrétaire général de la Société khédiviale de géographie, se rendit au Caire, où il fut tué en duel. M. Marche, resté seul, se joignit, en qualité de naturaliste, à l'expédition qu'organisait M. Savorgnan de Brazza, enseigne de vaisseau, et qui avait aussi pour but l'exploration de l'Ogooué.

Cette expédition se composait de M. de Brazza, du docteur Ballay, de M. Alfred Marche et d'un second maître de marine nommé Hamon. Partie de Bordeaux

M. Savorgnan de Brazza.

en août 1875, la mission ne devait rentrer en France que trois ans plus tard, après avoir fait d'importantes découvertes tant sur le véritable cours de l'Ogooué, qu'au point de vue de la connaissance des régions où conduit ce fleuve.

L'expédition se dirigea sur le Gabon, où elle arriva à la fin de 1875, après avoir touché au Sénégal; là elle s'augmenta de treize laptots (1) et de quatre Gabonais. Les voyageurs se rendirent immédiatement à Lambaréné, limite extrême des factoreries européennes sur le bas Ogooué. Arrêtés par la maladie, ils durent attendre que le rétablissement de leurs forces permît de commencer la partie vraiment difficile de leur entreprise. Après de longues négociations et d'interminables *palabres* (2), les explorateurs finirent par obtenir une centaine de rameurs et huit grandes pirogues. On fut contraint de laisser en arrière le docteur Ballay, très malade de la fièvre. MM. de Brazza et Marche partirent seuls pour remonter le fleuve.

Nous ne pouvons raconter ici toutes les misères qu'ils eurent à souffrir, tous les empêchements qu'ils durent surmonter dès les débuts de leur entreprise : les vicissitudes étaient cruelles, les obstacles semblaient insurmontables.

Ils arrivèrent dans le pays des Okandas, où M. de Brazza établit son quartier général. Le docteur Ballay, resté chez les Bakalais, reçut l'ordre de rallier l'expédition et d'amener avec lui les marchandises

---

(1) Laptot, soldat indigène du Sénégal.
(2) Conseil des chefs de tribus réunis pour discuter les affaires extraordinaires.

d'échange demeurées en arrière. **Au** moment de son arrivée, les Okandas, qui primitivement avaient promis leur concours, refusaient d'aller plus loin. De Brazza profita de ce retard forcé pour visiter les chefs, avec lesquels de Compiègne et Marche s'étaient mis en rapport pendant leur premier voyage ; il se dirigea à pied sur Lopé. Il rencontra là le vogageur allemand Lenz qui, depuis deux ans dans ces régions, luttait contre la mauvaise volonté des indigènes lui refusant les moyens de continuer sa route ou de retourner sur ses pas. Grâce aux secours que lui donna M. de Brazza, il put revenir en Europe.

Le jeune officier arrivait le 20 juin 1876 à Doumé ; mais sa santé était tellement ébranlée, qu'il dut faire là un long séjour.

MM. Marche et Ballay, ne voyant pas revenir le chef de l'expédition, se décidèrent à continuer seuls l'exploration du fleuve. Ils atteignirent Ivondo, point où, deux ans auparavant, MM. Marche et de Compiègne avaient été contraints de rebrousser chemin ; leurs rameurs refusèrent d'aller plus loin, et ils durent rentrer au quartier général.

M. de Brazza, retenu à Doumé, donna à M. Ballay le commandement de l'expédition et chargea M. Marche de pousser une reconnaissance sur l'Ogooué jusqu'au delà du point qu'avait atteint le docteur Lenz. L'ami de M. de Compiègne partit, et arriva, le 23 septembre 1876, à 75 kilomètres au delà du point extrême qu'aucun Européen eût jamais atteint.

Pendant ce temps, le docteur Ballay rejoignait M. de Brazza à Doumé. Quand ce dernier fut guéri, il retourna à Lopé, réunit lui-même tout ce qu'il possé-

Une caravane.

dait de marchandises, et en avril 1877 rejoignit ses camarades à Doumé.

C'est à cette époque que M. Marche, accablé par la maladie, dut se résoudre à quitter ses compagnons pour rentrer en France.

MM. Ballay et de Brazza étaient en ce moment sur le point d'entreprendre la deuxième partie de leur expédition. Les conditions se présentaient peu favorables, il est vrai, mais leur résolution était prise, et c'étaient des hommes déterminés. Abandonnés par leurs pagayeurs, les membres de l'expédition durent prendre eux-mêmes les avirons ; les rameurs improvisés firent un dur apprentissage ; bien souvent ils chavirèrent dans les rapides et coururent les plus grands dangers.

Enfin, en juillet 1877, l'expédition atteignit les chutes de Poubara, à partir desquelles l'Ogooué n'est plus qu'une rivière sans importance ; sa source ne peut certainement être éloignée de là.

La mission avait donc accompli sa tâche : elle avait acquis la preuve que l'Ogooué n'est pas un bras du Congo. Mais les courageux explorateurs, craignant de n'avoir pas assez fait pour la science, résolurent de quitter le bassin de l'Ogooué et, se dirigeant vers l'est, de gagner la région du Tanganika et du haut Nil.

La besogne devenait difficile ; on n'avait plus pour les transports la ressource des pirogues et du trajet par eau : il fallait s'avancer à travers les terres et trouver des porteurs pour les caisses contenant les objets d'échange. Après de nombreuses tentatives inutiles, M. de Brazza se décida à acheter quarante esclaves.

C'est dans ces conditions que l'expédition traversa

successivement le territoire des Oudoumbo, des Umbete et des Batekes, où il fallut déployer autant d'intelligence que de courage et de fermeté pour empêcher le pillage des caisses par les indigènes.

La colonne atteignit enfin un petit cours d'eau, le N'Gambo, qui bientôt se transforma en une grande rivière, l'Alima. M. de Brazza renvoya alors M. Ballay sur les bords de l'Ogooué, et résolut de descendre l'Alima qui, suivant les indigènes, se jetait dans un grand fleuve. Après un voyage dont nous ne décrirons pas les péripéties, M. de Brazza atteignait le 11 août 1878, trois ans après son départ d'Europe, le Baï-Oeua (rivière du sel).

Cette rivière, qui coule de l'ouest au sud-ouest, descend de collines riches en sel. Elle venait encore, dans l'esprit du chef de l'expédition, compliquer le problème de l'hydrographie africaine. Ce ne fut qu'après son retour en Europe, quand il eut connaissance de la traversée de l'Afrique par Stanley, que tout lui fut expliqué. Tous les cours d'eau qu'il avait rencontrés venaient se jeter dans le Congo.

A son retour en France, la Société de géographie décerna à M. de Brazza la médaille d'or. Son compagnon de route, celui qui avait déjà fait un premier voyage avec de Compiègne, et qui, pendant l'expédition dont M. de Brazza retira tant de gloire, avait atteint le premier le point le plus avancé de l'Ogooué, M. Marche enfin, fut, nous ne savons pourquoi, moins favorisé ; il ne reçut pas sa part dans les honneurs rendus à ses compagnons. Nous sommes heureux de pouvoir du moins lui offrir ici le témoignage de notre sympathique admiration.

LE CONGO FRANÇAIS

CHAPITRE I.

L'association internationale africaine. — Deuxième voyage de M. de Brazza. — Le roi Makoko. — Fondation de Brazzaville.

Pendant que M. de Brazza et ses vaillants compagnons exploraient le cours de l'Ogôoué et cherchaient une communication entre ce fleuve et l'intérieur, S. M. Léopold II, roi des Belges, jetait les bases de l'Association internationale africaine.

Le 12 septembre 1876, il réunissait à Bruxelles une conférence géographique dans le but de fonder une vaste association destinée à provoquer l'exploration des immenses régions que Stanley venait de traverser.

La conférence décida qu'il fallait constituer une *commission internationale d'exploration et de civilisation de l'Afrique centrale*, et des comités nationaux qui se tiendraient en rapport avec la commission, pour centraliser, autant que possible, les efforts faits par les voyageurs de tous les pays.

La Belgique envoya M. Stanley, avec mission de remonter le Congo et de fonder sur ses rives des stations commerciales; il partit au mois d'avril 1879.

Le comité français confia à M. de Brazza, à peine remis des fatigues de son premier voyage, le soin de relier l'Ogôoué au Congo, et de créer des stations hospitalières et scientifiques dans le bassin des deux fleuves.

M. de Brazza quitta Liverpool le 27 décembre 1879 et se dirigea sur le Gabon, afin d'organiser les moyens de transport et de ravitaillement entre la côte et les futurs établissements ; puis il gagna l'Ogôoué, qu'il remonta jusqu'à son confluent avec la Passa ; dans cette contrée « salubre et fertile, habitée par une population dévouée à nos intérêts », il fonda la station de Franceville, à 815 kil. du Gabon, et à 120 du point où l'Alima, affluent du Congo, devient navigable.

Au commencement de juillet 1880, M. de Brazza quittait Franceville et se dirigeait sur le Congo, qu'il voulait atteindre à *Stanley Pool*, ou N'tamo, endroit où le fleuve, s'élargissant subitement, forme un étang immense. Il eut la bonne fortune de ramener à des dispositions conciliantes les B'apfourous qui, à son premier voyage, l'avaient reçu à coups de fusils.

Le roi Makoko, chef des Batékés, sur le territoire duquel se trouvait le voyageur, envoya un de ses grands dignitaires au-devant de lui pour lui servir de guide ; il usa de toute son influence sur les nations voisines pour faciliter la tâche de notre compatriote et terminer les négociations entamées avec ces indigènes. La haine des B'apfourous pour les blancs datait du passage de Stanley ; ils accusaient le voyageur américain d'avoir versé inutile-

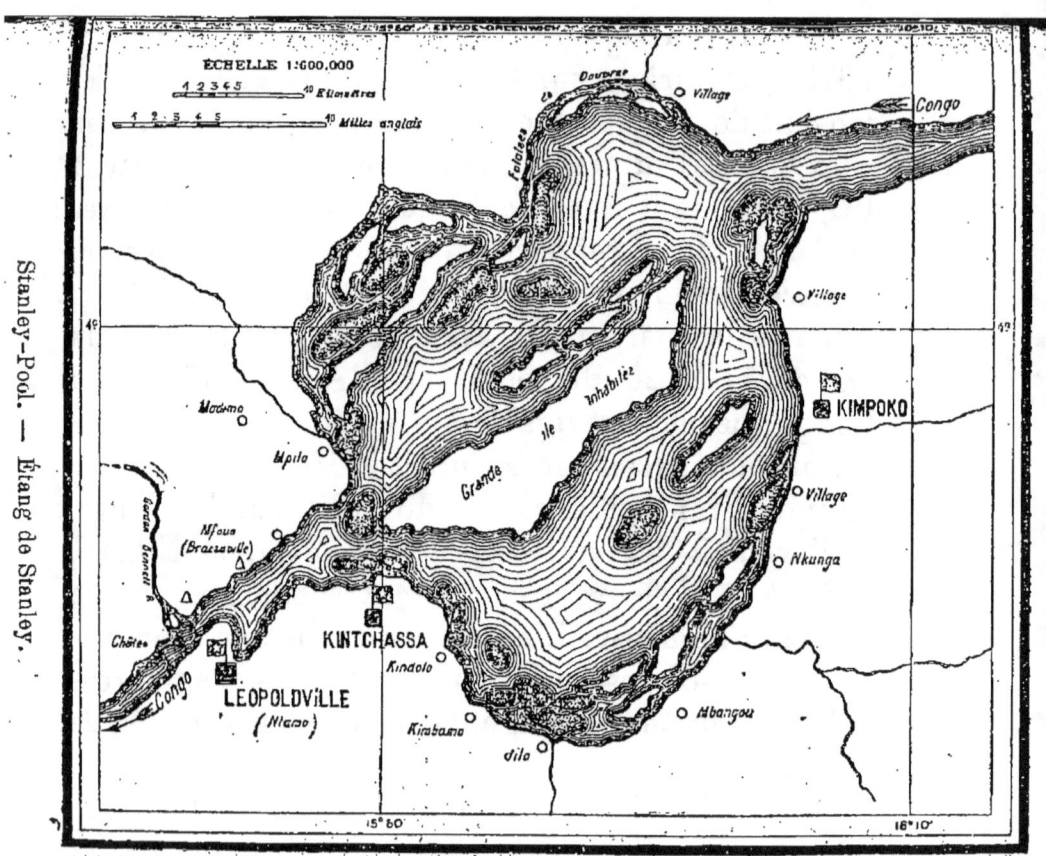

Stanley-Pool. — Étang de Stanley.

ment le sang des leurs ; or, comme ces naturels supposent que tous les blancs sont frères, ils voulaient faire payer à Brazza les rigueurs exercées par Stanley.

Après une marche pénible dans le pays des Batékés, M. de Brazza atteignit un soir à onze heures le sommet d'une éminence d'où il découvrait le grand fleuve coulant majestueusement à ses pieds, et formant une immense nappe d'eau dont l'éclat argenté allait se fondre et se perdre à l'horizon dans l'ombre des hautes montagnes. « Mon cœur de Français battit plus fort, dit-il, quand je songeai que là allait se décider le sort de ma mission. »

Le roi ayant manifesté le désir de voir les blancs, M. de Brazza et son escorte firent leurs préparatifs pour se présenter dignement devant le noir potentat.

« Nous ne faisions pas trop mauvaise figure, écrit M. de Brazza. Tandis que le Bakéké Ossia allait frapper les doubles cloches de la porte du palais, pour prévenir de l'achèvement de nos préparatifs, je fis faire la haie à mes hommes qui, suivant l'usage du pays, portaient les armes le canon incliné vers la terre. » Aussitôt la porte s'ouvrit, et M. de Brazza pénétra avec ses gens dans ce qu'il appelle les Tuileries de Makoko, et qui n'était en somme qu'une grande case. Devant les ballots que l'explorateur offrait en présent, de nombreux serviteurs étendirent des tapis et une peau de lion, emblème de la royauté.

« On apporta un plat de cuivre, de fabrication portugaise, sur lequel Makoko devait poser les pieds ; puis un grand dais rouge ayant été disposé au-dessus du trône, le roi s'avança, précédé de son féticheur, entouré de ses femmes et de ses principaux officiers.

« Makoko s'étendit sur sa peau de lion, accoudé sur des coussins ; ses femmes et ses enfants s'accroupirent à ses côtés. Alors, le grand féticheur s'avança vers le roi et se précipita à ses genoux en plaçant ses mains dans les siennes ; puis, se relevant, il en fit autant avec moi, assis sur mes ballots en face de Makoko. Le mouvement de génuflexion ayant été imité successivement par tous les assistants, les présentations étaient accomplies. Elles furent suivies d'un court entretien dont voici le résumé :

« Makoko est heureux de recevoir le fils du grand chef blanc de l'Occident, dont les actes sont ceux d'un homme sage. Il le reçoit en conséquence, et il veut que lorsqu'il quittera ses États, il puisse dire à ceux qui l'ont envoyé que Makoko sait bien recevoir les blancs qui viennent chez lui non en guerriers, mais en hommes de paix. »

M. de Brazza resta vingt-cinq jours chez Makoko ; ce prince, qui « ne connaissait les blancs que par la traite des noirs », montra d'abord une certaine défiance ; peut-être aussi se souvenait-il des coups de fusils tirés sur le fleuve. Bientôt rassuré, le roi manifesta le désir de placer ses États sous la protection de la France, pour éviter les hostilités qui pouvaient éclater de nouveau entre les blancs et les noirs. Le traité fut signé le 3 octobre 1880, et M. de Brazza prit officiellement possession des territoires concédés à la France.

Aussitôt le traité paraphé, le roi et les chefs pré-

LE ROI MAKOKO.

sentèrent à M. de Brazza une boîte remplie de terre, et le grand féticheur ou sorcier s'adressa en ces termes à notre compatriote :

« Prends cette terre, et porte-la au grand chef des blancs ; elle lui rappellera que nous lui appartenons ! »

M. de Brazza, plantant alors le drapeau tricolore devant la case de Makoko, répondit :

« Voici le signe d'amitié et de protection que je vous laisse. La France est partout où flotte cet emblème de paix, et elle sait faire respecter les droits de tous ceux qui s'abritent à son ombre. »

Pour sceller le pacte d'alliance, les chefs furent réunis en un grand palabre, et l'on procéda à l'enterrement de la guerre. Un grand trou fut creusé dans le sol, et chaque chef vint y déposer une arme ou un objet rappelant la guerre : poudre, balles, pierres à fusils, lances, sagaies ; puis, Brazza et ses hommes y jetèrent des cartouches, et le trou fut bouché ; au-dessus, on planta un arbre. « Nous enterrons la guerre, dit un des chefs, et nous l'enterrons si profondément que ni nous, ni nos enfants ne pourront la déterrer ; l'arbre qui poussera en cet endroit témoignera de l'alliance entre les blancs et les noirs.

« Et nous aussi, répondit M. de Brazza, nous enterrons la guerre ; puisse la paix durer jusqu'à ce que cet arbre porte comme fruit des balles, des cartouches et de la poudre ! »

Bientôt après, tous les chefs des districts environnants vinrent, eux aussi, se placer sous le protectorat de la France, et chacun d'eux retourna dans sa tribu, porteur du pavillon français.

M. de Brazza jeta les fondations de l'établissement de N'tamo, auquel la Société de Géographie de Paris, sur la proposition de M. de Quatrefages, donna le nom de Brazzaville, puis il s'éloigna seul pour gagner la côte en descendant le Congo. C'est pendant ce voyage que l'explorateur français rencontra M. Stanley à Mdambi-Mbongo ; il resta son hôte durant quelques jours, et n'eut qu'à se louer de la cordiale hospitalité que lui offrit le voyageur américain.

Après quelques jours de repos, M. de Brazza se rendit directement au Gabon, où il comptait trouver le docteur Ballay et l'enseigne de vaisseau Mizon chargés de lui amener des vapeurs démontables ; ni l'un ni l'autre n'était encore arrivé. Trois jours après, il retournait vers l'Ogôoué pour ravitailler Franceville, où il arrivait le 6 avril 1881.

La station était prospère. « Décidément, écrivait-il alors, la civilisation a pris racine à Franceville, car on m'offrit, à mon arrivée, des tomates, des navets et des haricots verts. »

Quelques semaines plus tard, M. de Brazza quittait la station française et « explorait presque seul le pays entre l'Ogôoué et l'Alima » ; il fondait, sur ce dernier fleuve, au confluent de l'Obia et de la Sekiba, un troisième établissement, qui prit le nom de « Poste de l'Alima » ; puis il se mit en devoir de créer une route entre l'Alima et le Congo. Quand M. Mizon arriva, « une voie carrossable de cent vingt kilomètres, dont quarante-cinq avaient été rendus praticables par les soins du chef de l'expédition, était ouverte entre Franceville et le point choisi sur l'Alima pour lancer nos vapeurs ; en outre, toutes les populations gagnées par nos bons procédés étaient dans nos intérêts ».

Aussitôt que M. Mizon eut pris possession du port de Franceville confié à sa garde, M. de Brazza se mit à la recherche d'une voie pouvant relier le Congo supérieur à la côte. « Il se dirigea vers les sources du Niari qui, sous le nom de Quillou, se jette dans l'Atlantique, un peu au nord de Loango. Arrivé le 9 mai 1881 sur les bords de ce fleuve, dont la source orientale est voisine de la rivière Djoué, il put, en continuant sa route, s'assurer que tout ce bassin est riche en mines de fer, de plomb et de cuivre; à Mboko, notamment, ce dernier minerai se ramasse à fleur de terre.

« L'explorateur constata que, jusqu'à son confluent avec la rivière Lalli, le Niari, jolie rivière de quatre-vingt à quatre-vingt-dix mètres de large, ne présente aucun obstacle à la navigation. Quant à la population qui habite ces contrées fertiles, elle est plus dense que celle de la France.

« Ce bassin est séparé de celui du Congo par des montagnes aisément franchissables, mais sur un point seulement. Ce col est situé à la hauteur du coude formé par le Niari à son confluent avec le Ndouo. Il devenait dès lors évident qu'il fallait renoncer à la route difficilement praticable qu'offre l'Ogôoué, et que la voie la plus avantageuse et la plus courte pour relier le Congo intérieur navigable à l'océan Atlantique, se dirigeait presque en ligne droite à l'ouest. Le seul obstacle qu'elle présentait à la construction d'une ligne ferrée consistait dans le passage du col, entre la vallée de Djoué, qui débouche à Brazzaville, et celle de Niari, généralement plate et facile, qui débouche à l'Atlantique. Comme d'autre part, l'Alima et l'Ogôoué sont reliés par une route carrossable et que le transit est assuré par des porteurs et des bêtes de somme, l'unique effort à faire consiste à jeter hardiment une voie ferrée de Brazzaville à la côte, c'est-à-dire sur une étendue d'environ 350 kilomètres » (1).

Cette exploration terminée, M. de Brazza regagna le Gabon, et de là la France, où il arriva le 7 juin 1882, porteur du traité signé avec Makoko.

Outre les résultats commerciaux inappréciables que peut avoir pour la France la possession de ces immenses territoires, le voyage de M. de Brazza a eu pour conséquence de faire faire un grand pas à l'abolition de la traite des noirs et de l'esclavage dans toute cette région. Dans tout le bassin de l'Ogôoué, il a presque détruit ce commerce honteux, en prouvant aux populations qu'un commerce licite leur donnerait des bénéfices plus sûrs et plus considérables ; et joignant l'exemple à la parole, il a rendu la liberté à tous les esclaves qui sont venus se réfugier à l'ombre du drapeau de la France.

Pendant qu'à Paris de Brazza s'occupait de faire ratifier par les Chambres le traité conclu avec le roi africain, M. Stanley et ses agents mettaient tout en œuvre pour renverser l'influence française sur la rive droite du Congo. Par des offres généreuses, par des menaces même, ils essayaient d'obtenir de Makoko

(1) Génin, *Les Explorations de M. de Brazza.*

qu'il annulât les concessions faites à la France ; le roi fut inébranlable. Alors ils lui dirent que de Brazza était mort et ne reviendrait jamais ; Makoko refusa de les croire. A bout d'arguments, Stanley acheta M'poutaba, un des grands dignitaires du royaume, et l'engagea à supplanter son maître ; mais toutes ces manœuvres furent déjouées, et l'on sut bientôt en France que le renversement du roi Makoko n'était qu'une fausse nouvelle lancée par M. Stanley pour faire considérer par les Chambres le traité comme lettre morte.

Cependant, M. de Brazza ne pouvait abandonner ainsi l'œuvre commencée avec tant de peine, au milieu de difficultés si grandes ; il retourna au Congo.

CHAPITRE II.

Troisième voyage de M. de Brazza. — Prise de possession de Loango et de Pointe-Noire. — Remise du traité à Makoko. — Explorations dans le bassin du Congo. — La Conférence de Berlin.

Le 20 mars 1883, M. de Brazza s'embarquait à Bordeaux, à bord du *Précurseur* ; il partait avec le titre de commissaire de la République française. Au commencement d'avril, il atteignait Dakar, où il embarquait cent trente laptots, et le brave sergent Malamine, qui avait été chargé de la garde du drapeau français à Brazzaville, et qui demandait à notre compatriote de l'accompagner encore dans ce nouveau voyage ; puis il gagnait le Gabon.

Une avant-garde, commandée par M. de Lastour, partie de France au mois de janvier, s'était rendue directement sur le bas Ogôoué où elle attendait l'arrivée du chef de la mission.

A Libreville, M. de Brazza était arrêté par le débarquement de ses marchandises : vivres, effets, munitions, qu'on ne put abriter sous les hangars du gouvernement, et qui, pendant plusieurs semaines, restèrent sur le quai, exposées au soleil, à la pluie et aux attaques des voleurs.

Le 30 avril, M. de Brazza se rendait dans le bas Ogôoué et au cap Lopez, pour s'assurer que le chef de station avait bien exécuté les instructions données ; puis il retournait au Gabon.

Pendant qu'arrêté à Libreville, M. de Brazza terminait les derniers préparatifs de son expédition, le lieutenant de vaisseau Cordier, commandant du *Sagittaire*, s'emparait de Loango, à l'embouchure du fleuve Quillou et de *Ponta Negra*, sur la côte. Il rencontra une vive opposition de la part des négociants anglais et portugais établis sur ce point ; ils refusèrent même de vendre des vivres à nos marins qui souffraient de la fièvre ; mais une circonstance fortuite vint le tirer d'embarras :

Une des embarcations du navire français l'*Oriflamme* avait chaviré dans la barre ; aussitôt, les matelots s'élancèrent à son secours, et, pour être plus libres de leurs mouvements, retirèrent leurs vêtements qu'ils laissèrent sur la plage. Quand ils revinrent, après la besogne terminée, les effets avaient disparu, volés par les indigènes qu'excitait un des chefs. Le roi de Loango, dont ce chef n'était que le vassal, lui retira ses territoires pour le punir et, en compensation des objets volés, les concéda à la France. La prise de possession de ces deux points de la côte nous rend maîtres de deux mouillages importants qui seront la base de toutes nos opérations dans l'intérieur.

Après avoir visité cette partie de la côte, M. de Brazza gagna l'Ogôoué et se rendit à Lambaréné, d'où l'expédition devait partir ; puis, remontant le fleuve, il fondait les établissements de Njolé, Achouca, Madiville (ville de l'huile), et arrivait le 22 juillet à Franceville.

Un avis du docteur Ballay l'ayant rassuré sur l'attitude des indigènes, et prévenu que Makoko attendait son arrivée avec impatience, M. de Brazza se mit en route et gagna le Congo à 190 milles au-dessus de la station de Bolobo ; puis, redescendant le fleuve, il atteignit Nchangouno, d'où il se dirigea par terre sur la résidence de Makoko. Accompagné de M. Ballay, le commissaire du gouvernement français arriva sans encombre à Mbé, résidence du roi. Au-devant de lui accouraient, portant le drapeau français, tous les chefs des deux rives, heureux de revoir le voyageur.

Après quelques jours consacrés au déballage des cadeaux, M. de Brazza, son frère, le docteur Ballay et M. de Chavannes se mirent en route, précédés d'un piquet d'honneur, de musiciens, de porteurs de dais, de féticheurs ; le représentant de la France s'avançait au milieu du cortège flanqué de hallebardiers.

« L'arrivée du plénipotentiaire français fut saluée par le vacarme assourdissant des tam-tam. Au bout d'un quart d'heure d'attente, la porte du palais de Makoko s'ouvrit et livra passage aux familiers du souverain et à ses femmes portant chacune, qui la pipe du Makoko, qui son verre à boire, qui la cloche qu'on sonne quand il boit, qui l'étoffe dont il se couvre pendant cette cérémonie, — car c'est une véritable cérémonie que la façon dont les chefs boivent ici — qui son tabac, son briquet, les fétiches, etc... Derrière ce flot de monde, assez mêlé et très peu vêtu, s'avançait le Makoko souriant à M. de Brazza, et marchant gravement sur la pointe des pieds, ce qui est le comble de la distinction. »

Makoko prit place un instant sur sa peau de lion, où M. de Brazza avait fait déposer des tapis et des coussins de velours rouge, qu'il lui apportait ; puis, se levant, il tendit la main à notre compatriote, le prit à bras le corps et lui donna une vigoureuse accolade. Les transports de joie un peu calmés, le roi africain, se tournant vers ses sujets, s'écria :

— *Nganiou, Ngagnioa* (ce que je vais dire est vrai).

Et le peuple répondait en chœur :

— *Ngagnia mela* (oui, c'est vrai).

Alors le Makoko commença une sorte de chanson que M. de Brazza traduit ainsi :

« Vous tous qui êtes là, voyez !
« Celui qu'on avait dit perdu, il est là !
« Celui qu'on avait fait mort, il est revenu !
« On avait dit qu'il était pauvre, regardez ces riches présents !
« Ceux qui ont dit cela sont des menteurs ! »

Et le peuple répétait en chœur :

« Ceux qui ont dit cela sont des menteurs ! »

Le lendemain, un grand palabre réunissait tous les chefs, qui devaient assister à la remise du traité.

Assemblés autour de Makoko, sous un immense velum de laine rouge, chaque chef était assis, tenant devant lui le grand fétiche de sa tribu, quelque chose comme un dieu lare, apporté pour donner plus de solennité à la cérémonie.

Le roi rappela en quelques mots l'engagement pris par lui et les chefs vis-à-vis de la France ; il dit les efforts tentés par d'autres pour l'engager à dénoncer le traité passé avec M. de Brazza, et la façon dont il avait repoussé les avances qui lui étaient faites.

Le commissaire français remercia Makoko, et lui

remit le traité ratifié par les Chambres; puis il emmena les chefs sous un immense hangar où étaient exposés les cadeaux apportés à leur intention, chacun d'eux portant sur une étiquette le nom de son destinataire.

Après quelques jours passés chez le Makoko, de Brazza descendit le Congo jusqu'à Brazzaville; arrivé là, il voulut se mettre en rapport avec les agents de Stanley établis à Léopoldville, de l'autre côté du Stanley-Pool; ses avances furent repoussées avec une certaine hauteur; les agents de l'Association internationale du Congo ne pouvaient pardonner à notre compatriote d'avoir conquis à la France de si grands et de si beaux territoires; leur jalousie surtout était excitée par le dévouement de Makoko à notre cause; ils éprouvaient un secret dépit à voir leurs avances repoussées. Ne pouvant rien par les promesses ou les menaces, ils usèrent de la calomnie.

Pendant que, remontant le Congo avec une troupe de cent hommes armés de fusils à tir rapide, M. Stanley faisait de la colonisation à main armée, arrachait par la force ou la peur des traités à tous les rois nègres du haut fleuve, ses agents ne restaient pas inactifs : ils envoyaient en France des nouvelles déplorables sur l'état de nos établissements.

Ces moyens ne suffisant pas, ils repandirent le bruit de la mort de M. de Brazza et de son frère.

Heureusement, M. Dutreuil de Rhins, ancien compagnon de M. de Brazza, et représentant à Paris de la mission de l'ouest africain, était en mesure de démentir ces calomnies et d'indiquer clairement leur source. On ne s'en inquiéta pas outre mesure en

France, et jamais on n'a cessé d'avoir la plus grande confiance dans le succès de l'œuvre entreprise par notre compatriote.

Après avoir installé M. de Chavannes à Brazzaville, le chef de la mission retournait, le 1ᵉʳ juin 1884, auprès de Makoko ; celui-ci, apprenant les ennuis de M. de Brazza, lui offrit immédiatement de le mettre à la tête d'une armée ; notre compatriote eut bien de la peine à lui faire comprendre que sa mission était toute pacifique, et que d'ailleurs il n'y avait pas matière à combat.

Depuis cette époque jusqu'au 25 juillet, M. de Brazza parcourut les différents postes fondés par lui ; à cette date, il apprit les resultats de la Conférence de Berlin, qui nous attribuait tout le bassin du Quillou, et reçut l'ordre de rentrer en France. Avant de partir, il remonta jusqu'à l'Oubandji, revint à Brazzaville, et descendant le Congo, gagna le Gabon et de là la France, où il arriva le 18 novembre 1885.

La réception faite à M. de Brazza à son arrivée à Paris, les applaudissements qui ont salué le récit de son voyage, dans une conférence faite par lui le 21 janvier 1886, ont prouvé que la France entière lui sait gré de la façon dont il a accompli sa mission, et le désignent d'avance au poste de gouverneur du Congo francais.

Pendant ce dernier voyage, le rôle de M. de Brazza a été uniquement celui d'administrateur et d'organisateur : il a fondé de nouvelles stations sur le cours de l'Ogôoué, sur la côte, le long du Quillou et sur le Congo ; ces stations, il les a organisées, leur a donné des chefs, a assuré leur ravitaillement ; il a conclu des traités avec les tribus indigènes **vivant** sur ces territoires; il s'est assuré leur concours et a inauguré parmi elles un système de service obligatoire qui assure à notre possession du Congo l'aide et le secours de sept mille indigènes ; cette espèce de recrutement est fondé sur les mêmes bases que l'inscription maritime: les hommes doivent à la station française un service d'un certain temps, soit comme soldats, soit comme pagayeurs ou porteurs.

Pendant que M. de Brazza luttait si vaillamment sur les bords de l'Ogôoué et du Congo, pour l'extension de nos possessions, la diplomatie européenne réglait la question du Congo dans une grande conférence réunie à Berlin.

Nous avons vu quelle était l'origine de l'Association internationale du Congo. M. Stanley fut chargé de fonder des stations commerciales sur les deux rives du grand fleuve ; il en créa un certain nombre sur le bas Congo, et, arrivé à Stanley-Pool, il trouva toute la rive droite occupée par les Français, sur le territoire concédé à M. de Brazza par le roi Makoko.

M. Stanley passa sur la rive gauche et fonda Léopoldville en face de Brazzaville; mais il essaya de faire revenir Makoko sur les termes du traité signé avec la France, et tenta de le décider à nous retirer les terrains concédés. Toute son habileté et sa diplomatie n'amenèrent aucun résultat.

D'autre part, le représentant de l'Association internationale africaine menaçait, par ses agissements, de changer absolument le but de la création de cette association : il lançait sur le fleuve le canot à vapeur le *En avant*, battant pavillon belge ; il remontait jus-

Guerrier Fatéké.

qu'à *Stanley-falls*, créant des stations sur lesquelles flottait le drapeau belge, les peuplant de Belges et en confiant la direction à des officiers du roi Léopold. D'internationale qu'elle était, l'association allait devenir exclusivement belge.

La situation était déjà très tendue au retour de M. de Brazza en France : la nouvelle de son traité avec Makoko et de son exploration du Niari avait mécont nté l'Association qui, aussitôt son départ, s'était empressée de créer cinq stations dans le bassin de ce fleuve.

Ce fut bien pis lorsqu'on apprit que les Chambres françaises avaient ratifié le traité passé avec Makoko.

Cet acte de notre Parlement eut pour conséquence immédiate de soulever des protestations de la part de deux puissances européennes.

La Hollande réclamait un petit territoire qu'elle avait autrefois occupé sur la rive droite du Congo, dans le pays des Batékés ; cette revendication ne fut même pas prise en considération.

De son côté, le Portugal faisait valoir des droits de priorité à l'occupation des rives du fleuve ; mais quand les déclarations du ministre des affaires étrangères et les rapports de la Chambre et du Sénat eurent fait savoir que notre gouvernement reconnaissait au Portugal la possession de la rive gauche du Congo, et la légitimité de ses prétentions sur les territoires situés sur la côte, au-dessous de 5° 12' de latitude sud, l'émotion se calma, et la presse portugaise fut unanime à louer la générosité de notre conduite.

Sur ces entrefaites, un accord fut conclu entre la France et l'Association internationale, qui comprenaît enfin que notre concours lui était indispensable pour mener à bien l'œuvre qu'elle avait entreprise. Sans aller aussi loin que les États-Unis qui reconnaissaient l'Association comme puissance constituée, nous prenions l'engagement de respecter tous les territoires occupés par elle, de n'apporter aucun obstacle à la mission qu'elle s'est donnée et d'agir avec elle en bon voisin ; de son côté, l'Association déclarait qu'elle ne céderait jamais à aucune puissance les stations fondées par elle au Congo et dans les vallées du Niari. Toutefois, « voulant témoigner de ses sentiments amicaux pour la France, elle s'engage à lui donner le droit de préférence si, par des circonstances imprévues, elle était amenée un jour à réaliser ses possessions ». (1).

Bien accueilli à la Haye et à Berlin, cet arrangement n'eut pas l'heur de plaire à nos voisins les Anglais ; les journaux de la Grande-Bretagne n'eurent pas assez de sarcasmes contre cette même Association qu'ils avaient tant admirée, quand il s'était agi de la placer sous la direction de Gordon.

Là ou les Anglais avaient rêvé d'établir, à leur profit, un monopole de douanes, comme en Chine, ils se voyaient forcés de vivre avec les autres nations sur le pied de la plus parfaite égalité.

John Bull ne pouvait accepter cette situation ; aussi, signa-t-il avec le Portugal un traité dans lequel, en échange de la reconnaissance des droits du Portugal sur certains territoires contestés, celui-ci

---

(1) *Livre jaune.* — Affaires du Congo.

assurait à l'Angleterre le protectorat de toute la région du Congo.

Ce traité souleva, de la part de toutes les nations de l'Europe, d'unanimes protestations, et M. de Bismarck alla jusqu'à déclarer, dans une lettre rendue publique, que S. M. l'Empereur ne pouvait accepter l'application des clauses du traité anglo-portugais aux sujets allemands. Ce traité. était tellement défectueux et arbitraire, que, le 16 mai 1884, lord Granville, répondant à une question qui lui était adressée à la Chambre des lords, déclara : « que tous les délégués des chambres de commerce — et ils sont nombreux — venus au Foreing-Office admettaient que le traité était bien fait ; mais qu'en même temps ils confessaient que la principale objection venait de ce que l'Angleterre aurait dû *prendre possession* du pays ».

Le résultat de toutes ces réclamations fut la dénonciation du traité. Cette situation ne pouvait se dénouer que par une conférence européenne. L'Allemagne en prit l'initiative, et la conférence s'ouvrit à Berlin le 15 novembre 1884. Dès lors, l'activité diplomatique fut incessante.

« Pendant quatre mois, dit M. Banning, tout en s'acquittant de sa mission propre, la conférence de Berlin a été le foyer de négociations actives, poursuivies en dehors d'elle, mais étroitement liées à l'objet de ses délibérations. Il s'est agi de généraliser la reconnaissance et de fixer les limites du territoire de l'Association. Jusque dans les premiers jours de janvier 1885, les traités de reconnaissance furent successivement conclus, sur la base commune de la liberté commerciale absolue, avec l'Angleterre, l'Italie, l'Autriche-Hongrie, les Pays-Bas, l'Espagne, la France, la Russie, la Suède et la Norvège, le Danemark et le Portugal. »

Les négociations avec la France furent longues et laborieuses : nous ne voulions pas abandonner la possession du bassin du Quillou que Brazza et ses compagnons avaient exploré ; mais, d'un autre côté, l'Association y avait créé quelques comptoirs, et ne voulait les céder que contre un paiement de cinq millions de francs; d'autre part, l'Association ne pouvait nous reconnaître propriétaires de ces territoires sans avoir la certitude de l'abandon des prétentions du Portugal sur la rive droite du Congo.

Cependant nous obtînmes gain de cause, et cette région nous fut attribuée.

Après avoir conclu toutes ces conventions, l'Association les notifia à la conférence de Berlin; puis elle avisa le chancelier de l'empire d'Allemagne qu'elle adhérait aux résolutions qui seraient prises par la conférence.

Les points sur lesquels devaient délibérer les plénipotentiaires réunis à Berlin, étaient les suivants :

1° Liberté de commerce et libre accès pour tous les pavillons sur le Congo.

2° Etablissement d'un régime semblable sur le Niger.

3° Fixation des règles et formalités qui devront être observées pour prendre, à l'avenir, valablement possession de territoires non encore soumis à une nation civilisée.

La conférence a d'abord délimité exactement le bassin du Congo, puis passant à la première question, elle a déclaré la liberté de la navigation sur le Congo et le Niger : « Tous les pavillons, sans acception de nationalité, auront libre accès à tout le littoral des territoires énumérés ci-dessus, aux rivières qui s'y déversent dans la mer, à toutes les eaux du Congo y compris ses affluents et les lacs..... Les marchandises de toutes provenances importées dans ses territoires, sous quelque pavillon que ce soit, par la voie maritime ou fluviale, ou par celle de terre, n'auront à acquitter d'autres taxes que celles qui pourraient être perçues en compensation de dépenses utiles pour le commerce, et qui, à ce titre, devront être également supportées par les nationaux et par les étrangers de toute nationalité. »

Abordant la question de l'esclavage, les plénipotentiaires ont voté la déclaration suivante : « Les puissances qui ont la souveraineté ou qui exercent une influence sur les territoires formant le bassin conventionnel du Congo, déclarent que ces territoires ne peuvent être utilisés ni comme marché, ni comme passage pour la traite des esclaves de n'importe quelle race. Chacune de ces puissances s'engage à prendre toutes les mesures en son pouvoir pour mettre fin à ce commerce et punir ceux qui le font ».

La discussion des formalités à remplir pour prendre possession d'un territoire non encore soumis à une nation civilisée donna lieu à de longs pourparlers ; nous ne nous en occuperons pas, cette question étant en dehors de notre sujet.

La conférence de Berlin réglait ainsi la question du Congo dans ses grandes lignes, il ne restait plus à chaque Etat que le soin de travailler en paix à cette œuvre de civilisation. En outre, elle faisait cesser toutes les rivalités existant entre les diverses nations installées au Congo, en délimitant d'une façon certaine les frontières de chacun.

La grande place qu'y occupe la France est due au courage, à la persévérance et à l'énergie de M. de Brazza et de ses compagnons, Marche, Ballay, Dutreuil de Rhins, et de ceux qui encore aujourd'hui travaillent, là-bas, pour l'extension de l'influence française sur le grand continent africain.

CHAPITRE III.

Le Congo français. — Situation, limites, étendue. — Les stations françaises. — Brazzaville. — Population.

Nous désignerons sous le nom de Congo français toute la région comprise entre le Congo et l'Ogôoué, et renfermant le bassin du Quillou ou Niari. En réalité, il fait suite à nos possessions du Gabon et nous constitue propriétaires d'une ligne de côtes s'étendant de 5° 30' sud à 2° 25' nord, sur une longueur de plus de *douze cent quatre-vingt-cinq* kilomètres. Trois grands fleuves traversent cette région : le Gabon, l'Ogôoué et le Quillou qui relie Stanley-Pool à l'Océan.

A l'est, notre territoire suit la rive droite du Congo jusqu'à l'équateur ; dans ce parcours, trois grandes rivières viennent porter leurs eaux dans le Congo : le Liboko, qui rejoint le fleuve à Oubandji ; l'Alima, qui relie le Congo à l'Ogôoué, et le Léfimi.

Au sud, le Tchiloango sépare nos possessions de celles du Portugal et de l'Etat libre.

La voie fluviale la plus importante du Congo français est assurément le Quillou ou Niari, exploré et reconnu par M. de Brazza et ses compagnons. Ce fleuve, large de 90 à 100 mètres, est navigable, par canot à vapeur, sur tout son cours moyen, et en partie sur son cours supérieur ; il forme une route fluviale aisément praticable et de beaucoup préférable à celle du Congo, et même de l'Ogôoué. De plus, cette route dont nous possédons l'entrée, par suite de l'annexion du port de Loango, sur l'Atlantique, traverse un territoire français, éminemment fertile, où nous avons déjà créé plusieurs stations ; elle aboutit à cent vingt kilomètres seulement de Brazzaville. Avec un service régulier de porteurs, le trajet de Stanley-Pool à l'Océan par cette route peut aisément s'effectuer en *vingt* ou *vingt-cinq* jours.

Le second cours d'eau important du Congo français est l'Alima, qui se jette dans le Congo, au-dessus de Bolobo, c'est-à-dire dans la portion navigable du haut fleuve ; c'est par cette rivière et ses affluents, le Diélé et la Passa, que M. de Brazza a relié, au moyen d'une route carrossable, le Congo et l'Ogôoué, par Franceville.

Voici, du reste, l'opinion d'un homme dont on ne peut suspecter la partialité à notre égard, M. Stanley :

« La France est maintenant maîtresse d'un territoire ouest africain remarquable par ses dimensions, et qui ne le cède en rien aux régions tropicales les plus favorisées pour leurs productions végétales ; il est riche en minéraux, et il promet beaucoup, dans l'avenir, pour son importance commerciale.

« Sa superficie est de 257,000 milles carrés, c'est-à-dire qu'elle est égale à celles de la France et de l'Angleterre réunies ; pour pénétrer dans l'intérieur, il possède une voie fluviale de 5,200 milles ; à l'ouest, se développe une côte de 800 milles baignée par l'océan Atlantique ; il renferme dans ses limites huit bassins fluviaux et sur toute son immense éten-

Case de Krowboys.

due de 90,000,000 d'hectares, on n'en saurait trouver un entièrement dépourvu de tout. »

Et ce vaste territoire, ajoute Stanley, la France l'a acquis « grâce à l'énergie et au talent de M. de Brazza, grâce au dévouement et à l'intelligence de ses agents ».

Les stations du Congo français sont :

Sur le Quillou : Bas-Quillou, Ngotou, Niari-Loudina et Philippeville.

Sur la côte : Loango et Pointe-Noire.

Sur le haut Ogôoué : Madiville, où vient de mourir M. de Lastour, un des compagnons de Brazza ; en mémoire de ce dévoué collaborateur, M. de Brazza a demandé que désormais Madiville porte le nom de Lastourville ; Doumé et Franceville.

Sur l'Alima : Diélé, Ngampo, Leketi et Mbochi ; cette dernière près du confluent de l'Alima et du Congo.

Nkémé, sur la rivière du même nom, un peu au-dessus de Bolobo.

Mbé, capitale de Makoko.

Sur le Liboko : Nkoundja.

Sur le Congo : Nganchouno et enfin Brazzaville.

On se souvient dans quelles circonstances ce dernier établissement fut créé ; lorsque Stanley vint à N'tamo pour y fonder une station, il trouva M. de Brazza déjà installé ; le reporter américain passa sur l'autre rive, et, en face du poste français, établit le poste de l'Association. Depuis lors, lui et ses amis n'ont cessé de répéter que M. de Brazza avait été bien mal inspiré dans le choix de son emplacement ; qu'il eût pu s'établir sur les hauteurs. M. Johnston, un voyageur anglais, donne de Brazzaville la description suivante : « De chaque côté de l'étang les plages s'abaissent en plaines couvertes d'épaisses forêts ; la ceinture de montagnes s'élève vers l'intérieur, et, lorsqu'on atteint M'wa ou Brazzaville, la côte est basse et presque au niveau de l'eau. *C'est là que de Brazza se vante d'avoir obtenu la cession à la République française d'un terrain long de neuf milles.* Brazzaville se compose de quelques huttes indigènes ensevelies sous des bananiers et bordées par une épaisse forêt. Sur la gauche, en face de l'étang, existe une petite baie dont on pourrait faire un bon port, et un îlot fertile dont les Français pourraient tirer un excellent parti ; à part ces deux avantages, il est impossible de trouver le choix de cette situation le moins du monde favorable et même d'en arriver à une autre conclusion que celle-ci : la situation est aussi mal choisie que possible.............. Je ne peux supposer qu'une chose : c'est que, en dépit de l'affection que les indigènes témoignaient à de Brazza, ils n'ont pas mis beaucoup de terrain à sa disposition, et qu'il s'est fixé là, parce qu'il n'a pu obtenir un emplacement meilleur (1). »

Quoi qu'en disent M. Johnston et ses compatriotes, la station française est fort bien située ; nous n'en voulons donner pour preuve que les lignes suivantes écrites par M. Stanley dans son livre : The Congo and the founding ofs its free state :

« Le Gordon Bennett, dit-il, est une rivière rapide qui descend en cataractes, et par deux bras se jette

---

(1) J.-H. Johnston, *The River Congo.*

Types de Bassundis.

dans le Congo, à cinquante mètres au-dessus du premier rapide dangereux.

« Si le Gordon Bennett, qui forme la limite du territoire français, s'était jeté dans le grand fleuve deux cents mètres plus haut (c'est-à-dire là même où est Brazzaville), il eût été avantageux pour moi d'établir un poste à cet endroit ; j'aurais pu ainsi *m'assurer la navigation d'une étendue de plus de onze cents milles sur le haut Congo.* »

Cet aveu est le plus juste éloge que l'on puisse faire de l'emplacement choisi par M. de Brazza ; il nous évite la peine de réfuter les critiques de M. Johnston.

Quoi qu'il en soit, nos possessions dans le bassin du Congo sont merveilleusement situées, et admirablement desservies par les routes fluviales que nous avons indiquées, et qui nous permettront de monopoliser une partie des produits venant du haut Congo.

A partir de Stanley-Pool jusqu'à la mer, le fleuve est coupé par trente-deux rapides ou cataractes ; il faut donc établir une route de Stanley à Vivi, point où le Congo devient navigable ; cette route, nous l'avons toute créée, c'est la voie du Niari, qui permet de se rendre de Brazzaville à l'Océan en vingt jours, à travers un pays d'une richesse excessive.

Sur les rives de l'Atlantique, notre étendue de côte se développe, à vol d'oiseau, sur une longueur de sept degrés et demi, et nous possédons, à l'embouchure même du Quillou, d'excellents mouillages.

La mission française du Congo continue à poursuivre partout ses études et ses recherches, avec le zèle et le dévouement qui lui ont déjà permis de traverser les difficultés si grandes et si diverses du début; elle maintient dans tout l'ouest africain l'influence française, le prestige qui entoure notre pavillon à l'ombre duquel, grâce à la modération de M. de Brazza et de ses compagnons, nous avons su conquérir la confiance et l'amitié de toutes les tribus qui habitant ces contrées.

Les nations qui peuplent nos territoires sont nombreuses : c'est d'abord, au nord de l'Ogôoué, les Pahouins, Ossyebas ou Fans, dont nous avons déjà parlé; au sud, les Okandas, Bangoues, Avoumas. Dans le bassin du Niari: les Baloumbos près de la côte et les Ballalis sur le haut fleuve. Sur les bords du Congo, les Batékés. Au nord de l'Alima, les B'apfourous, les Oubanguis et les M'bocos.

Toutes ces nations ont entre elles beaucoup de similitude, au moins dans leurs coutumes, et ne diffèrent pas de celles que nous avons décrites en parlant de notre colonie du Gabon et de l'Ogôoué. Disons seulement que leur férocité a été singulièrement exagérée par certains voyageurs, peut-être pour excuser une répression, sinon inutile, du moins par trop cruelle. Lorsque M. de Brazza a pu persuader à ces peuplades qu'il n'avait rien de commun avec cet autre blanc qui avait descendu le Congo quelque temps avant lui; qu'il n'était pour rien dans les représailles exercées par le voyageur américain, il a obtenu de ces tribus tout ce qu'il a voulu et s'en est fait, non seulement des amis, mais encore des alliés et de puissants auxiliaires.

Le noir est défiant, craintif, et veut être traité avec douceur; de plus, il est essentiellement superstitieux;

Armes, ustensiles et instruments de musique des indigènes au Congo.

tant qu'il n'a pas compris le but que poursuivent les Européens en venant s'installer chez lui, il est disposé à voir en eux de mauvais génies, et dans leurs actes, qu'il ne comprend pas, qui lui semblent surnaturels, il croit voir des maléfices. Mais quand, à force de patience, de douceur et de bons procédés, on lui a fait entendre ce que l'on attend de lui, il devient tout disposé à nous recevoir, et même à nous aider. Nous avons vu le parti que M. de Brazza a su tirer de ces populations.

Au moment de mettre sous presse, nous apprenons que le Gouvernement français, comprenant que M. de Brazza pouvait seul continuer utilement l'œuvre commencée par lui, vient de lui confier le gouvernement général de nos possessions du Gabon, de l'Ogooué et du Congo français ; le docteur Ballay lui est adjoint comme lieutenant gouverneur. Nos comptoirs de la côte de Guinée sont rattachés au Sénégal.

Nous félicitons le gouvernement de cette mesure, et nous adressons à M. de Brazza et à son vaillant second M. Ballay, nos souhaits pour le succès de l'œuvre patriotique qu'ils ont entreprise : l'extension de l'influence française dans l'Ouest africain.

ÉTABLISSEMENTS DE LA COTE-D'OR

GRAND-BASSAM — DABOU — ASSINIE

CHAPITRE I.

Occupation française. — Les Français sur la côte occidentale d'Afrique.

En 1838, à la suite de l'exploration du littoral de la côte ouest de l'Afrique, des îles Loos au cap Lopez, par M. Bouet-Villaumez, commandant la *Malouine*, on décida la création de comptoirs sur la Côte-d'Or et sur la Côte-d'Ivoire.

On négocia donc, avec les chefs indigènes, la cession à la France des territoires de Grand-Bassam et d'Assinie.

En juin 1843, la corvette *l'Indienne*, capitaine Rataillot ; la *Malouine*, commandée par M. Fleuriot de Langle; l'*Eperlan*, commandant Darricau, vinrent jeter l'ancre devant Assinie. L'expédition était en outre accompagnée de trois navires de commerce, portant des vivres et un matériel d'installation, plus trente soldats d'infanterie de marine sous les ordres du lieutenant de Montlouis. M. Fleuriot de Langle, chef de l'expédition, entra immédiatement en pourparlers avec le roi du pays, et le 5 juillet le débarquement commença. Il fut long et pénible, à cause de la *barre* qui ferme l'entrée de la rivière d'Assinie ; néanmoins le 22 juillet tout était fini, et la construction d'un blockhaus achevée. Pendant que se terminaient les travaux d'installation, de nouveaux traités étaient signés avec *Amatifoux*, neveu d'*Attacla*, roi d'Assinie, Ils nous donnaient la propriété pleine et entière de la presqu'île sur laquelle est établi notre comptoir, et reconnaissaient le protectorat de la France sur toute l'étendue du royaume. On put procéder, le 29 juillet, à la cérémonie officielle de la prise de possession.

Quelques jours auparavant (le 23), une seconde expédition avait quitté Gorée pour aller occuper Grand-Bassam ; elle se composait du brick l'*Alouette*, capitaine Kerhallet, commandant de l'expédition ; de la goëlette la *Fine*, sous les ordres de M. Méquet, et de trois bâtiments marchands. La flottille arriva le 18 août en vue de Grand-Bassam ; le 22, elle franchissait la barre et s'engageait dans la rivière Costa. Six jours après, le débarquement était terminé, un blockhaus construit, et le même jour, 28 août, M. Kerhallet prenait solennellement possession de Grand-Bassam.

Aussitôt que l'on voulut entrer en relations avec les indigènes, on se heurta à l'opposition des habitants de la province d'Akba, qui, par de méchants bruits répandus, et même par des attaques à main armée, voulurent empêcher les populations de trafiquer avec nous. Ils allèrent jusqu'à essayer de fermer la lagune d'*Ebrié* et la rivière aurifère d'*Akba*, qui sert de voie de communication avec l'intérieur. En agissant ainsi, les gens d'Akba obéissaient à la crainte de nous voir nous substituer à eux pour le commerce des produits de l'intérieur, dont ils avaient le monopole ; ils espéraient, par leur opposition, nous fatiguer et nous amener à abandonner notre possession. Une attitude aussi hostile méritait un châtiment ; en 1849, M. Bouet se décida à sévir : les cases de *Yabou*, le village le plus important de la contrée, furent brûlées, et ses habitants condamnés à payer une forte indemnité. Après cet acte d'énergie, on entreprit une exploration dans l'intérieur, afin de rassurer les populations, et le commerce, désormais tranquille, prit une rapide extension.

Trois ans plus tard, une nouvelle leçon devint nécessaire. Les Jack-Jacks du littoral, qui occupent la langue de terre séparant la lagune Ebrié de la mer, servaient de courtiers dans toutes les transactions conclues entre les trafiquants de la côte et les peuplades de l'intérieur. C'était leur seule industrie. Craignant que les Français n'avançassent jusqu'au cœur du pays, ce qui eût causé leur ruine, ils poussèrent à la révolte les habitants d'Ebrié, au nord de la lagune. M. Martin des Pallières, alors capitaine d'infanterie de marine, effraya les Jack-Jacks par une démonstration armée, et châtia les habitants de Grand-Bassam, qui n'obtinrent la paix qu'en payant une somme énorme; comme garantie de l'exécution de leurs engagements, leur roi *Piter* fut gardé en otage à bord du navire de l'Etat en station dans la rade.

Cependant les gens d'Ebrié n'étaient pas soumis. Retranchés dans leurs forêts profondes, où nos troupes ne pouvaient les poursuivre, ils continuèrent les hostilités, et, un an plus tard, réussirent à entraîner dans la lutte les habitants d'Akba, de Potou, de Dabou et de Banboury, c'est-à-dire une partie des populations qui nous entouraient. A la nouvelle du soulèvement, le roi d'Assinie, au mépris des traités signés avec nos représentants, se révolta aussi, dans l'intention de détruire notre comptoir et de nous forcer à abandonner son territoire.

Le 14 septembre 1853, le commandant Baudin quitta Gorée avec une colonne forte de sept cent soixante-trois hommes, marins et soldats. Le 10 octobre, il était devant Grand-Bassam. A la vue de nos troupes, les Bassamans vinrent immédiatement faire leur soumission au commandant; on traita avec eux, ils payèrent un tribut, et on leur rendit leur roi Piter. Ils durent en outre nous fournir un contingent et des guides qui conduisirent nos soldats contre le gros des révoltés. Il fallait un châtiment sévère: plusieurs villages furent détruits, entre autres ceux d'Abata, d'Eboué et de Dabou; les habitants, terrifiés par la marche de notre colonne et l'incendie des villages vinrent demander la paix.

De ce côté l'insurrection était entièrement vaincue, et, depuis cette époque, la tranquillité n'a plus été troublée. D'ailleurs, afin de prévenir toute nouvelle tentative de révolte, on occupa *Dabou*, point stratégique important, qui commande la lagune et plusieurs villages très riches en huile de palme, dont on accaparait ainsi le monopole. On construisit un blockhaus, et l'organisation de notre nouvelle possession par droit de conquête fut confiée au capitaine du génie Faidherbe.

Restaient les rebelles d'Assinie : c'est le lieutenant d'infanterie de marine Coquet qui fut envoyé contre eux. A son arrivée, il se mit en rapport avec Amatifoux, qu'il convainquit facilement de la folie de son entreprise, le fit rentrer dans le devoir, et reçut, sans combat, la soumission de la population.

Nos deux comptoirs étaient donc pacifiés, et nous venions d'ajouter à nos possessions antérieures un troisième point d'occupation.

Débarrassés des inquiétudes causées par les indigènes, les résidents purent s'occuper des améliorations à apporter à nos établissements ; des travaux d'assainissement furent immédiatement commencés : on desscha et on combla les marais, on traça de grandes voies de communication entre les comptoirs, on remplaça les blockhaus primitifs par des *maisons modèles* en pierre. Dès 1856, on édifiait à Grand-Bassam un hôpital en briques. A Assinie, les établissements du gouvernement s'élevaient sur la rive droite de la rivière, en face de ceux que l'on avait installés à la hâte lors du débarquement. Le commerce, un instant suspendu par les événements que nous venons de relater, prit l'extension qu'il a toujours conservée depuis.

Telle est, en résumé, l'histoire de l'occupation moderne des établissements français de la Côte-d'Or. Mais il faut remonter à des époques très lointaines, si l'on veut savoir comment eut lieu notre ancienne prise de possession.

Nos compatriotes furent-ils les premiers à s'établir

sur cette partie du littoral africain ? Bien que ce point ait été vivement contesté, et ait donné lieu, il y a quelques années, à une ardente polémique internationale, nous nous rallions complètement aux remarquables théories de M. Gaffarel, dont l'opinion fait autorité en la matière.

« Si l'on en croit de respectables traditions, dit ce savant auteur, la France est la première des nations européennes qui ait déployé son pavillon dans ces parages, et cela dès le xive siècle. En 1339, d'après le témoignage concordant de trois chroniqueurs dieppois, Asseline, Croisé et Guibert, témoignage confirmé par des auteurs dont on ne soupçonne pas la partialité en faveur des Normands, Abreu de Galindo, Barros et l'Arabe Ibin Khaldoun, trois navires dieppois auraient visité la Guinée et seraient rentrés en France chargés d'or et de marchandises précieuses. En 1364, les Dieppois équipèrent deux autres navires, du port d'environ cent tonneaux chacun, qui firent voiles vers les Canaries, arrivèrent au cap Vert et mouillèrent à Rio Fresca, dans la baie qui porte encore le nom de baie de France.

Les noirs du littoral, auxquels les blancs étaient restés jusqu'alors inconnus, accouraient pour les voir, mais ne voulaient pas entrer dans les vaisseaux. Lorsqu'enfin ils s'aperçurent que nos compatriotes ne demandaient qu'à ouvrir avec eux des relations amicales et leur montraient quantité d'objets inconnus qu'ils semblaient disposés à échanger, peu à peu ils renoncèrent à leur défiance et apportèrent de l'ivoire, du poivre et de l'ambre gris, qu'ils troquèrent contre des bagatelles dieppoises, dont la vue les avait tentés... Les Dieppois découvrirent ensuite le *cap Vert*, auquel ils donnèrent ce nom à cause de l'éternelle verdure qui l'ombrage, et arrivèrent à *Boulombel* ou *Sierra Leone*, comme le nommèrent depuis les Portugais. Ils s'arrêtèrent ensuite à l'embouchure d'un fleuve auprès duquel ils trouvèrent, un village d'indigènes, qu'ils nommèrent le *Petit Dieppe*, à cause de la ressemblance du port et du village, situé entre deux coteaux, avec le *Dieppe* français......

Les profits du voyage et l'espoir de les augmenter encore excitèrent l'émulation des Normands. En septembre 1365, quelques marchands de Rouen s'associèrent avec ceux de Dieppe et, au lieu de deux vaisseaux, en firent partir quatre. Les deux premiers avaient mission d'explorer les côtes depuis le cap Vert jusqu'au Petit Dieppe, et d'y charger des marchandises. Les deux autres devaient pousser plus avant et découvrir de nouveaux pays à explorer. Ce second voyage fut également heureux. Au bout de sept mois, les deux premiers navires étaient de retour à Dieppe avec beaucoup de cuir, de poivre et d'ivoire. Des deux autres navires, chargés d'explorer de nouveaux pays, le premier s'arrêta sur la côte qu'on nomme aujourd'hui côte du Poivre, près d'un village appelé *Grand-Sestre*, auquel les matelots donnèrent le nom de *Paris*. Ce navire ramassa si vite une telle quantité de cette précieuse denrée, qu'il ne voulut pas s'exposer à compromettre une aussi riche cargaison en poursuivant son voyage, et revint à Dieppe. Le quatrième navire longea la côte des *Dents* et arriva à celle de l'Or. L'or était en poudre. Les indigènes en ramassent encore de nos jours dans les cours d'eau qui descendent des monts *Khong*.

La nouvelle de ces découvertes, la facilité des échanges, la certitude de s'enrichir à peu de frais, excitèrent les Dieppois. En peu de temps, de véritables comptoirs, des *loges*, comme nous dirions aujourd'hui, s'élevèrent sur toute la côte de Guinée. Les indigènes apprenaient même notre langue et accueillaient avec empressement tous ceux de nos compatriotes qui n'hésitaient pas à s'enfoncer dans l'intérieur du pays.

En 1380, quelques armateurs de Dieppe et de Rouen, voyant que la concurrence diminuait leurs profits, résolurent un nouveau voyage d'exploration. Ils voulaient s'avancer au sud de la *Côte-d'Or* et entrer en relation avec des indigènes, qui passaient pour moins traitables que les précédents. Comme ils avaient déjà pour eux l'expérience de voyages antérieurs, et qu'ils avaient remarqué que les pluies, qui tombent en Afrique du mois de juin à celui d'août, rendaient le séjour de la côte dangereux à cette époque, ils ne firent partir leur navire, qu'en novembre. En décembre, ce navire qui portait le nom de la *Notre-Dame de Bon-Voyage*, était déjà sur la côte d'Or : neuf mois après, il était de retour à Dieppe, chargé de poudre d'or. La voie était ouverte. Il ne restait qu'à s'y engager résolûment.

Le 28 septembre 1381, trois navires partaient de Dieppe pour le nouveau comptoir de la Mine. On a conservé leurs noms : la *Vierge*, le *Saint-Nicolas* et l'*Espérance*. La *Vierge* s'arrêta à la Mine ; le *Saint-Nicolas* s'avança plus au sud jusqu'au cap *Corse*, et l'*Espérance* ouvrit des loges à *Fantin, Sabou, Cormen-*

tin et *Akara*. En juillet 1382, les trois navires étaient de retour en France, et les capitaines vantèrent tellement à leurs armateurs les richesses du pays et la douceur de ses habitants, que ceux-ci résolurent d'y fonder une véritable colonie et d'en faire le centre de leurs opérations commerciales.

En 1383, trois vaisseaux partirent donc pour la Mine. Ils portaient des matériaux de construction, des instruments de travail et des semences. Ces trois vaisseaux s'acquittèrent heureusement de leur mission, et quand ils revinrent en France, dix mois après, plus richement chargés qu'ils ne l'avaient encore été, ils laissaient derrière eux une partie de leurs équipages. Ce fut le premier établissement de nos compatriotes sur ce continent, où depuis l'influence française n'a cessé et ne cessera pas, espérons-le, de grandir. La colonie de la Mine prit tout de suite de grandes proportions. De nombreux vaisseaux s'y rendirent ; il fallut bâtir pour les nouveaux arrivants une église et un fort.

Cette prospérité ne fut pas de longue durée. Les terribles guerres des Armagnacs et des Bourguignons désolèrent notre pays, et les Anglais profitèrent de nos discordes pour envahir nos provinces. Bientôt la France n'eut pas assez de ses propres ressources pour repousser ses envahisseurs. Elle dut subir pendant plusieurs années la honte de l'occupation étrangère ; ausssi toutes les entreprises extérieures furent-elles abandonnées.....

Dès 1413, la Mine était abandonnée. Toutes nos autres loges l'étaient déjà depuis quelques années. Peu à peu on renonça aux voyages sur les côtes d'Afrique.

Le souvenir même de ces aventureuses expéditions se perdit, surtout lorsqu'une autre nation, le Portugal, substitua son influence à la nôtre sur les tribus indigènes, et plus jalouse de ses droits que nous ne l'avons jamais été des nôtres, non seulement chassa nos négociants des marchés dont ils avaient longtemps été les maîtres, mais encore nous enleva par-devant l'histoire et la postérité la gloire légitime de l'avoir précédée dans ces régions. En effet, ce n'est pas un des côtés les moins extraordinaires de notre caractère national que cette incroyable indifférence pour l'histoire de nos établissements d'outre-mer. Que pour une raison ou pour l'autre nous renoncions à telle ou telle colonie, on le comprendrait à la rigueur ; mais que le souvenir de cette colonie disparaisse entièrement, que le nom même des premiers explorateurs soit tout à fait inconnu, voilà ce qui devient inexplicable.

Tel fut pourtant le sort de nos premiers établissements africains, lorsque, dans ces dernières années, quelques Français bien inspirés, MM. Estancelin, Vitet d'Avezac, revendiquèrent pour les navigateurs normands l'honneur de ces voyages; en France, on resta presque indifférent à leur généreuse tentative, mais elle provoqua en Portugal comme une explosion de haine. Un savant portugais, M. Santarem, lança même contre eux un gros livre intitulé : « *Recherches sur la priorité de la découverte des pays situés sur la côte occidentale d'Afrique, au delà du cap Bojador.* (1) »

Le cadre trop restreint de cet ouvrage ne nous per-

---

(1) Extrait de l'Exploration (avril 1875). P. Gaffarel. *Les Normands au Sénégal et en Guinée, au XIVᵉ siècle.*

met pas de suivre M. Gaffarel dans sa très savante réfutation du livre de M. Santarem. Nous aimons mieux faire connaître à nos lecteurs les principales preuves réunies par l'auteur français à l'appui de son système.

« Cherchons sur le sol de l'Afrique, cherchons à Dieppe même des preuves encore existantes des voyages et du séjour de nos compatriotes. Ces preuves abondent, en dépit de l'érudition portugaise. Nous lisons dans une description des côtes de Guinée par le médecin hollandais Dapper (Amsterdam, 1686) : « Il y a quelques années que les Hollandais relevant une batterie que l'on appelle la *batterie française*, parce que, selon l'opinion des gens du pays, les Français en ont été les maîtres avant les Portugais, on trouva, gravés sur une pierre, les deux premiers chiffres du nombre 1300, mais il fut impossible de distinguer les deux autres. » Le même écrivain rapporte que, visitant la forteresse d'El-Mina, il vit les Hollandais célébrer l'office divin dans une église sur laquelle on apercevait les armes de France à peine effacées ; donc, au xviie siècle subsistaient encore sur le sol africain des preuves irrécusables du séjour de nos compatriotes.

« Une preuve meilleure encore, c'est que les indigènes avaient retenu une foule de mots français qu'ils répétaient à tous les Européens, car ils s'obstinaient d'abord à ne voir en eux que des compatriotes de nos Dieppois. Villaut de Belfont a cité plusieurs de ces noms ; le plus curieux est celui de *malaguette*, vieux mot du moyen âge qui signifie poivre. « Le peu de langage qu'on peut entendre est français, écrivait-il. Ils n'appellent pas ce poivre *sestos*, à la portugaise, ni *grain*, à la hollandaise, mais malaguette, et lorsqu'un navire aborde, s'ils en ont, après le salut, ils crient : « malaguette plein ! qui est le peu de langage qu'ils ont retenu de nous. »

« Une troisième preuve, la facilité avec laquelle les indigènes acceptèrent notre domination, quand de nouveau, au XVIe et au XVIIe siècles, le pavillon français reparut sur leurs côtes. Opprimés et maltraités par les Portugais et les Hollandais, ils s'étaient pieusement transmis la tradition de nos ancêtres du XIVe et du XVe siècles ; or, comme ils avaient établi entre eux et leurs successeurs une comparaison qui n'était pas à l'avantage de ces derniers, dès que parut de nouveau le drapeau fleurdelisé, ils se jetèrent dans nos bras et renouèrent la chaîne longtemps interrompue des traditions et des souvenirs.

« Il est fâcheux que les relations authentiques de ces voyages aient disparu. Tous les documents, tous les journaux de bord qui, d'après un vieil usage, étaient déposés dans les archives de l'amirauté à Dieppe, ont été brûlés lors du bombardement de cette ville par les Anglais en 1694.

« De tout ceci il résulte, malgré les démentis de M. de Santarem, que nos compatriotes les Dieppois ont réellement découvert et en partie colonisé les côtes de Guinée au XIVe siècle, mais que les guerres malheureuses où fut engagée la France interrompirent ce fructueux commerce et forcèrent les navigateurs à renoncer, pour longtemps, à de lointains voyages. Nous avions donc le droit, et nous dirions volontiers que le devoir nous était imposé, de rendre justice à ces explorateurs inconnus et à ces héros oubliés.

« C'est seulement au XVIIe et au XVIIIe siècles que recommencèrent les expéditions à la côte de Guinée; mais les marins normands n'en eurent plus le monopole, et aucun établissement permanent ne fut fondé. Le principal commerce était celui de la traite des noirs. Il procura d'énormes bénéfices à plusieurs de nos négociants, mais ne fit pas aimer le nom de la France dans ces parages. Au XIXe siècle, lorsqu'enfin fut défendu ce honteux trafic, le gouvernement français fut un des premiers à s'opposer à sa continuation, et pour mieux surveiller les foyers de l'esclavage, il prit la résolution d'occuper quelques points sur la côte de Guinée (1). »

Nous avons vu comment cette occupation eut lieu.

(1) Extrait de l'Exploration (avril 1875), P. Gaffarel, *Les Normands au Sénégal et en Guinée, au* XIVe *siècle.*

CHAPITRE II.

Grand-Bassam. — Assinie. — Dabou. — Topographie. — Jack-Jacks. — Abandon de nos établissements. — Une lettre instructive.

La *Côte-d'Or* comprend la partie occidentale du littoral africain située entre la rivière Volta et la rivière Assinie. Les Anglais y possèdent les comptoirs d'*Acra, Cap Coast Castle,* et *Axim.* C'est là que se trouve notre établissement d'Assinie.

La *Côte-d'Ivoire* se prolonge à l'ouest de la Côte-d'Or, sur une longueur de 540 kilomètres, jusqu'au cap Palmas ; elle comprend Grand-Bassam et Dabou.

Grand-Bassam s'élève sur le bord d'une langue marécageuse de sables, située par 5° 11' 40" de latitude nord et 6° 3' 4" de longitude ouest, à la pointe ouest de la rivière Costa, plus généralement connue sous le nom de rivière de Grand-Bassam. A son embouchure, elle ne mesure pas plus de deux cent à deux cent cinquante mètres de largeur. Son entrée est défendue par une *barre* qui lui constitue une profondeur variant entre dix et quinze pieds. Cette barre est excessivement dangereuse, surtout pendant les mois de juin, juillet et août ; ce n'est guère qu'en décembre et janvier que les navires à voiles, ne callant pas plus de trois mètres cinquante d'eau, peuvent la franchir, non sans danger encore, et en prenant mille précautions.

Après cette élévation du fond, la rivière subit tout à

coup une dépression et tombe alors jusqu'à huit ou dix mètres de profondeur ; en même temps, elle s'élargit considérablement et devient parfaitement navigable jusqu'au barrage d'Alepe. A un mille environ de son embouchure, s'élève l'île *Bouet*, qui divise son cours en deux bras. Un peu au delà de l'île, s'ouvre une vaste lagune, immense étendue d'eau sans courant, qui, se dirigeant d'abord au nord-ouest, tourne brusquement à l'ouest, pour se prolonger dans cette direction, en suivant exactement la côte de la mer, jusqu'à la rivière Lahou.

La rivière Costa, à partir de l'îlot, tourne à l'est et quitte son nom pour prendre celui d'*Akba* ; elle traverse le pays d'Aka dans toute son étendue et le sépare du Potou.

A deux milles environ de la barre, sur la rive droite et en face d'Akba, s'élève le grand village indigène qui sert de résidence au roi des Bassamans.

Au delà de ce village, dont l'étendue est considérable, la lagune se divise en deux bras ; le plus important remonte au nord vers le pays de Potou, qu'il sépare de celui d'Ebrié. L'autre bras va rejoindre la lagune de l'ouest; il est parsemé d'un certain nombre d'îles, qui toutes sont habitées et dépendent de Grand-Bassam.

La lagune de l'ouest, ainsi que les deux bras dont nous venons de parler, sont navigables pour les bâtiments d'un petit tirant d'eau. La langue de terre qui sépare la grande lagune de l'Océan, est habitée par les Jack-Jacks; ils y possèdent un grand nombre de villages.

Dabou se trouve sur la rive droite de la lagune, à

cinquante milles à l'ouest de Grand-Bassam, au fond d'une jolie baie qui porte son nom. Le comptoir et le village sont situés sur un monticule élevé, qui commande la baie et domine plusieurs villages disséminés sur les flancs du mamelon.

A l'est de Grand-Bassam, la côte se prolonge sablonneuse et haute, formant une crête boisée d'arbres fort beaux, elle atteint jusqu'à trente et trente-cinq mètres. C'est à l'extrémité de cette côte que se trouve la rivière d'Assinie, sorte de chenal étroit, long de quelques milles seulement, par lequel les eaux des lagunes d'Ahy et d'Eyhiré s'écoulent dans la mer.

L'embouchure de la rivière, fort peu large, est défendue par une barre tournante très dangereuse, qu'en aucun temps les navires à voiles ne peuvent franchir, bien qu'elle ait parfois jusqu'à trois mètres de profondeur. Les petits bâtiments à vapeur de vingt à trente chevaux peuvent seuls s'aventurer à la traverser.

Notre établissement est situé à neuf milles de la rivière Assinie, sur sa rive droite et sur une pointe qui forme le commencement du lac Ahy ; celui-ci n'a pas moins de quinze milles de long sur neuf ou dix de large.

Plusieurs rivières encore viennent apporter leurs eaux aux lacs. Les plus remarquables sont le *Krinjabo*, ou *Bia*, et le *Tanœ* ; toutes deux prennent leur source vers le nord, dans un pays boisé et montagneux, qu'elles mettent en communication avec notre établissement. A vingt-quatre milles au nord du lac Ahy, sur la rive gauche de la rivière Krinjabo, s'élève le village du même nom, résidence du roi. Son territoire s'étend sur deux cents milles du nord au sud et quarante-cinq à soixante de l'est à l'ouest.

On comprend que dans le voisinage de ces lagunes immenses, aux eaux stagnantes et sans courant, nos établissements doivent être entourés d'une athmosphère humide et malsaine. Les bords de ces lagunes sont des terrains sablonneux et des marécages, d'où se dégagent des miasmes pestilentiels. Près de la mer, la brise les combat en renouvelant sans cesse cet air empoisonné; mais, dans l'interieur, le brouillard règne sans interruption sur les lacs, avec une épaisseur telle que les rayons du soleil ont peine à le dissiper au plus chaudes heures du jour. Aux environs de la mer, l'eau douce fait presque absolument défaut ; la seule que l'on puisse se procurer, en creusant le sable à quelques pieds de profondeur, est mauvaise et malsaine.

Il n'y a que deux saisons : la saison sèche et la saison des pluies. Cette dernière se divise en deux périodes : la première, qui est la moins longue, et que l'on nomme « saison des fièvres », commence en octobre, pour se terminer en décembre. Jusqu'à la fin de janvier, la température s'élève progressivement, et dans les deux mois suivants, la chaleur atteint son maximum : le thermomètre marque généralement 30 à 32° centigrades à l'ombre, et 60° au soleil ; la végétation se dessèche, la terre se crevasse par endroits, l'humidité des nuits cesse complètement, et avec elle disparaît la fraîcheur, qui serait si nécessaire après ces journées torrides. C'est ce qu'on appelle la belle saison. Arrive ensuite la deuxième période pluvieuse, époque des raz de marée, des *tornades* violentes, des orages continuels, accompagnés d'une pluie qui, depuis juillet jusqu'à octobre devient torrentiellle, et pendant laquelle le thermomètre se tient aux environ de 25°.

Deux grandes races, très distinctes, habitent la région voisine de nos établissements. La première, qui occupe le territoire d'Assinie, offre cette particularité exceptionnelle chez les races noires, que le fils hérite de son père. Tous les hommes sont circoncis.

Dans la seconde, qui habite sur la côte d'Ivoire, nous retrouvons, comme chez les peuples du Gabon, l'hérédité transmise par la ligne des femmes; l'héritage du père passe au fils aîné de sa sœur, ou, à défaut de celui-ci, à son propre frère; les hommes ne sont pas circoncis.

La grande famille qui peuple la côte d'Or comprend : les Achantis, qui habitent l'intérieur, les Fantis et les Achantas. Les naturels d'Assinie sont des Wœssaws et des Denkeras; ils sont peu nombreux.

Grands, bien pris, ils ont une grande vigueur, mais leurs traits sont grossiers, leurs nez épatés et leurs lèvres lippues. Cependant, leur peau est le plus souvent très fine et d'un beau noir. Quelques-uns, par leur teinte cuivrée, rappellent absolument les *Peuls* du Sénégal, ce qui ferait supposer qu'ils peuvent, par l'intérieur, être en communication avec les Bambaras, habitant le haut Niger.

Au moral, ils possèdent tous les vices ordinaires de leur race; ils sont faux, perfides, astucieux et voleurs; on les dit même anthropophages.

Fétichistes ardents, ils sont restés rebelles aux tentatives de conversion, et les missionnaires ont dû abandonner tout espoir de les catéchiser.

Les Jack-Jacks semblent former une race à part, absolument étrangère. Ils ont su s'élever par leur intelligence et leur industrie au-dessus des populations qui les entourent. Nous les avons déjà vus, courtiers du littoral, tremblant pour leur monopole, lever contre nous l'étendard de la révolte et inciter à la rébellion les peuplades productrices de l'intérieur ; mais depuis la rude leçon qui leur fut infligée, ils ont compris tout le parti qu'ils pouvaient tirer de leurs bons rapports avec nos nationaux, et sont devenus pour nous des auxiliaires dévoués.

Grand Jack est leur bourg principal. Il occupe sur la plage une étendue de plus de huit cents mètres; les cases, fort nombreuses et bien construites, sont disposées par groupes réguliers entourés de palissades de bambous. Leurs villages, en général, quoique absolument semblables à ceux des autres nègres, respirent cependant un air d'aisance qui les distingue entre tous.

A part l'igname et le manioc qui, avec le poisson sec, constituent la nourriture ordinaire des naturels, les indigènes ne cultivent rien ; cependant le bananier, l'oranger, l'ananas, le riz et même les légumes d'Europe poussent admirablement dans le pays. L'huile de palme est le grand produit de cette région ; elle est préparée par les femmes des tribus de l'intérieur, qui l'apportent aux villages des lagunes, où ce produit est l'objet d'un trafic assez actif.

L'ivoire arrive en abondance du pays des Achantis, et Assinie est le grand marché de la poudre d'or. Il serait aisé, en mettant nos comptoirs en communication directe avec l'intérieur, d'augmenter considérablement l'importance de ce centre.

Mais à quoi bon caresser des projets pour nos établissements de la Côte-d'Or? Déjà Dabou n'existe plus.

En 1872, Assinie et Grand-Bassam ont été abandonnés, sous réserve de tous nos droits.

En janvier 1874, Grand-Bassam a été livré à la maison Verdier, de la Rochelle, et Assinie, avec son fort et ses vieux canons, à la maison Swanzi, de Londres. Situation humiliante pour la France, dont il faudrait sortir au plus vite, si nous voulons conserver notre prestige parmi les populations si mobiles et si impressionnables de la côte de Guinée.

Et comme si ce n'était pas assez d'avoir abandonné nos établissements, n'a-t-il pas été question en 1875, et tout dernièrement encore, d'un échange avec l'Angleterre, qui nous aurait abandonné la Gambie contre nos deux petites colonies de Grand-Bassam et d'Assinie, plus notre comptoir du Gabon?

Nous pensons utile de reproduire ici l'opinion du capitaine Burton, le célèbre voyageur anglais; il est curieux d'étudier la naïveté des raisons qu'il invoque en faveur de cet échange.

« J'ai quitté Bathurst, dit-il, plus convaincu que jamais que plus tôt nous serions débarrassés de cette misérable station si mal à propos nommée une colonie, mieux cela vaudrait. Elle fait surtout le commerce des peaux venant de l'intérieur, de l'ivoire, de la cire d'abeilles et aussi d'un peu d'or. On trouve le métal précieux, dit-on, dans les collines argileuses rouges, près de l'île Macarthy; mais la qualité n'en est pas pure, et la quantité non plus n'est pas suffisante pour payer le travail d'extraction.

« Mais le principal commerce d'exportation de Bathurst, neuf dixièmes du reste du total, consiste en arachides et pistaches. C'est la meilleure qualité connue de l'Afrique occidentale, et depuis une cinquantaine d'années on en expédie des quantités considérables à Marseille pour faire de l'huile à manger.

« Pourquoi cette *huile d'olive* n'est-elle pas fabriquée aussi sur une grande échelle en Angleterre ? Je ne saurais le dire. Toujours est-il que les Français ont accaparé le commerce de la Gambie, où ils ont cinq maisons de commerce. Les trois factoreries anglaises exportent leurs produits par bateaux français pour des ports français.

« De plus, le traité de 1845, par lequel les hautes puissances contractantes s'engageaient à s'abstenir de tout agrandissement territorial (ce qui équivalait à défendre à un jeune garçon de grandir), a été aboli en 1855. Depuis ce temps-là, tandis que nous nous sommes abstenus de supprimer cette plaie des guerres continuelles entre les différentes tribus, nos très actifs voisins se sont annexé la rivière de Cazamance, avec les beaux territoires producteurs de café s'étendant à partir de Rio-Narrez au sud jusqu'à Rio-Pongo, et ont fait tout ce qu'ils ont pu pour s'emparer bravement de Matacong, situé à quelques milles au nord de Sierra Leone.

« Tandis que la Gambie anglaise est accaparée par les Français, le Gabon français est ou plutôt était aux mains des Anglais. Depuis une vingtaine d'années, les gens de bonne foi se sont demandé avec raison : pourquoi ne pas faire l'échange ?

« D'après l'avis des gens les plus compétents, on

pourrait céder avec avantage toute la côte d'Afrique occidentale qui se trouve au nord de Sierra-Leone, aux Français, à la condition que nous prendrions possession du Gabon et des régions de la côte et des îles, excepté sur les points où le territoire appartient aux Portugais ou aux Espagnols. Il y a quelques années, on a fait un effort énergique pour effectuer cet échange, mais il a échoué par suite de considérations sentimentales et de propagande de missionnaires.

« Si la question vient de nouveau à être discutée, j'espère que nous assurerons par un traité ou un achat une occupation exclusivement anglaise de Grand-Bassam et de la vallée de l'Assinie, qui ne sont que de simples prolongements de notre protectorat sur la Côte-d'Or. Notre politique exige cette mesure. Actuellement, ces deux stations sont occupées par des maisons ou des compagnies françaises, qui réclameront des indemnités, et qui peuvent en toute justice les demander. (1) »

N'est-ce pas le meilleur argument à invoquer pour prouver tout le parti que la France pourrait tirer de ses possessions de la Côte-d'Or ?

N'avons-nous pas l'exemple de ce qu'a pu faire l'industrie privée là où le gouvernement a échoué ? D'importantes maisons françaises, et notamment les Régis frères, les Cyprien Fabre, les Daumas-Lartigue de Marseille, ont créé sur le littoral de vraies principautés.

Dans le royaume de *Porto-Novo*, à *Kotonou*, à *Wydah*, dans tout le pays des *Minas*, à *Abomey* et à *Godomey*,

---

(1) Extrait d'une lettre publiée par le *Petit Journal.*

nos factoreries sont florissantes. N'avons-nous pas là une occasion de fonder un grand établissement? Ce ne sera jamais, nous le savons, une colonie peuplée d'Européens ; mais ce serait un centre d'où nous pourrions rayonner au loin et peut-être pénétrer jusqu'au cœur du grand continent africain.

OBOCK

Situation. — Climat. — Acquisition d'Obock. — Son avenir.

Obock est situé au fond du golfe d'Aden, par 10° 57' de latitude nord, et 41° de longitude est ; son port offre un mouillage parfaitement abrité.

Voici, du reste, la description que nous en trouvons dans une notice publiée par M. Goltdammer, qui a résidé longtemps dans ces parages et en a fait une étude approfondie :

« Le port d'Obock est entouré de hautes falaises, qui le protègent presque complètement des vents de l'ouest et du nord. Il offre deux mouillages distincts, bien abrités par les bancs de corail qui s'étendent de l'est à l'ouest.

« Ces deux mouillages, dont la profondeur moyenne pendant la basse mer varie entre dix et trente mètres, communiquent entre eux par un chenal d'une profondeur de dix à quinze mètres. Chacun de ses mouillages communique lui-même séparément avec la haute mer.

« Le port a donc deux entrées, et, par tous les vents, les navires y peuvent pénétrer.

« Une plaine semée d'arbres s'étend autour de la baie, et on y trouve de l'eau douce d'excellente qualité. Les palmiers et la flore de l'Afrique équatoriale s'y rencontrent abondamment, ainsi que la pierre calcaire, l'argile à potier, l'ocre rouge et le soufre.

« Si l'on s'avance à quatre ou cinq kilomètres dans l'intérieur des terres, le pays s'accidente et devient montagneux. Ces hauteurs, d'origine volcanique, font partie de la chaîne qui court le long du littoral, depuis Massaouah jusqu'au cap Guardafui. Les vallées alors deviennent fertiles, et les montagnes sont couvertes de forêts, surtout dans la partie sud; la nature du sol se modifie ; on y trouve des métaux et du charbon. Du reste, les sommets de cette chaîne sont peu élevés. Ce n'est, à proprement parler, qu'un vaste plateau. Le passage est facile, et les caravanes apportant à la côte les produits de l'intérieur, le franchissent sans difficulté. De ce plateau descendent des torrents qui arrosent la plaine. Beaucoup sont à sec une partie de l'année, mais les puits et les citernes fournissent une bonne eau pour les habitants et les bestiaux.

« La population du pays est composée en partie d'Arabes, de Danakiles et de Gallas. Ils vivent par tribus à la recherche des pâturages. Ce sont des peuples guerriers et pasteurs (1). »

Nous ne saurions oublier de mentionner encore les Somalis qui, sous différentes dénominations, peuplent cette côte d'Afrique. Ces gens à la peau bistrée, au caractère doux, malgré la réputation de férocité qu'on leur a faite, forment une race qui n'a rien de commun avec les nègres d'Ethiopie. Ils n'ont ni le front déprimé, ni les lèvres épaisses ; mais au contraire un

---

(1) Goltdammer, *Notice sur Obock*, p. 4.

Guerrier Somali.

angle facial largement ouvert, des traits harmonieux, un regard intelligent, et quelques-uns présentent, à la couleur près, le type caucasique.

Les femmes sont belles et bien faites. Rien n'est pittoresque comme la vue de ces femmes se rendant aux puits ; les petits enfants, retenus dans un filet, pendent en grappes autour des hanches, et les plus âgés, attachés par une lanière nouée à la ceinture, sont conduits *en laisse* par leurs mères.

« Le climat d'Obock est aussi sain que peut l'être celui d'une région très chaude. Toute excessive qu'elle soit, la chaleur se supporte mieux à Obock que dans d'autres régions des mêmes parages, car elle y est toujours sèche et de plus assez souvent tempérée par des vents de terre et des brises de mer. Ni les fièvres intermittentes, ni les dyssenteries ne sont à redouter à Obock ; l'hépatie seule est à craindre (1). »

Le rivage, aux environs d'Obock, est formé de falaises élevées, dont la hauteur varie entre dix et trente mètres. Toute la côte d'Abyssinie présente la même ligne de falaises, et depuis Massaouah, la rade d'Obock est le seul point où puissent se réfugier sûrement les navires.

M. Lambert, qui périt lâchement assassiné dans ces parages, avait bien compris tout le parti que l'on pouvait tirer d'une telle situation. A un de ses derniers voyages, à bord d'un brick de l'Etat commandé par M. Méquet, le kaïd de Zeylah, Abou-Baker, qui était en mauvais terme avec le gouvernement égyptien, à

---

(1) Paul Soleillet, — Rapport au Ministre des affaires étrangères sur la possession française d'Obock.

cause de l'affermage de la douane de Zeylah, lui avait proposé de lui concéder Obock et son territoire; M. Lambert ne put profiter de l'offre qui lui était faite par le sultan, des revers de fortune le mettaient dans l'impossibilité de payer la somme que demandait Abou-Baker : il s'était ruiné en organisant un service direct de bateaux à vapeur entre Aden et Maurice. Mais notre compatriote fit connaître aussitôt à M. Méquet les ouvertures qui lui étaient faites. Celui-ci ne crut pas devoir traiter au nom du gouvernement français, et l'affaire en resta là.

Ce n'est que plus tard, lorsqu'il était consul de France à Aden, que M. Lambert obtint l'autorisation de terminer cette affaire. L'acquisition fut faite au prix de *dix mille dollars* (50,000 fr.).

Connaissant admirablement le pays, ses produits, ses besoins, M. Lambert voulait faire d'Obock un centre commercial en même temps qu'un point stratégique destiné à contre-balancer l'importance d'Aden ; malheureusement il mourut avant d'avoir pu mettre son projet à exécution.

Plusieurs tentatives ont été faites depuis ; notamment celle de M. Arnoux qui, après avoir signé un traité avec l'empereur abyssin Minylick, voulait créer une colonie à Choa et ouvrir une route partant de ce point et venant aboutir à Obock ; la réalisation de ce projet en aurait fait le comptoir de toutes les richesses de cette région.

Il serait facile d'utiliser ce petit coin de terre, qui deviendrait une de nos possessions les plus importantes, qui pourrait tout au moins rivaliser avec Aden, dont les Anglais ont su faire, en même temps qu'une

Femme Somali.

NOS PETITES COLONIES.

position militaire, un point de relâche pour tous les navires allant d'Europe en Asie par le canal de Suez (1).

Obock, par sa situation, devrait être le débouché naturel de tout le commerce de l'Abyssinie et du Somal.

L'Abyssinie est un pays d'une richesse incomparable, mais dont les produits furent longs à trouver un débouché. Avant le percement de l'isthme de Suez, la difficulté des transports avait empêché les négociants de s'y établir. De plus, une longue chaîne de montagnes sépare ce pays du littoral, et les Européens, qui couvrirent de comptoirs les rivages africains, passèrent sans s'arrêter devant ces plages désertes.

De tous temps, le commerce a suivi trois routes :

L'une, passant par l'oasis de *Selimeth*, va rejoindre le Nil et l'Egypte.

L'autre se dirige sur *Kasala*, *Souakin* et *Massaouah*. Ces deux voies servent de débouchés aux produits du *Darfour*, du *Kordofan* et de la haute Abyssinie.

La troisième amène à la côte les denrées du *Choa*, de *l'Amhara*, du *Sornal* et du riche pays des *Gallas*, qui, de la mer, s'étend jusqu'au Nil et aux grand lacs du centre de l'Afrique.

Ankober, capitale du Choa (2), est le grand mar-

---

(1) Quand Aden fut cédé à l'Angleterre, en 1839, sa population était de 1,500 habitants ; aujourd'hui elle s'élève à plus de 30,000 âmes, et son commerce annuel se chiffre par 35,000,000 de francs.

(2) Province méridionale de l'Abyssinie.

ché où se réunissent tous les produits qui vont à la côte, venant du pays des Gallas, de *Sennar*, de *Gondar* et du *Tigré*. Les caravanes partant d'Ankober se dirigent sur *Tadjourah*, *Zeylah* et *Berbera*. Or, ces trois ports, qui centralisent tout le commerce de l'intérieur, sont situés à fort peu de distance de notre possession.

Tadjourah est à 29 milles au sud-ouest d'Obock, Zeylah à 35 milles au sud, et Berbera à 50 milles de Zeylah. Les marchandises apportées par les caravanes sont achetées par des Arabes, et presque toutes dirigées sur Aden, d'où, par l'intermédiaire des Anglais, elles partent pour l'Europe.

La création d'un établissement commercial à Obock aurait donc toutes les chances de réussite ; car, outre qu'Obock est le port le plus rapproché, et qu'il est d'un abord plus facile que les autres, il aurait encore l'avantage de pouvoir offrir aux indigènes, en échange de leurs marchandises, les produits européens, dont ils manquent complètement. Les naturels, qui trouveraient là un débouché constant et sûr, n'hésiteraient pas à s'y rendre.

Les produits apportés à la côte, outre quelques bois d'essences précieuses, consistent en *café, coton, indigo, tabac, canne à sucre, encens, coussou, sésame,* etc....

La mer sur tout le littoral, et principalement aux environs d'Obock, est riche en produits de toutes sortes ; le poisson y abonde ; elle fournit aussi des *perles*, des *nacres*, des *écailles* et des *coraux*. Dans l'intérieur du pays on trouve en abondance des minerais d'or et de fer.

La

Aden, qui se trouve à moitié chemin sur la route des Indes, sert de point de ravitaillement aux navires de tous pays qui franchissent le canal de Suez ; or, le simple examen d'une carte suffit pour démontrer qu'un port de relâche sur la route des Indes est aussi bien situé à Obock qu'à Aden ; la position d'Obock, comme port de refuge, est même de beaucoup préférable à celle d'Aden.

Dans ces parages soumis à l'influence des moussons de la mer des Indes, les vents sont périodiques et réguliers : ils soufflent du sud-ouest en été, et du nord-est en hiver. Obock, situé à la corne nord de la baie de Tadjourah et à l'intérieur du redan que forme le cap Ras Bir, se trouve à l'abri des vents du nord. Les vents du sud sont sans effet sur la mer à Obock, car elle est brisée et amortie par les îles, bancs et récifs qui se trouvent entre Obock et Zeylah, point lui-même abrité par un cap des vents du sud.

Que manque-t-il donc à Obock pour devenir le point de ravitaillement de tous les navires français se rendant dans la mer des Indes ?

Simplement d'y établir de grands entrepôts de charbon et les ressources qui peuvent y être amenées par le commerce. Elles y arriveront naturellement le jour où le gouvernement français ordonnera à ses navires de relâcher à Obock, en terre française, au lieu de s'arrêter à Aden, en terre anglaise. « Non seulement, dit M. Soleillet, ce changement de direction n'occasionnerait aucuns frais à l'Etat, mais il réaliserait, par ce fait, de notables économies rien que sur les sommes qu'il verse chaque année dans les caisses de l'Angleterre, à Aden, pour nos navires de guerre pour droits de port, pilotage, etc.

« Il passe année moyenne, à Aden, près de 200 navires français dépendant de l'Etat, tels que : transports, navires de guerre, paquebots subventionnés, bâtiments coloniaux, bâtiments affrétés par l'Etat. Ces navires laissent tous des sommes importantes à Aden. Un négociant de cette ville (ce n'est point le fournisseur de la marine française) m'a assuré que, pour lui seul, le passage d'un transport français représente une augmentation dans ses recettes de la journée de 6 ou à 800 roupies (1). »

Ce premier point posé, nous aurions à l'entrée de la mer Rouge une colonie qui servirait de lien entre la France et ses colonies lointaines; c'est en effet le seul port que nous possédons, non seulement sur la côte orientale d'Afrique, mais encore sur tout le parcours de l'Europe aux Indes.

Enfin Obock serait une position stratégique des plus importantes. Entre Toulon...... et Saïgon, nous possédons un seul et unique port : Pondichéry. Nos navires relâchent actuellement dans les ports anglais; mais, s'il survenait une guerre maritime, nos communications seraient coupées dès le premier jour.

Pourquoi donc le gouvernement ne vient-il pas en aide aux compagnies particulières qui tentent de mettre en pleine valeur ce petit territoire exceptionnel, et pourquoi ne les encourage-t-il pas dans leur entreprise? Obock nous appartient déjà, il n'est plus

---

(1) Paul Soleillet, déjà cité.

à acheter ni à conquérir : serait-ce pour cela que l'on oublie jusqu'à son existence ?

Cependant la Société des Factoreries françaises a établi à Obock un comptoir approvisionné de toutes sortes de marchandises, que le roi de Choa, Minylick II, achète et fait prendre par ses caravanes.

Espérons que l'exemple de cette Société sera suivi, et que de nombreuses factoreries recueilleront les richesses que l'Abyssinie envoie à la côte, et dont les Anglais d'Aden ont seuls jusqu'ici profité.

Au mois de mai 1884, pour mettre fin aux agissements de certains Egyptiens à qui il arrivait fréquemment de planter leur pavillon sur le territoire d'Obock, le gouvernement français envoya deux commissaires : M. le capitaine de frégate Conneau, commandant l'*Infernet*, et M. Lagarde, commandant de cercle au Sénégal, chargés de procéder, avec les représentants du gouvernement égyptien, à la délimitation du territoire d'Obock. Quelques jours après, le Ministre de la marine signait avec le directeur de la Compagnie des steamers de l'Ouest, un contrat pour l'établissement d'un dépôt de charbons et d'approvisionnements à Obock.

BIBLIOGRAPHIE

GABON

Du Chaillu. *Exploration and adventures in equatorial Africa.* (Londres, 1861.)

Vignon. *Le Comptoir français du Gabon.* (Nouv. Annales de voyage, 1856.)

Serval. *Description de la rivière Rhamboe et de ses affluents.* (Revue maritime et coloniale, 1861.)

Griffon du Bellay. *Le Gabon.* (Tour du monde, 1865.)

Aymès. *Recherches géographiques et ethnographiques sur le bassin du Gabon.* (Revue marit. et colon. 1870.)

Compiègne. *Voyages dans l'Afrique équatoriale.* (Correspondant, 1874.)

Hedde. *Notes sur les populations du Gabon et de l'Ogoway.* (Société de géographie, 1874.)

Marche. *Voyages dans l'Afrique occidentale.* (Tour du monde, 1879.)

COMPTOIRS DE GUINÉE

Vte de Santarem. *Recherches sur la priorité de la découverte des pays situés sur la côte occidentale d'Afrique.* (Paris, in-8°, 1842.)

Gaffarel. *Les Normands au Sénégal et en Guinée au* XIVe *siècle.* (Exploration, avril 1875.)

Desnouy. *Les Établissements français de la Côte-d'Or.* (Revue maritime et coloniale, 1863.)

C^{ne} Burton. *Gold-Coast* (Londres, 1883).

CONGO

Paul Blaise. *Le Congo* (in-8°, Paris, 1886).
J.-H. Johnston. *The River Congo*, (in-8°, Londres, 1884).
H.-M. Stanley. *Comment j'ai retrouvé Livingstone* (in-8°, Paris, 1877).
H.-M. Stanley. *A travers le continent mystérieux* (in-8°, Paris, 1879).
H.-M. Stanley. *The Congo and the founding of its free state* (2 vol. in 8°, Paris, 1886).
Ballay. *L'Ogôoué* (Mayenne, in-8°, 1882).
Banning. *L'Afrique et la Conférence de Bruxelles* (Bruxelles, in-8°, 1877).
Fouret. *Voyage au Gabon et dans l'Ogôoué* (Société géographique de Marseille, 1878).
Lenz. *Neisen im Ogowe Gebeit* (Verhandlungen der gesellschaft fur Erdkunde, Berlin, 1877).
Jeannert. *Quatre années au Congo* (Paris, 1883, in-8°).

OBOCK.

H. Lambert. *Journal de Voyages.* (Tour du Monde, 1862.)
Denis de Rivoire. *La baie d'Adulis et ses environs.* (Société de géographie, 1868.)
Id.   *Obock.* (Paris, in-12, 1883. Plon et Cie.)
Goltdammer. *Notice sur Obock.*
Louis Lande. *Un voyageur français dans l'Éthiopie méridionale.* (Revue des Deux-Mondes. Janvier 1879.)
Bremond. *D'Obock au Choa.* (Paris, in-12, 1880.)
Revoil. *Obock.* (Société de géograph. 1882.)
Paul Soleillet. *Voyages en Ethiopie* (Rouen, in-4°, 1886.)
        Id.   *Rapport adressé à M. le Ministre des affaires étrangères sur la possession française d'Obock.*

MAYOTTE

CHAPITRE I.

Histoire de Mayotte. — Mœurs des Malgaches.

Dans le canal de Mozambique, entre Madagascar et le continent africain, le navigateur hollandais Cornelius Houtmann découvrit, en 1598, la plupart des îles dont le groupe forme aujourd'hui l'archipel des *Comores*.

Les principales sont : Angazija ou Grande-Comore, Anjouan, Moheli et Mayotte.

Mayotte seule appartient à la France, qui en prit possession en 1843, en même temps que de Nossi-Bé et de quelques îlots voisins.

Disons d'abord ce qu'avait été Mayotte jusqu'à cette époque ; nous verrons après par suite de quels événements nous en fîmes l'acquisition, et quels habitants nous rencontrâmes dans cette île.

Bien que découverte la première parmi les Comores, puisque le navigateur portugais Diego Ribero l'avait signalée en 1527, Mayotte demeura à peu près inconnue jusqu'en 1830.

Le pilote hollandais Davis (1599) rapporte qu'elle était habitée par des hommes aux mœurs hospitalières, amis du luxe à leur façon, gouvernés par un roi « qui portait une longue robe de soie brodée à la manière des Turcs. »

On apprit par le capitaine anglais John Saris (1607) que « Mayotte avait une rade fort commode ».

Le voyageur Hamilton, de la même nation, écrivait en 1720 : « Mayotte est environnée de rochers d'autant plus dangereux qu'ils sont cachés sous l'eau ; elle est si peu fréquentée, qu'on ne connaît pas le caractère de ses habitants. La religion qu'ils professent est un mahométisme très mitigé ».

On trouve encore dans les mémoires du capitaine Péron le récit humoristique d'une défaite infligée en 1791 par les habitants de Mayotte au sultan d'Anjouan, leur suzerain, qui exigeait vainement le tribut convenu.

On savait enfin, et surtout, que cette île servait de repaire à des pirates turcs et à des négriers portugais, qui seuls sans doute connaissaient les moyens de passer entre les écueils signalés par Hamilton.

Mais là se bornaient les renseignements, bien restreints, comme l'on voit.

Après 1830, les événements dont Madagascar était le théâtre eurent leur contre-coup dans les Comores, et particulièrement à Mayotte.

Les Baana-Kambo y gouvernaient depuis longtemps, de père en fils. Le prince régnant ne fut pas peu surpris de voir débarquer un jour sur son rivage Adriam-Souly, souverain Sakkalave du Boeni, sur la côte occidentale de Madagascar. Ce guerrier fuyait devant Radama Ier, roi de la puissante tribu des Hovas, qui, depuis plusieurs années déjà, avait entrepris de soumettre à ses armes la grande île malgache. Adriam-Souly demandait l'hospitalité pour lui et quelques milliers de soldats ou de sujets qui l'accompagnaient. Or Baana-Kambo lui-même était en guerre avec les sultans d'Anjouan et d'Angazija. Il accueillit donc avec plaisir Adriam-Souly et ses soldats, qui constituaient un renfort inattendu, donna à ce prince sa fille en mariage, et à celle-ci la moitié de son île pour dot.

Mais, trois ans plus tard, effrayé des menaces de Radama Ier, qui exigeait que l'ancien chef du Boeni lui fût livré, Baana Kambo consent à détruire son propre ouvrage, et se résout à chasser Adriam-Souly de ses États. Il était trop tard. Reconnaissant mal l'hospitalité qui lui avait été si généreusement accordée, ce dernier s'était créé un grand nombre de partisans : au lieu d'obéir, il se met à la tête des siens, inflige à son beau-père des défaites réitérées, le contraint à prendre la fuite, et, en 1839, se fait nommer sultan de l'île en son lieu et place.

Comme tous les souverains qui s'imposent par la force, le nouveau roi eut bientôt à compter avec ses sujets. Les révoltes se suivaient, difficilement réprimées, et monté sur le faîte, Adriam-Souly aspirait à descendre.

Aussi, en 1840, s'empressa-t-il d'entamer des négociations avec M. Jehenne, commandant la corvette française la *Prévoyante*, de passage à Mayotte. Il offrait tout simplement de céder son île ; ses prétentions étaient des plus modestes : il demandait que la France lui servît une rente annuelle de *cinq mille francs* et se chargeât de l'éducation de ses enfants. M. Jehenne avait reconnu les mouillages de l'île ; il avait particulièrement remarqué un grand port capable d'offrir un asile sûr à une escadre tout entière, et l'île devait constituer pour nous une excellente acquisition. Il se hâta donc de transmettre à Paris les vœux d'Adriam-Souly, et le gouvernement de Louis-Philippe n'eut garde de laisser échapper une si belle occasion de bien faire à bon marché. Le 13 juin 1843, nos troupes d'infanterie de marine prirent solennellement possession de Mayotte au nom de la France.

Quel était le type originaire, quelles étaient les mœurs primitives de nos nouveaux sujets? Nous allons les décrire dans toute leur exactitude première ; elles se sont, du reste, moins modifiées qu'on ne pourrait le croire après quarante ans d'occupation.

Les Malgaches qui habitent la province de Boeni, pas plus que ceux qui peuplent Mayotte et Nossi-Bé, ne paraissent avoir un type particulier. Ces peuples ont été successivement subjugués par les Antakaras, les Antsianakas, les Hovas, les Arabes Mozanghi, les Sakkalaves, et leurs traits empruntent quelque chose à chacun de ces différents peuples. Chez quelques individus cependant, et en particulier chez les Antarotes, il est encore possible de retrouver un reflet de la noble figure de leurs ancêtres les Arabes. Chez les Andevous, au contraire, le type nègre du Mozambique domine. Les seuls qui aient gardé un ensemble pur et original sont les Sakkalaves, qui dédaignèrent toujours de s'allier aux vaincus.

Ils ont la taille svelte et longue, les épaules larges, et leur teint est généralement couleur café au lait foncé. Le front large et haut se couronne d'une forêt de cheveux crépus sans être laineux; mais la tête se rétrécit vers l'occiput. Entre les pommettes saillantes brillent des yeux petits mais fins, et le nez, quoique légèrement épaté, n'est pas volumineux. Les lèvres, un peu épaisses, recouvrent des dents blanches, bien rangées, mais la mâchoire est protubérante. La barbe est rare. Somme toute, le type est plutôt gracieux, et ces hommes sont intelligents. Quand ils sont de race pure, et qu'ils ressemblent au portrait que nous venons de tracer, leurs congénères les appellent *Ampitihi*, mot qui, dans leur idiome, représente le type accompli de la beauté plastique.

Prenons à sa naissance un enfant Sakkalave, et suivons-le à travers la vie. C'est le meilleur moyen de nous initier aux secrets des mœurs du pays; les lecteurs voudront bien remarquer aussi, chemin faisant, avec quelle simplicité étonnante ces hommes ont résolu plusieurs des graves problèmes sociaux qui nous passionnent aujourd'hui.

Toutes les femmes allaitent leur progéniture, à l'exception de la reine. L'enfant ne reçoit pas un nom aussitôt sa naissance, mais seulement vers l'âge de quatre ou cinq ans, et ce nom fait toujours allusion soit à l'une de ses qualités, soit à une circonstance particulière de son arrivée au monde. Comme c'est quelquefois assez difficile à trouver, il peut rester fort longtemps sans appellation particulière. Il est d'ailleurs libre de changer plus tard celle qu'on lui a donnée, si elle ne lui convient pas.

Six ou sept ans après, lorsque l'enfant est devenu un jeune homme, il est soumis à une cérémonie nouvelle, à la suite de laquelle il a le droit le porter des armes. C'est alors que commence vraiment son éducation.

Le jeune Sakkalave contracte mariage entre treize et seize ans ; les jeunes filles vers onze ans. Hommes et femmes se montrent très indépendants dans leurs choix : une princesse du sang, par exemple, ne croira pas se mésallier en épousant un homme du commun ; celui-ci, il est vrai, ne sera jamais que le mari de la princesse, et pas davantage.

Quand le jour du mariage est arrivé, l'homme envoie chercher sa fiancée au domicile paternel. Parée de ses perles les plus pures, de ses plumes les plus brillantes, elle se rend, accompagnée de toute sa famille, dans la case du père de son futur, où celui-ci l'attend, entouré aussi de parents et d'amis. Les femmes conduisent la jeune fille dans un coin de la case, où elle s'assied sur une natte. Un proche du jeune homme tue alors une poule, la fait cuire, et, arrachant les pattes, en offre une à chacun des fiancés : si la fiancée mange, la cérémonie est achevée, et l'heureux époux conduit sa femme dans leur nouvelle demeure.

Les Sakkalaves peuvent prendre autant de femmes qu'il leur convient ; quand il a plusieurs épouses, le mari habite une case particulière.

La femme qui n'aime pas ou n'aime plus son mari peut retourner chez ses parents, et celui-ci ne peut pas la contraindre à venir de nouveau vivre avec lui. Par contre, à moins qu'elle n'ait été **for**mellement répudiée, il lui est interdit de s'engager dans de nouveaux liens. La formule de la répudiation consiste en ces paroles adressées par l'homme à son beau-père : « Marie ta fille à un homme de l'est ou de l'ouest, du sud ou du nord, elle n'est plus ma femme ». En pareil cas, le mari peut, à son choix, garder ou renvoyer les enfants.

Chez les Sakkalaves, le principe : *Is pater est quem nuptiæ demonstrant*, n'est pas admis. Le mari est libre de renier ou de reconnaître les enfants.

La première épouse se nomme *Vade-Bé*. Si le rang du père est supérieur à celui de la mère, c'est du premier que l'enfant héritera ; dans le cas contraire, chez les Sakkalaves comme dans certaines familles privilégiées de notre ancienne noblesse, la mère *anoblit*.

Quand un Sakkalave a rendu le dernier soupir, on le pare de ses plus riches vêtements, on l'expose dans une hutte, sur un lit de branchages, où il reste jusqu'à ce que, complètement desséché et réduit à l'état de momie, on le dépose dans la case qui lui servira de tombeau. Pendant ce temps, ses femmes et ses parents gémissent à qui mieux mieux ; mais à peine est-il porté à sa dernière demeure, que les pleurs cessent comme par enchantement : on immole des bœufs, on se livre à de copieuses libations, et la cérémonie funèbre se termine par une immense consommation de bœuf bouilli avec du riz, mets inévitable dans toutes les réjouissances.

Les princes sont jugés après leur mort, et reçoivent un nom posthume, glorieux ou flétrissant. Celui qu'ils ont porté de leur vivant devient *fati* (sacré, c'est le *tapu* des Taïtiens), et les personnes qui avaient la même appellation, ou les objets que ce nom représente, sont immédiatement débaptisés.

CHAPITRE II.

Situation, aspect, configuration. — Centres principaux. — Description d'une fête. — Sol, cultures et productions. — Organisation. — L'avenir.

Mayotte est située par 12° 45' de latitude sud, et 43° de longitude est, dans le canal de Mozambique.

Pour aborder dans cette île, il faut d'abord franchir une ceinture de récifs qui l'entourent presque entièrement. Heureusement, ils présentent entre eux des ouvertures qui, bien qu'étroites, suffisent au passage des plus gros bâtiments. Qnand nous aurons traversé cette rangée d'écueils, dont les sommets n'émergent qu'à marée basse, nous nous trouverons dans un large chenal circulaire, formé d'un côté par la chaîne même des récifs, et de l'autre par la terre, distante encore de deux à six milles. Là, complètement à l'abri des vents du large, nous pouvons à notre aise étudier l'aspect et la configuration de Mayotte.

L'île s'oriente du nord au sud, en longueur, et mesure dans ce sens environ vingt et un milles. Une chaîne de montagnes la coupe d'une extrémité à l'autre. En largeur, elle atteint parfois jusqu'à huit milles; parfois au contraire elle se resserre subitement, et en certains points de sa partie méridionale, par exemple, ne compte pas plus de deux milles.

L'on n'aperçoit d'abord que la chaîne de montagnes qui la traverse dans toute sa longueur, dominant une côte dentelée de caps aigus et creusée de baies profondes. Cette chaîne est hérissée de nombreux pitons, dont les plus élevés atteignent six cents mètres d'altitude. Ils semblent surgir d'un fourré inextricable d'essences forestières variées à l'infini, dont le vert sombre forme, avec les pics dénudés et rougeâtres, un contraste des plus pittoresques.

Faisons le tour de l'île, bien que cette exploration ne soit pas très intéressante, pour nous rendre un compte exact de sa configuration. Nous trouverons à l'extrémité nord le cap Douamouni ; en descendant vers l'est, la baie Langoui ; à l'est, la pointe Congo et la pointe Choa, où se trouve le village de ce nom, dont nous parlerons plus tard ; les anses Debeney et Ajangua ; la pointe Amoro ; les anses Bandely, N. Bambo Miambani, la pointe Sariley, et l'anse Lapani ; à peu de distance de cette dernière se dresse le mont Ouchongui, qui est, avec la pointe Choa, le sommet le plus élevé de Mayotte. A l'ouest, signalons les caps Boeni et Noumoueli qui, s'étendant comme deux longs bras, embrassent la baie Boeni, la plus profonde et la plus sûre de l'île. Ses bords fertiles ne manqueront pas d'y attirer quelque jour une importante création agricole ou industrielle. C'est près de là que s'élevait jadis l'ancienne capitale Chingouni, aujourd'hui complètement abandonnée. Enfin, en remontant vers le nord, nous trouvons encore la baie Soulou, la pointe Acua et le cap Mohila.

Ces caps qui s'avancent dans la mer, ces baies qui s'enfoncent profondément, ces rétrécissements brusques que nous avons signalés, le développement inégal des contreforts de la chaîne centrale, tout cela, on le comprend facilement, donne à Mayotte la plus grande irrégularité de formes et un ensemble des plus tourmentés. On a dit, avec plus ou moins de justesse, que, vue de la mer, l'île présentait l'aspect d'un énorme poisson dont l'arête dorsale aurait été mise à nu vers le milieu du corps, tandis que les deux extrémités auraient conservé leur enveloppe charnue.

Dans le bassin formé par l'île principale et la ceinture de récifs se trouvent plusieurs petites îles : à l'est, Andrema, l'île Blanche, Zaoudzi, qui est le siège du gouvernement ; Pamanzi, qui est reliée à Zaoudzi par une espèce de jetée moitié naturelle, moitié artificielle ; Aranjua, Bouzi, qui est très élevée et boisée jusqu'à son sommet. Au sud, l'îlot Bouni ; enfin, dans le nord-ouest, les îles Choazil et Zambourou, escarpées et absolument dépourvues de végétation.

Les centres les plus importants de la colonie sont les villages de Choa, Lapani, Passamenti, enfin et surtout le chef-lieu Zaoudzi.

Tous ces villages se composent d'un plus ou moins grand nombre de cases en roseau recouvertes de feuilles de latanier ; elles sont tantôt rangées en assez bon ordre, tantôt jetées pêle-mêle dans le plus complet désordre, toujours sales, et le plus souvent séparées les unes des autres par des tas d'immondices.

Choa est le village originaire, le seul qui existât dans l'île à notre arrivée. Passamenti a une rue principale d'assez bonne apparence.

« A l'époque de notre séjour à Passamenti, dit M. H. Capitaine, nous fûmes favorisés d'une fête religieuse assez curieuse. Dans une cour intérieure, exposée à un soleil brûlant et entourée d'une vérandah où se trouvaient quelques bancs de bois grossièrement faits, étaient étendues sur un large divan plusieurs danseuses aussi laides que peu vêtues. Dans un coin, un orchestre composé d'un flageolet, de trois énormes tam-tam et d'un gigantesque gong, sur lequel un nègre vigoureux frappait à coups redoublés.

« Une des femmes commença une danse effrénée ayant quelque analogie avec celle des derviches tourneurs. Au bout d'un quart d'heure de cet exercice, elle tomba épuisée ; l'on s'empressa de l'emporter, après lui avoir au préalable versé un seau d'eau froide sur la tête. Un Arabe, qui nous servait d'interprète, nous expliqua alors que les femmes qui étaient devant nous étaient possédées du démon, lequel ne consentait à lâcher sa proie que lorsqu'elles tombaient en convulsions. A l'appui de son dire, nous vîmes les malheureuses créatures en question se lever successivement et tourner sur elles-mêmes, comme celle qui les avait précédées, et finalement se rouler à terre en proie à une crise nerveuse des plus violentes.

« Nous restâmes près d'une heure à contempler ce spectacle étrange, mais à la fin nous n'y tînmes plus, et nous sortîmes, chassés aussi bien par la chaleur et la poussière âcre et nauséabonde qui nous enveloppait, que par le dégoût (1). »

Zaoudzi, ancienne capitale d'Adriam-Souly, est aujourd'hui le siège du gouvernement. Ce petit îlot mesure tout au plus sept hectares de superficie. On y remarque surtout un hôpital, qui malheureusement est toujours plein, et une caserne habitée par une cinquantaine de soldats d'infanterie de marine, aux-

(1) H. Capitaine (Exploration, 22 septembre 1878).

quels sont adjoints autant de miliciens indigènes. Le costume de ces derniers se compose d'une blouse bleue bordée d'un liseré rouge, d'un pantalon de toile, et d'une toque rouge en forme de galette. Quant à l'artillerie, elle se réduit à quinze artilleurs et à autant de pièces de canon, dont on ne se sert, au jour de fêtes ou pour les saluts, qu'avec d'infinies précautions. Le *palais* du gouverneur est une habitation bourgeoise d'assez bonne apparence, autour de laquelle se groupent les cases des différents fonctionnaires.

Le sol de Mayotte, d'origine volcanique, est inégal, onduleux, en général peu fertile. Il est coupé dans tous les sens de ravins profonds, absolument à sec pendant les chaleurs, mais que la saison des pluies transforme en torrents impétueux.

Dans la partie montagneuse se rencontrent plusieurs plateaux assez étendus et protégés par leur position contre les dégâts que causent les pluies abondantes de l'hivernage. Ces régions élevées sont les plus favorables à la culture, d'abord parce qu'elles sont à l'abri des vents généraux, et ensuite parce que leur élévation moyenne leur permet de conserver plus longtemps l'humidité nécessaire à la germination. Il faut encore citer à ce point de vue certaines parties voisines du littoral. Les contreforts des montagnes se terminent le plus souvent par des caps abrupts qui, par leur rapprochement, forment des encaissements naturels. Les pluies torrentielles de l'hivernage y entraînent de grandes quantités de terres alluvionnaires d'une excessive fertilité.

Cette saison est déterminée par les lunes de décembre et de mars. Sa température moyenne est de 27°

centigrades. Pendant le jour, une petite brise du sud-est, et pendant la nuit des souffles légers du sud-ouest, procurent aux habitants un soulagement relatif. Mais néanmoins la chaleur est étouffante, et tout travail manuel interdit aux Européens. Si l'on ajoute à cette température brûlante les effluves mortelles des marais fangeux disséminés un peu partout, on comprendra que Mayotte est une colonie des plus insalubres. Les fièvres de toutes sortes y exercent leurs terribles ravages. Quand il fut question d'y établir des sucreries, on disait que les planteurs pourraient non seulement faire du sucre, mais encore le raffiner, leurs os devant fournir suffisamment de noir animal pour cet usage.

Sur les 18,500 hectares de superficie de l'île, 1,550 seulement sont consacrés à la culture de la canne à sucre, qui y atteint rapidement son développement le plus complet, et 1,400 à peu près à la petite culture. Outre la canne et le rhum, les principales productions de l'île sont : le café, le riz, l'huile de coco, le tabac, le maïs, le manioc, la vanille, et une assez grande quantité de légumes divers. Le commerce est peu important, bien qu'il n'existe aucun droit de douane; on ne rencontre pas une seule institution de crédit.

La population de Mayotte compremd 10,158 individus.

L'administration de la colonie est confiée à un commandant, habituellement un commissaire de marine, assisté d'un chef du service judiciaire.

Cette appellation est peut-être un peu prétentieuse, car ce tribunal est composé d'un seul magistrat qui porte, nous ne savons pourquoi, le titre de président. Un greffier est attaché au tribunal et remplit en même temps les fonctions de notaire. Les appels et les crimes sont jugés à la Réunion.

L'instruction publique est représentée à Mayotte par deux écoles, dirigées par un instituteur et une institutrice appartenant aux congrégations du Saint-Esprit et de Saint-Joseph de Cluny. La première est fréquentée par vingt garçons, la seconde par dix-huit filles. La presque totalité de la population est musulmane, et les enfants ne fréquentent pas volontiers les écoles : ils reçoivent l'instruction, qui se borne, du reste, à la lecture et au calcul, par les soins des plus anciens de chaque famille.

Le service du culte catholique a été assuré en 1851 par les Spiritins. A cette époque, il passa entre les mains de Jésuites placés sous l'autorité du chef de la mission de Madagascar ; en 1879, ceux-ci furent remplacés à leur tour par des Pères du Saint-Esprit.

Les travaux publics consistent presque uniquement dans la construction de maisons pour les différents fonctionnaires et dans l'entretien en bon état des routes qui relient entre eux les principaux établissements.

Est-il besoin de dire que la colonie ne se suffit pas par ses propres ressources, et que c'est la mère-patrie qui en équilibre le budget ?

Somme toute, on le voit, Mayotte est une colonie peu importante. Toutefois, nous sommes persuadés que si l'on exécutait dans l'île un certain nombre de travaux de drainage et d'endiguement des eaux, elle deviendrait suffisamment saine ; et alors un plus grand nombre d'Européens y venant chercher fortune, elle prendrait assez rapidement une extension considérable. Nous n'y voyons guère de remarquable aujourd'hui que le port, compris dans le vaste cercle formé par les îles Zaoudzi, Pamanzi, Boudzi, la partie de la grande terre située entre la pointe Choa et le village indigène de Passamanti qui, en cas de besoin, pourrait offrir un abri sûr à une escadre tout entière. Nous devons dire cependant que, depuis les premières années de l'occupation, les chiffres de production, d'importation et d'exportation ont à peu près triplé, et qu'un économiste des plus distingués, M. Léopold Botet, conçoit de Mayotte une opinion très favorable. Il assure qu'aucune colonie n'est mieux située pour devenir, en peu d'années, le centre d'un commerce considérable. « Elle est à peu près la seule escale de tous les caboteurs arabes et antanarotes qui font la navigation de Madagascar et de la côte d'Afrique : qu'elle soit approvisionnée des objets demandés par les populations malgaches et africaines, et la force des choses fera de Mayotte l'entrepôt obligé de toutes ces populations, qui viendront y échanger les productions de leurs pays contre nos produits européens (1) ».

(1) Exploration (septembre 1878).

NOSSI-BÉ

L'arrivée. — Histoire de Nossi-Bé. — Hell-Ville. — Population. — Les villages. — Les *Lakampias*. — Ambanourou. — Douani. — Topographie. — Cultures et productions.

A soixante lieues à l'est de Mayotte, au milieu d'un massif de verdure qui émerge au-dessus des flots, s'élève une coquette petite ville qu'ombragent les larges feuilles des bananiers, et qu'éventent doucement, au souffle d'une brise légère, les gracieux panaches des palmiers.

Ce quadrilatère verdoyant, c'est Nossi-Bé; cette gracieuse petite ville est son chef-lieu.

La grande Ile (en malgache *Nossy*, île; *Bé*, grande) est flanquée de six îlots qui semblent lui faire escorte sur la mer. Ce sont, à l'ouest, d'abord deux roches absolument stériles : Nossi-Tanga, et plus loin de nous, Nossi-Rati; entre les deux, Sakatra, le jardin potager de Nossi Bé; les patates y sont douces, le manioc y est savoureux, mais les Sakkalaves seuls y pénètrent, car ses vastes marécages exhalent des miasmes mortels aux poumons européens.

Ce bloc de montagnes, à la base arrondie, que l'on voit au sud-est, c'est Nossi-Comba, qui n'a rien d'intéressant que deux pitons de six cents mètres d'altitude.

A l'est, on peut encore apercevoir Nossi-Faly, le magasin à riz de Nossi-Bé.

Enfin le V qui ouvre au nord ses deux immenses bras, c'est Nossi-Mitsiou, qu'habitent les Sakkalaves

Antakares ; si nous pouvions gravir *Ancarca*, l'énorme rocher rond qui s'étale entre les deux branches du V, nous saluerions à son sommet un pensionnaire de la France, le prince Tsimiaro, auquel nous servons annuellement les appointements d'un expéditionnaire, une rente de quinze cents francs.

Racontons brièvement l'histoire de Nossi-Bé.

La grande Ile nous a appartenu trois ans avant Mayotte, car elle est à nous depuis 1840.

En 1839, elle servait de refuge à la reine Tsimesco, que les Hovas avaient expulsée de ses États situés sur la côte nord-ouest de Madagascar. La plupart de ses sujets l'y avaient suivie; mais la reine était inquiète de l'avenir, elle craignait son redoutable voisin, Radama Ier, roi des Hovas. A qui demander protection contre des persécutions problables et prochaines? Le brick français le *Colibri* vint juste à point jeter l'ancre devant Nossi-Bé. Tsimesco confia ses craintes au commandant ; celui-ci en référa au gouverneur de Bourbon, le contre-amiral Hell, qui chargea immédiatement le capitaine d'infanterie de marine Passot d'entamer des négociations avec la souveraine déchue.

Le rapport de cet officier ayant été favorable, l'acte par lequel Tsimesco cédait à la France la totalité de ses États fut signé au mois de juillet 1840, et, le 5 mai 1841, nos troupes en prirent possession, le drapeau tricolore flotta sur Nossi-Bé.

La reine transporta alors sa résidence dans une petite baie située entre la pointe de Mahatinzo et l'anse de Passimena, où nous lui fîmes construire une jolie maison en maçonnerie ; ses anciens sujets groupèrent leurs cases alentour, et telle fut l'origine de **notre chef-lieu** actuel. On lui donna le nom du contre-amiral qui avait négocié l'acquisition de cette terre, Hell-Ville.

Pour y arriver, on longe une langue de terre qui paraît large d'environ trois cents mètres, et qui monte en pente douce jusqu'à une hauteur de quinze mètres à peu près au-dessus du niveau de la mer. Nous ne pouvons comprendre pourquoi on laisse encore subsister les marais pestilentiels qui la flanquent des deux côtés. C'est sur cette pointe même que s'élève Hell-Ville.

Les rues sont propres, bordées de petites maisons de pierre, aux toits pointus, assez coquettes ; leurs murailles extérieures se cachent sous une couche épaisse de nattes, destinées à les défendre des rayons d'un soleil trop ardent.

Il fait chaud à Hell-Ville ; la température y oscille entre 19° et 26 degrés centigrades de décembre à mars, la saison sèche; d'avril à novembre, mois qui constituent l'*hivernage,* elle monte de 28 à 31°; c'est le temps des orages terribles, qui illuminent presque chaque soir Hell-Ville de leurs éclairs et l'assourdissent de leur tonnerre. C'est aussi l'époque où les fièvres de toutes sortes exercent leurs plus cruels ravages. A peu de distance du chef-lieu **coule** le *Djabala,* environné de vastes marécages, dont les émanations délétères sont une cause redoutable d'insalubrité.

C'est là qu'habitent les principaux de **nos** compatriotes. C'est d'abord le gouverneur, ou commandant particulier, le plus souvent un commissaire de marine, dont une large vérandah précède le palais à un seul étage.

Il est assisté d'un aide-commissaire, ordonnateur, qui a sous ses ordres quelques commis de marine.

Voici la caserne, où un capitaine commande à environ deux cents hommes d'infanterie et d'artillerie de marine.

Un peu plus loin, c'est l'hôpital militaire, très bien tenu, où quelques soldats rongés par les fièvres et l'anémie attendent avec impatience leur rapatriement.

Là, est la demeure du président du tribunal de première instance ; ce fonctionnaire constitue à lui seul toute la magistrature assise de la colonie. Le ministère public est représenté par un officier ou un employé du commissariat. Les appels et les crimes se jugent à la Réunion.

N'oublions pas les deux médecins de la colonie, dont il est précieux de se faire des amis.

Au presbytère, nous trouvons deux Pères du Saint-Esprit et un catéchiste, à qui les Jésuites ont cédé la place en 1879. Ils montrent avec fierté la modeste maison où ils distribuent l'enseignement à un certain nombre de petits garçons, qui varie de cent à cent soixante.

Les Sœurs Saint-Joseph de Cluny dirigent l'école des filles, qui compte de quatre-vingt à cent dix élèves.

On rencontre encore quelques boutiques, dont la plupart sont tenues par des créoles de la Réunion, en général peu fortunés.

Et c'est tout. — La population, répartie sur toute la surface de l'île, est de 8,155 habitants, dont 3,814 hommes et 4,341 femmes. La population indigène se

Le village de Douani.

compose surtout d'individus appartenant à la race Sakkalave, sur laquelle nous avons donné des détails assez étendus en étudiant Mayotte. Il faut joindre un certain nombre d'Arabes qui viennent de la grande Comore ou même de Zanzibar.

Cette population est disséminée dans une cinquantaine de villages environ. Les principaux sont les suivants : *Amboudrivanou, Passimena, Tallandava, Douani, Ambanourou*, etc... La plupart sont construits sur de petits monticules et reliés entre eux par des sentiers qui se perdent dans les lianes.

Ils n'ont rien de particulièrement intéressant, et nous n'accorderons de mention spéciale qu'aux deux derniers nommés.

Le plus laid, à coup sûr, mais aussi le plus important, est Ambanourou, situé à peu de distance à l'ouest de Hell-Ville. Pour s'y rendre, il faut s'embarquer sur une *lakampia* ; cette pirogue peut paraître trop allongée et trop étroite pour être parfaitement sûre ; mais un pesant balancier la maintient dans un équilibre absolu. D'ailleurs, Ambanourou est si bien gardé de tous côtés par de très profonds marécages, qu'il est impossible d'y parvenir autrement que par mer.

Le village est formé d'un assemblage bizarre et désordonné de ruelles tortueuses, bordées de petites maisons en pierres, basses et trapues, ou de cases en paille tressée ; tout cela est malpropre, sordide, et dans cette température surchauffée, les tas d'immondices dégagent des effluves d'une odeur pestilentielle.

Les Arabes, qui forment la majeure partie de la

population, se livrent à un trafic très actif avec Anga-zija, Zanzibar, etc... et font de ce village le centre commercial de l'île.

Les chiffres de l'importation et de l'exportation ont à peu près quadruplé depuis la prise de possession. Le service du commerce est fait presque exclusivement par des navires français ou des caboteurs arabes. A Nossi-Bé comme à Mayotte, il n'y pas de droits de douane; il existe seulement quelques taxes sanitaires et quelques droits de navigation. A Mayotte, la monnaie française a seule cours légal ; ici, au contraire, elle est peu répandue ; nous dirons même que la roupie de l'Inde est l'unique monnaie de circulation.

Non loin d'Hell-Ville, se trouve Douani. Avant de parvenir au village lui-même, on remarque sur la route le petit blockhaus du même nom, confié à la garde d'une vingtaine de soldats indigènes.

Douani est un groupe assez important de cases en bois, recouvertes de feuilles de lataniers, qu'habite une population presque exclusivement composée de Sakkalaves. C'est là que se trouve une des curiosités de l'île, le *Jardin du Gouverneur*, parc en miniature admirablement entretenu, où poussent à profusion toutes les fleurs et toutes les essences des pays tropicaux. Ceci nous amène naturellement à parler de la constitution du sol de Nossi-Bé, de sa fertilité et du parti que l'on en a tiré jusqu'à ce jour.

A ce sujet, et en particulier au point de vue topographique, nous avons consulté de la façon la plus utile la remarquable étude d'un médecin distingué de la marine, le docteur Herland.

Le système montagneux de l'île comprend trois groupes distincts.

Celui du nord se compose d'une chaîne de montagnes courant dans la direction du nord au sud, interrompue par une grande coupée où coule le Djamarango.

Le groupe du centre donne naissance à un assez grand nombre de rivières. Son point culminant (500 m.) est entouré de sept lacs de forme arrondie, dont les cuvettes sont tout simplement des cratères effondrés. Ces lacs, qui portent le nom d'*Amparii*, ne communiquent pas avec les cours d'eau voisins.

Citons, dans le troisième groupe, le morne Loucoubé, piton granitique de 600 m. d'altitude, dont les flancs sont couverts d'une végétation luxuriante. A ses pieds s'est établie une colonie hambourgeoise. Tout autour, des blocs de granit étalent leurs masses énormes, dont quelques-unes ne mesurent pas moins de trois cents mètres cubes. Ils ont roulé du haut de la montagne, et par leurs groupements variés, forment différents ouvrages naturels des plus pittoresques : ici, une grotte profonde ; là, un aqueduc d'où s'épanche une eau fraîche et limpide.

Les plus importantes des rivières qui s'élancent de ces différents groupes de montagnes sont : à l'ouest, le Djabala, dont nous avons déjà parlé ; l'Andrian et l'Ankarankeni à l'est.

Le Djabala est le plus considérable de tous, tant par la longueur de son cours que par le nombre de ses petits affluents. Sur sa rive gauche, au milieu d'un marais fréquenté par d'énormes caïmans, on a découvert une source thermale sulfureuse et alcaline, dont la température moyenne est de 44°.

L'île mesure une superficie d'environ 29,800 hectares. Le sol, d'origine évidemment volcanique, est d'une très grande fertilité ; et il n'y a guère plus de huit mille hectares défrichés et productifs ! Cela tient évidemment, d'une part, à ce que la colonie européenne, d'ailleurs peu nombreuse, se compose presque exclusivement de fonctionnaires et de petits commerçants ; d'autre part, à ce que les indigènes, pauvres de capitaux, manquant tout à fait de direction, ne se sentent nullement attirés vers l'agriculture.

Mille hectares, environ, sont consacrés à la canne à sucre. Les autres productions sont exactement les mêmes qu'à Mayotte ; rappelons seulement qu'ici la nature est vraiment riche, qu'elle prodigue de tous côtés, sans demander aucun soin, les bosquets de bananiers, de mangliers, etc... qu'elle revêt les flancs des montagnes d'une végétation exubérante et des plus variées. Cette terre privilégiée est toute prête à nous donner de nombreux et excellents produits ; il suffirait de les lui demander, et il ne serait même pas nécessaire d'insister beaucoup.

Mais, malgré la fertilité remarquable de Nossi-Bé, malgré l'activité du mouvement commercial que nous avons signalé, ce n'est pas seulement à ces différents points de vue que la colonie, bien négligée jusqu'ici, mériterait d'être encouragée.

Notre situation là-bas est parfaitement assise ; à peine avons-nous été inquiétés une seule fois jusqu'ici, et encore ce ne fut pas d'une manière bien sérieuse. En 1849, cinq mille indigènes environ prirent les armes et se soulevèrent contre nous : l'abolition de l'esclavage leur paraissait une excellente occasion de massacrer les protecteurs et les civilisateurs du pays. Ils marchèrent à l'assaut d'Hell-Ville ; heureusement le capitaine Marchaix, alors gouverneur de l'île, leur infligea, malgré l'insuffisance des ressources dont il disposait, une défaite dont ils ne devaient plus perdre le souvenir. La tranquillité fut troublée quelque temps encore par des courses sans importance et sans résultat de quelques petits pirates de Madagascar, disparus d'ailleurs depuis longtemps. Dès lors, notre occupation s'est continuée paisible et bien vue de tous les habitants.

Des événements récents ont brusquement attiré l'attention sur nos possessions du canal de Mozambique. Or, il ne faut pas oublier que Nossi-Bé est un point stratégique important, qui surveille, pour ainsi dire, la grande île malgache qui surtout commande la baie profonde de Passandava, une des plus vastes et des plus sûres de la côte nord-ouest de Madagascar.

SAINTE-MARIE DE MADAGASCAR

CHAPITRE Ier.

Aspect général. — Topographie. — Histoire. — But de l'occupation. — Climat. — Administration.

A l'est de Madagascar, dont elle n'est séparée que par un canal de sept kilomètres de large, s'étend l'île Sainte-Marie.

Les Arabes qui venaient trafiquer sur toute la côte orientale d'Afrique, aux Comores et dans les îles voisines, l'appelaient *Nossi Ibrahim* (île d'Abraham); les Malgaches la nomment *Nossi-Baurahe* ou *Boraha*, du nom d'un pêcheur qui, selon la légende du pays, l'aurait découverte :

Surpris par la tempête dans des mers lointaines, et sur le point de sombrer, Boraha fut sauvé par un poisson énorme, qui lui offrit son dos et lui proposa de le déposer sur la première terre qu'ils rencontreraient, à la condition qu'en échange de ce service le marin pourvoirait à sa nourriture et lui fournirait des coquillages en abondance.

Boraha accepta l'offre, et, après une longue navigation, il aborda sur l'île de Sainte-Marie, lui donna son nom et enseigna aux habitants l'art de construire de longues pirogues en planches.

Sainte-Marie suit une direction oblique, et court, parallèlement à Madagascar, du nord-nord-est au sud-sud-ouest, sur une longueur de cinquante kilomètres environ. Elle forme une bande étroite, dont la largeur moyenne est de trois mille mètres, et qui, sur sa plus grande étendue, ne dépasse pas cinq kilomètres. La côte de l'est, assez régulière, forme, vers le milieu de l'île, une péninsule longue et étroite qui se dirige dans le même sens que la terre principale, vers le sud. L'extrémité nord de Sainte-Marie se termine par le cap des *Albrand*. Au sud, un canal étroit la coupe diagonalement et forme une terre isolée nommée l'île aux *Nattes*, finissant par la pointe de *Blevec*.

A l'ouest, du côte de Madagascar, la côte est accidentée; on y rencontre une série de baies dont quelques-unes, assez profondes, constituent d'excellents ports. Le principal est le port Sainte-Marie; c'est un golfe assez étendu, formé par l'embouchure de deux petites rivières, la *Anza* et la *Fittalia;* son entrée est défendue et protégée par deux îles : l'îlot *Madame*, qui est le siège du gouvernement, et l'îlot au *Forban*, où l'on a installé un dépôt de charbon.

Vue de la mer, Sainte-Marie offre un panorama ravissant; de nombreuses collines, reliées entre elles par une chaîne secondaire, qui court dans toute la longueur de l'île, s'élèvent couvertes d'une végétation luxuriante, et sur leurs versants, qui s'abaissent en pentes douces jusqu'au littoral, on croit apercevoir des terrains fertiles et verdoyants. Mais lorsqu'on pénètre dans l'intérieur de l'île, l'aspect change ; ces collines que nous admirions du large, ne sont que des mornes abrupts et boisés, dont les flancs servent d'écoulement aux eaux pluviales qui viennent, dans les bas-fonds du littoral, se mélanger avec les eaux de la mer et y séjournent. La stagnation de ces eaux a donné naissance à des alluvions composées de sables pierreux, de débris végétaux ; ils ont formé de véritables marais, ou entièrement découverts, ou inondés par la mer au moment de la marée. Ces bas-fonds, dont quelques-uns servent en outre de lits à de petites rivières, sont surtout nombreux sur la côte ouest, qu'ils ont rendue tout à fait insalubre. Malheureusement, c'est la seule abordable. La côte orientale, très saine parce que l'air est sans cesse renouvelé par la brise du large, qui souffle presque toujours du sud-est, est inaccessible ; ses abords sont défendus par des récifs nombreux et des roches madréporiques, qui s'avancent fort loin au large. Les Européens ont dû se fixer sur la côte occidentale, si malsaine qu'en 1722 Carpeau de Saussay écrivait : « Nous appelons Sainte-Marie le cimetière des Français, parce qu'il n'y a aucun navire qui n'y laisse bon nombre de personnes, pour peu de séjour qu'il y fasse...... Il y règne un brouillard continuel et il y pleut sans cesse. »

Ce tableau est certes au moins forcé, et quoique l'insalubrité de notre colonie soit connue, nous croyons que de Saussay exagère un peu ; voici, du reste, l'opinion de M. le Dr Borins, médecin de la marine :

« Un fait prouve que cette insalubrité n'est pas telle qu'on se l'imagine, c'est l'acclimatement presque complet d'Européens qui y vivent depuis un quart de siècle. Sans doute ils sont sujets à des accès de fièvre intermittente, mais ils les supportent parfaitement (1). »

Comme la plupart des Comores et des îles de l'Océan Indien, les ports de Sainte-Marie étaient connus des Arabes faisant la traite des noirs, et des pirates qui infestaient toute cette partie de l'Océan, donnant la chasse aux vaisseaux qui se rendaient aux Indes.

Ils s'y étaient même installés, et s'étaient mêlés aux indigènes, avec lesquels ils vivaient en bonne intelligence, ceux-ci profitant du bien-être et de la prospérité apportés dans l'île par les nouveaux habitants.

La Compagnie française des Indes, attirée par la réputation des richesses de l'île, y envoya un convoi d'émigrants sous la conduite d'un nommé Gosse; mais, soit que les indigènes vissent d'un mauvais œil notre arrivée dans leur patrie, soit que les nouveaux colons s'y fussent livrés à quelques excès, toujours est-il qu'ils furent massacrés en partie, l'année même de leur débarquement.

Après de sanglantes représailles exercées sur les habitants pour venger la mort de nos nationaux, la colonie se réorganisa sous l'influence d'un certain Labigorne, simple soldat, qui avait épousé Beti, fille de Ratzimilao, roi de l'île, et sœur d'un chef puissant de la grande terre de Madagascar.

Le climat insalubre de notre colonie, ainsi que son peu d'importance, la fit, sinon abandonner, au moins négliger singulièrement. Plus tard, elle eut à subir les alternatives de pertes et de reprises de nos possessions de Maurice et de la Réunion, et ce n'est guère que le 15 octobre 1818 que le capitaine de fré-

(1) Cité par H. Capitaine (Exploration, avril 1878).

gate Makau en prit solennellement possession au nom de la France.

En 1821, une expédition fut dirigée sur Sainte-Marie, avec mission d'y créer un centre d'occupation et de mouvement maritime, en essayant de fonder, avec l'aide des indigènes, un établissement agricole.

On commença les défrichements : l'îlot Madame, paraissant le point le plus avantageux, fut attaqué le premier. Malheureusement, on mit à nu des terrains marécageux, dont les miasmes, n'étant plus absorbés par les végétaux, produisirent des fièvres terribles, qui firent un grand nombre de victimes parmi les Européens.

Le but principal de l'expédition était, avant tout, de faire de Sainte-Marie un point stratégique, destiné à surveiller Madagascar, et de la baie de Sainte-Marie un port de refuge. Le siège du gouvernement devait être Tintingue, sur la grande terre ; il eût donc fallu occuper d'abord cette position importante. Soit que les instructions données au chef de l'expédition n'aient pas été assez claires, soit qu'il ait mal compris l'objet de sa mission, il se dirigea sur Sainte-Marie, d'où il se contenta d'adresser à Radama Ier une protestation contre son occupation de la pointe de Tintingue (1822). La protestation n'eut aucun effet, et l'envoyé du commandant français ne fut même pas reçu par le roi. Ce n'est qu'à partir de 1828, sous l'influence d'un gouverneur intelligent et d'une rare énergie, M. Schœlle, que la prospérité de notre colonie prit un certain développement, et que ses relations avec la Réunion furent établies d'une façon régulière.

L'administration de l'île se compose d'un résident,

gouverneur; d'un sous-commissaire de la marine, ordonnateur; de quelques écrivains de marine et de deux médecins.

A ses fonctions de gouverneur, le résident joint celles de juge civil, juge correctionnel et juge de simple police. Les crimes commis dans l'île sont déférés à la Cour d'assises de la Réunion.

Voici la statistique des affaires jugées en 1880 :

Affaires civiles,	16
« commerciales,	19
« de simple police,	33
« correctionnelles,	55

La garnison se compose d'une cinquantaine d'hommes d'infanterie de marine commandés par un lieutenant.

Ainsi que nous l'avons indiqué plus haut, le siège du gouvernement est dans l'îlot Madame, situé à l'entrée du port de Sainte-Marie ; là se trouvent le *palais* du gouverneur, l'hôpital, qui contient cinquante lits ; la caserne, les magasins, et un arsenal en miniature, avec un quai d'abatage pour la réparation des navires.

Le port constitue un excellent refuge, où les bâtiments, suivant la route des Indes sous le vent de Maurice et de Bourbon, peuvent venir s'abriter contre les cyclones, si fréquents dans ces parages. Mais il est peu connu, et l'on ne saurait trop déplorer cette ignorance, quand on songe au nombre considérable de sinistres que l'on aurait pu éviter, si les capitaines étaient venus y chercher un abri contre la tempête. C'est donc une question fort importante à étudier, d'autant plus que le développement pris chaque jour par notre commerce avec Madagascar fera de Sainte-Marie l'entrepôt de tous les produits venant de la côte occidentale de la grande île africaine.

En face de l'îlot Madame, sur l'île même, s'élève le village d'Ambodifotro, le centre le plus populeux de l'île, la capitale. Il se compose de nombreuses cases, répandues sans ordre sur le littoral, qui servent d'habitation aux indigènes. Ces cases sont faites de forts branchages, entièrement recouverts de nattes épaisses dont le tissu, très serré, protège parfaitement contre les rayons brûlants du soleil et contre les pluies abondantes qui tombent pendant la plus grande partie de l'année.

A l'extrémité sud du village s'élèvent quelques habitations plus confortables; ce sont les demeures des colons européens.

Un peu plus loin, l'église catholique, petite et très simple, desservie par deux Pères Jésuites, puis l'école tenue par les Sœurs de Saint-Joseph de Cluny.

Non loin de là, on voit un fortin carré, ayant pu contenir une dizaine d'hommes; sur une des faces sont gravées les armes de la France et la date de 1753, époque de notre occupation, quoique notre première prise de possession remonte à l'an 1643.

Outre Ambodifotro, l'île compte un certain nombre de villages; mais ce sont, pour la plupart, de simples réunions de cases sans importance, et les seuls que l'on puisse citer sont : Batalava, Bata, Pauka.

Village de l'île Sainte-Marie.

CHAPITRE II.

Population. — Origines malgaches. — Les Betsimisaraks. — Coutumes. — Les méthodistes. — Le premier homme et la première femme. — La couleuvre et la grenouille. — Climat. — Culture. — Production. — Budget. — Conclusion.

La population, forte de sept mille cent soixante-dix habitants, se compose de trente Européens qui s'adonnent au commerce, et sept mille cent quarante-sept indigènes, qui forment la population primitive. Ce sont des individus de race malgache, descendant en ligne directe des Betsimisaraks, tribu qui habite sur la côte orientale de Madagascar, dont ils ont conservé l'idiome et les mœurs.

Les habitants de Madagascar portent le nom générique de Sakkalaves. La population qui occupe la côte orientale a pris l'appellation générale de Betsimisaraks, et se compose d'une grande association de tribus, comme du reste l'indique son nom (*Bé*, beaucoup; *Tzi*, ne pas *misaraks*, divisés). Les naturels de l'intérieur se nomment; *Ambanivoules*. Il y a encore une autre tribu que l'on appelle les *Bétanimènes*; cette tribu, révoltée jadis, fut battue à plusieurs reprises, acculée jusque dans ses derniers retranchements, et forcée de se rendre, ce qu'elle fit lâchement et presque sans combattre. Par dérision, les vainqueurs lancèrent à ces hommes des boulettes de terre rouge qui les couvrirent de boue; d'où leur nom *Bé*, beaucoup, *tani*, terre, *mène*, rouge.

C'est peut-être pour cette raison que l'on rencontre autant de Betsimisiraks, et si peu de Bétanimènes.

Pris dans leur ensemble, les différents peuples qui constituent la population de Madagascar n'ont, quant aux races pures, rien de commun avec l'Africain, et l'on serait tenté, malgré la distance qui les sépare des Indes et de la presqu'île malaise, de leur donner une origine asiatique ; ils paraissent appartenir à cette grande famille qui s'étend de Malaca aux îles du Pacifique, en passant par Sumatra, Java, Bornéo et tout l'archipel asiatique. A l'appui de cette théorie, soutenue par bon nombre d'auteurs, on cite l'aspect physique de ces populations, leurs traits réguliers, leurs pommettes saillantes, leurs lèvres minces, et leur teint plutôt brun clair que noir ; l'intelligence des individus, leurs mœurs, leurs industries et jusqu'à leur langue, qui présente avec celle des peuples précités, non seulement de fréquentes ressemblances dans les mots, mais encore une grande analogie dans la construction des phrases. Notons ici que les différents peuples malgaches ont un idiome presque unique ; les tribus ont beaucoup moins de peine à se faire comprendre entre elles que les habitants de certaines provinces de la France, Provençaux et Bretons, par exemple.

Ainsi que nous le disons plus haut, les naturels de Sainte-Marie appartiennent à la tribu des Betsimisaraks ; quoique cette race se soit conservée relativement pure, il est certain que, depuis le jour où elle a émigré dans notre colonie, elle a dû subir l'influence du passage des Sakkalaves qui, à peu près à la même époque, habitaient ces parages ; le mélange semble avoir été moins grand à Sainte-Marie qu'à Mayotte et à Nossi-Bé, habitées par les Sakkalaves ; leur position les mettait, du reste, en rapport plus direct avec le continent africain.

Quoi qu'il en soit, les naturels de Sainte-Marie ont conservé les coutumes de leur mère-patrie; mais le contact des Européens et la religion catholique, à laquelle ils se convertissent assez volontiers, ont forcément modifié leurs mœurs, sans cependant assouplir leur caractère, essentiellement indépendant, ni changer leur nature paresseuse. Si, à la longue, le Betsimisarak accepte le joug, il n'accepte pas le travail. Grand ami du mouvement, infatigable au labeur qu'il aime, il pagayera tout un jour sous le soleil ou par la pluie sans fatigue apparente; un travail régulier l'ennuie; la facile satisfaction de ses besoins lui rend insupportable le lien le plus léger; aussi presque tous ces hommes sont marins; ils ont acquis pour ce métier un goût tout spécial: ils sont devenus une précieuse ressource non seulement pour les caboteurs qui fréquentent ces parages, mais aussi pour les bâtiments de l'État en station dans la mer des Indes et les paquebots faisant le service entre Aden et Maurice.

Nous retrouvons chez ces indigènes beaucoup des coutumes des Sakkalaves; comme nous avons donné des détails assez complets sur ces derniers, nous ne parlerons ici que des usages qui ne sont pas communs aux deux nations.

Les Betsimisaraks ou Betsibos sont d'une taille moyenne et bien proportionnée, qui ne manque ni de grâce, ni d'élégance, surtout chez les hommes; les femmes sont sujettes à l'obésité. Le teint varie beaucoup, et l'on rencontre chez les naturels toutes les nuances du brun, depuis le café au lait clair jusqu'au marron très foncé, presque noir. Les individus à peau claire se distinguent par la chevelure, qui est noire, mais plate et soyeuse ; plus le teint de l'homme est foncé, moins les cheveux sont lisses ; même lorsqu'ils deviennent crépus, ils ne sont jamais laineux comme ceux des nègres africains.

Les individus à teint clair, et ce sont les plus nombreux, se font remarquer par un caractère plus doux, moins belliqueux, mais en même temps par un tempérament plus indolent, et par des mœurs plus relâchées.

Généralement, chez toutes les nations d'origine malgache, le nombre des femmes est supérieur à celui des hommes, et ce fait se reproduit dans notre colonie où, sur *sept mille cent soixante-dix-sept* habitants, on compte *trois mille quatre cent quatre-vingt-douze* hommes contre *trois mille six cent quatre-vingt-cinq* femmes ; on constate aussi que, malgré la polygamie, les familles sont peu nombreuses. Il faut attribuer ce fait à la précocité des mariages : les hommes se marient ordinairement vers quinze ans, et les femmes à douze ou treize.

Les femmes sont loin de jouir de la considération et de la déférence qui les entourent dans les pays civilisés. Néanmoins elles ont une situation bien supérieure à celle qui leur est faite dans certaines contrées de l'Afrique, où l'épouse est traitée comme une esclave ou une bête de somme. Du reste, à cet égard, les coutumes de cette nation sont pleines de contrastes frappants. A côté d'un grand respect pour la famille, d'une sorte de vénération pour le père et la mère, nous trouvons la polygamie. A côté du divorce, que l'homme peut prononcer à son gré contre l'épouse, pour le motif le plus futile, et en lui interdisant de se remarier jamais, nous trouvons la descendance légitime et directe établie par la ligne des femmes. On pourrait ajouter, comme preuve de l'estime qu'ils témoignent à la femme, que chez les Madécasses elle peut aspirer au trône ; quand elle y est parvenue, son autorité est aussi grande, est aussi respectée que celle du roi. Il y a vingt ans à peine, le souverain de Madagascar était obligé de s'entourer du conseil de douze matrones, que l'on nommait les *douze épouses*, à qui toutes les affaires de l'Etat devaient être soumises avant que le chef pût prendre une décision.

Contrairement à ce qui existe chez les Sakkalaves et les Hovas, les Betsimisaraks ne se mésallient pas, et le désir de conserver intacte la pureté de leur race les porte à chercher des alliances dans leur famille. Les mariages entre proches sont fréquents ; sans doute c'est là une des causes de la médiocre prolixité de cette race.

L'homme seul a le droit de se marier dans une classe inférieure à la sienne ; il peut même épouser une esclave, mais auparavant il doit l'affranchir et l'élever pour ainsi dire jusqu'à lui.

Les unions se brisent et se nouent selon le bon plaisir de l'homme ; l'état civil n'existant pas et le culte se bornant à quelques superstitions, l'on ne saurait appliquer le mot de mariage à des associations volontaires que ne consacrent ni Dieu, ni l'Etat.

Néanmoins, ces unions donnent lieu à une cérémonie à peu près semblable à celle que nous avons décrite pour les naturels de Mayotte et de Nossi-Bé.

Le fiancé se rend en grande pompe, entouré de ses parents et de ses amis, au domicile de sa future. Aussitôt commencent les réjouissances et un copieux repas composé de riz et de bœuf bouilli. Les fiancés, assis à côté l'un de l'autre, mangent dans le même plat, en signe de la vie commune qui va commencer pour eux. A peine le repas est-il terminé, le père de la mariée annonce, dans un discours, *aussi long que possible*, qu'il a donné sa fille au fils de son ami.

De là, tout le cortège se dirige chez le père du futur, où recommencent festin et réjouissances, jusqu'à ce que le marié, emmenant son épouse dans la demeure qu'il lui a préparée, abandonne les invités, qui continuent jusqu'au jour leur orgie de riz et de bœuf.

La naissance d'un enfant est toujours un sujet de fête. Quelle que soit la température extérieure, dès qu'une femme se sent prise des douleurs de l'enfantement, on allume dans la case un grand feu qui brûle pendant l'accouchement et tant que la mère n'est pas complètement rétablie ; car c'est une croyance absolue que cette atmosphère surchauffée soulage l'accouchée et abrège sa convalescence. Les parents et les amis, avisés aussitôt de l'heureux événement, viennent visiter la jeune mère et féliciter le père ; ils laissent un cadeau, ordinairement quelques pièces de monnaie, sous le prétexte, délicatesse qui étonne dans ces régions, d'alimenter le feu. Les mères allaitent leurs enfants jusqu'à l'âge de trois ans et même plus longtemps.

Comme tous ces gens n'ont pas de noms de famille, et que leur répertoire de prénoms est très limité, ils donnent à leurs enfants des noms de choses ou de bêtes ; mais, afin de les distinguer, ils y joignent le nom d'un parent. Par contre, un père de famille ajoute toujours à son nom celui de son fils aîné, qu'il fait précéder du mot *Raïni*, qui veut dire *père de ;* ils s'appellent donc *un tel père de un tel*.

La polygamie existe aussi chez les Betsimisaraks : leur première femme s'appelle *vade-bé;* c'est l'épouse légitime, c'est d'elle que les enfants héritent. La seconde se nomme *vade-massayé*, c'est une femme jeune, que le mari n'a prise que pour sa beauté, et qu'il chasse quand elle vieillit et qu'elle perd de ses charmes. La troisième, qui porte le titre de *vade-sindrangnon*, n'est guère qu'une esclave que le maître affranchit quand elle devient mère.

Le costume est très simple : pour les hommes, il se compose d'une bande d'étoffe appelée *langhouti*, qui s'enroule autour des reins et descend jusqu'aux genoux, et d'une veste de toile grossière ; quelquefois les gens de la classe aisée portent, en outre, une chemise et un pantalon de calicot. Les femmes sont enveloppées dans une longue pièce d'étoffe qu'elles serrent autour de leur corps, sous les seins, et qui tombe jusqu'aux talons : c'est le *simbou*. Elles vont toujours nu-tête, leurs cheveux nattés et relevés sur le sommet du crâne les protègent suffisamment contre les rayons du soleil.

Il est impossible de compter la propreté au nombre de leurs qualités ; malgré la chaleur et les nombreux insectes qu'elle entretient, les Betsimisaraks se lavent le moins souvent possible.

Il est assez difficile de définir leur religion. S'ils croient à un Dieu, ils n'ont pas d'images qui le représentent. Ils n'invoquent pas, comme beaucoup de nations païennes, l'esprit du mal pour se le rendre favorable ; ils adressent plutôt leurs prières à des fétiches, des bouts de chaînettes d'argent, des morceaux de bois informes, qui sont l'objet de leurs craintes superstitieuses, plutôt que de leur culte. Du reste, un grand nombre sont convertis à la religion chrétienne, et dans peu de temps tous seront catholiques.

A ce propos, citons un fait rapporté par M. D. Charnay dans son *Voyage à Madagascar et à Sainte-Marie*, et qui dépeint bien l'influence que les Anglais veulent prendre sur ces populations, au détriment de la nôtre :

« Les missions de Madagascar ont droit à toute notre admiration......

« Les Anglais méthodistes leur livrent une guerre acharnée ; les moyens dont disposent ces derniers en font des concurrents redoutables.

« Mes amis, disait l'un d'eux, s'adressant au peuple de Tananarive, ces hommes, ces Français, ont beau vous dire que la religion qu'ils apportent est bonne, n'en croyez rien : lorsque Jésus-Christ, notre maître à tous, vint sanctifier la terre par sa présence, c'est en Angleterre qu'il descendit, c'est à nous qu'il confia sa doctrine, mais jamais, entendez-vous, jamais il ne mit les pieds en France : à cette préférence, jugez de la vérité des deux religions (1). »

Le seul culte que les Betsimisaraks pratiquent avec zèle est celui de la mémoire des morts ; ils ont pour le souvenir de leurs ancêtres une vénération toute particulière qui, dans bien des circonstances, nous a paru leur tenir lieu de religion.

Le deuil se porte en affectant une tenue négligée, et en se couvrant des vêtements les plus usés et les plus sales que l'on possède. Cependant une couleur lui est plus particulièrement affectée, le bleu foncé.

Telles sont en quelques mots les coutumes les plus curieuses de cette nation d'un caractère doux et gai, qui fait ses plus grandes délices de la danse, du chant et de la causerie. Le Betsimisarak parlera pendant des heures entières de choses futiles ou dénuées de sens, et quand l'entretien vient à languir, alors commence le récit des contes fabuleux dont fourmille la tradition malgache.

Certains d'entre eux ont l'autorité d'une croyance religieuse ; nous reproduisons les suivants, comme exemples de genres différents.

Voici d'abord l'histoire du *premier homme et de la première femme :*

« Dieu laissa tomber du ciel l'homme et la femme tout faits. L'homme fut quelque temps à connaître sa femme, et sa compagne fut la première à déchirer son voile d'innocence. La femme conçut.

« Dieu apparut alors aux deux époux et leur dit :

« Jusqu'ici vous ne vous êtes nourris que de raci-

(1) D. Charnay. — *Madagascar à vol d'oiseau* (Tour du Monde, 2ᵉ semestre 1864).

« nes et de fruits, comme les bêtes sauvages, mais si
« vous voulez me laisser tuer votre enfant, je crée-
« rai avec son sang une plante dont vous tirerez plus
« de force ».

« L'homme et la femme passèrent la nuit tour à tour à pleurer et à se consulter. La femme disait à l'homme : « Je préfère que Dieu me prenne plutôt que notre enfant » ; l'homme, sombre et recueilli, ne disait rien.

« Le jour venu, Dieu parut avec un couteau bien aiguisé, leur demandant ce qu'ils avaient résolu.

« La femme, en voyant ce couteau formidable, tranchant comme une sagaie neuve et brillant comme l'éclair, s'écria : « O mon Dieu, prends mon enfant! »

« Mais l'homme, au contraire, pressa son enfant sur son cœur, le remit à sa mère, et se couchant la poitrine découverte, dit à Dieu : « Tue-moi, mais laisse vivre mon enfant ».

« Alors Dieu, pour l'éprouver, brandit le couteau qu'il tenait à la main et lui dit : « Tu vas mourir ; réfléchis donc avant que je ne frappe. — Frappe », répondit l'homme. Dieu fit briller le poignard sans que l'homme murmurât ni ne frémît, mais il ne lui fit qu'une légère blessure au cou, que tachèrent quelques gouttes de sang.

« Dieu prit ce sang et le répandit sur la terre, qui engendra le riz. Il dit à l'homme de le sarcler trois fois avant sa maturité, de n'en récolter que les épis, de les sécher au soleil et de les conserver en grenier ; de les battre pour détacher les grains ; de les piler pour en séparer le son ; de ne manger que le grain et de livrer le son aux animaux domestiques.

« Puis il lui apprit à le cuire et à le manger.

« Puisil dit à la femme : « L'homme sera le maître de l'enfant parce qu'il a préféré la vie de l'enfant à la sienne, et tu seras soumise ».

« C'est depuis ce temps que le père est le chef de famille, et que l'homme connaît le riz et le mange. »

Dans cette fable, on croit reconnaître l'influence arabe et un souvenir du sacrifice d'Abraham ; le nom de Nossi-Ibrahim donné à l'île Sainte-Marie prête quelque fondement à cette croyance.

Voici une autre fable :

« Une grenouille fut surprise en ses ébats par la couleuvre son ennemie ; la couleuvre la retenait par les jambes de derrière.

« — Es-tu contente ? demanda la grenouille.

« — Contente, répondit la couleuvre en serrant les dents.

« — Mais quand on est contente, on ouvre la bouche, et l'on prononce ainsi : contente ! (en malgache *kavo*).

« — Contente, dit la couleuvre en ouvrant la bouche.

« La grenouille, se sentant dégagée, lui donna des deux pattes sur le nez et..... s'enfuit (1). »

La morale est que l'on peut se tirer de danger avec de la présence d'esprit.

Cet apologue rappelle de loin « le renard et le corbeau ».

Ainsi que nous le disions au début de ce chapitre, des récifs nombreux et infranchissables empêchent d'aborder sur la côte orientale de Sainte-Marie, ce

---

(1) Nous avons emprunté ces deux fables à l'ouvrage de M. D. Charnay : *Madagascar à vol d'oiseau* (Tour du Monde, année 1864, 2ᵉ semestre).

qui n'a pas permis aux Européens de s'y établir. Ils ont été obligés de se fixer sur la côte ouest, cependant très malsaine, où l'absence des vents du large rend plus pénible encore la chaleur déjà si fatigante et si désagréable.

Il n'y a que deux saisons : la saison des pluies qui dure neuf mois, de décembre à septembre ; et la saison sèche, très pénible, malgré son peu de durée. La température oscille entre 24° et 25° centigrades ; quelquefois, le thermomètre monte jusqu'à 32° ; en tout cas, il ne descend jamais au-dessous de 19°.

Les productions naturelles de l'île sont à peu près nulles : quelques bois de construction se rencontrent dans les nombreuses forêts qui couvrent sa surface, et les petites plaines fournissent des *ravenalles* ; à part cela, rien qui puisse être employé pour l'industrie.

On a essayé d'introduire la canne à sucre, le cocotier, le girofle, le caféier et une grande variété de fruits et de légumes de toutes espèces. Ces tentatives ont assez bien réussi ; les nouvelles plantations n'ont même pas eu à subir, ainsi qu'on aurait pu le redouter, la période d'acclimatement. Tout récemment encore, on a tenté d'introduire la *ramie* pour la substituer au raphia dans la confection du vêtement des indigènes.

Le commerce est peu important dans cette colonie. En 1880, le chiffre des importations s'est élevé à 181,602 fr., et celui des exportations à 110,000 fr. La colonie reçoit presque tous ses objets de consommation de l'extérieur ; de Madagascar elle tire le riz, qui forme la base de l'alimentation des indigènes, et les bœufs, dont le nombre ne dépasse pas cent cinquante par an. Tous les autres objets, quincaillerie, mercerie, **vins**, farines, liqueurs, conserves alimentaires, etc.... viennent de Maurice et de Bourbon ; comme ces îles ne sont pas des centres de production, les marchandises ne peuvent arriver à Sainte-Marie que déjà grevées de frais de toute nature.

Moyennant une subvention annuelle de 62,050 fr., Sainte-Marie pourvoit à toutes ses dépenses. On a néanmoins établi dans la colonie quelques impôts dont le total s'élève à 15,191 fr. Ils se décomposent comme suit (1) :

Droits sur les emplacements.	1,103
Cote personnelle. . . .	3,240
Contribution foncière. . .	1,090
Patentes.	2,665
Droits sur les spiritueux. .	7,093
Total.	15,191

La monnaie française est la seule ayant cours à Sainte-Marie, mais cette monnaie est rare, attendu que les pièces de *cinq francs* sont employées par les habitants pour solder leurs achats à Madagascar, où c'est la seule pièce ayant cours. Aussi peut-on voir sur la grande île africaine toute l'histoire de France moderne, depuis Napoléon jusqu'à nos jours, représentée par les effigies différentes que collectionnent les habitants.

« En résumé, dit M. H. Capitaine, dans une étude à laquelle nous avons emprunté quelques-uns des renseignements techniques de ce chapitre, Sainte-Marie

(1) Ministère de la marine et des colonies (*Notice statistique sur les colonies*).

de Madagascar est presque partout stérile ; les colons y sont rares et l'espace manque pour y entreprendre la grande culture, seule rémunératrice dans ces contrées lointaines. Douze ou treize mille hectares de superficie, dont les deux tiers composés de marécages bordés de palétuviers, telle est cette île, unique débris de nos anciennes possessions sur cette grande terre de Madagascar que nos aïeux, à l'époque où la France savait encore coloniser, avaient nommée l'île Dauphine ! Aujourd'hui, Sainte-Marie n'est plus, à proprement parler, qu'une sorte de sentinelle avancée destinée à rappeler, à maintenir nos droits, et à sauvegarder dans la limite du possible l'intégrité des intérêts français, toujours menacés par la compétition des Anglais et les prétentions des souverains Hovas (1). »

(1) H. Capitaine. — *Exploration* (avril 1878).

BIBLIOGRAPHIE

MAYOTTE. — NOSSI-BÉ.
SAINTE-MARIE DE MADAGASCAR.

FLACOURT. — *Histoire de la Grande Ile de Madagascar* (1658).

JEHENNE. *Renseignements nautiques sur Nossi-Bé, Nossi-Mitsiou et Mayotte* (Annales maritimes et coloniales, mars 1842).

JOUAN. *Notes sur les Archipels des Commores et des Séchelles.* (Paris, in-8°, 1870).

CAPITAINE. *Nossi-Bé et ses dépendances.* (Exploration, mars 1870.)
    Id.   *Mayotte.* (Exploration, septembre 1870.)

D. CHARNAY. *Madagascar à vol d'oiseau.* (Tour du monde 1864.)

FERNAND HUE. — *La France et l'Angleterre à Madagascar.* (In-12, Paris, 1885).

Dupleix.

ASIE

ÉTABLISSEMENTS FRANÇAIS DE L'INDE

CHAPITRE Ier

Introduction. — Les Français dans l'Inde : premières tentatives ; Caron, François Martin, Lenoir, Dumas, Dupleix, Bussy, Godeheu, Lally-Tollendal. — Décadence de nos possessions. — Prises, reprises et perdues. — Les sapeurs de Calcutta, 1870. — Les établissements actuels.

Le plus difficile, pour l'écrivain qui entreprend de parler de l'Inde dans un ouvrage au cadre aussi restreint que le nôtre, est à coup sûr de savoir se borner. L'Inde n'est-elle pas par excellence le pays du merveilleux, la terre des palais enchantés, des religions bizarres, des choses étranges, des hommes plus étranges encore? Qui de nos lecteurs n'a frémi plus d'une fois au récit de quelque palpitante histoire de Thugs, ou suivi quelque habile conteur dans les péripéties d'une émouvante chasse au tigre ou à l'éléphant? qui n'a jamais entendu parler de la *Montagne de lumière*, le fameux diamant de cent quatre-vingts carats, aujourd'hui le plus étincelant joyau de la royale couronne d'Angleterre? Ce seul nom des Indes n'a-t-il pas fait rêver parfois à des amoncellements fantastiques de richesses inouïes, à des chatoiements d'émeraudes, à des trônes d'or massif piqués d'étincelants rubis?... Hélas ! nos lecteurs doivent s'attendre à ne rien trouver de pareil ici ; ce n'est malheureusement pas l'Inde tout entière que nous avons à faire connaître : cette étude, que nous tâcherons de rendre aussi complète que possible, a pour unique objet l'Inde *française*, — et il faut avouer que c'est aujourd'hui bien peu de chose.

Il y a un siècle et demi à peine, les Français gouvernaient directement ou indirectement la moitié de cet immense et féerique pays ; peu s'en fallut même qu'il ne tombât tout entier sous notre domination.

Actuellement, nous n'y possédons plus que cinq villes ; le nombre de nos sujets, si l'on peut ainsi parler, ne s'élève pas à plus de *deux cent cinquante-trois mille* individus, parmi lesquels on compte à peine quinze cents Européens.

L'Inde continentale anglaise, au contraire, a *deux cent quarante et un millions* d'habitants, répartis sur une surface de trois millions cinq cent mille kilomètres carrés; empire colossal, douze fois plus considérable en superficie que la France, aussi vaste que l'Europe entière, moins la Russie.

Comment avions-nous atteint d'aussi brillants résultats? comment, tandis que nos voisins ont grandi outre mesure, sommes-nous à ce point déchus?

C'est ce que nous allons entreprendre de raconter, en priant le lecteur de nous excuser, si, gênés par notre cadre, nous passons rapidement parfois sur des faits historiques qui mériteraient à eux seuls un volume.

Dès 1503, les Français avaient porté leurs vues sur l'Inde ; mais leurs premières tentatives ne méritent d'être signalées que pour mémoire. En 1604, Henri IV accorde le privilège exclusif du commerce à une compagnie de négociants qui ne savent pas mettre à profit ce splendide monopole. En 1616 et 1619, des négociants de Rouen font à Java plusieurs expéditions commerciales dont les résultats ne suffisent pas à les encourager. Un essai de colonisation tenté un peu plus tard par des Dieppois à Madagascar ne réussit pas, mais donne à Richelieu l'idée de former une *Compagnie des Indes*. Les perfidies et les brutalités de ses agents la conduisent promptement à la ruine, malgré les efforts énergiques du maréchal de La Meilleraye. Enfin, en 1664, Colbert crée la véritable *Compagnie des Indes Orientales*.

Disons, en quelques mots, ce qu'était cette institution ; c'est avec elle en effet, bien que le plus souvent contre son gré, que notre puissance dans l'Inde atteignit son apogée, c'est par elle que nous la perdîmes, c'est l'incapacité, l'étroitesse de vues de ses directeurs, aggravées par la faiblesse du gouvernement de Louis XV, qui devaient nous conduire à la plus honteuse des ruines.

Elle fut créée au capital de quinze cent mille livres tournois (1). Colbert lui accorda le monopole commercial de l'Inde pendant cinquante ans, et Louis XIV,

---

(1) La livre tournois (nom qui lui vient du lieu de sa fabrication, Tours) était de 20 sous tournois, et chaque sou de douze deniers ; trois deniers formaient un liard.

dans un édit d'août 1664, déclara qu'un homme de noble naissance ne dérogeait pas en faisant le trafic avec l'Inde. Le gouvernement s'engageait en outre à couvrir la Compagnie de ses pertes éventuelles pendant les dix premières années d'exercice, et mettait à sa disposition autant d'hommes de troupe et de vaisseaux de guerre qu'elle le jugerait utile pour son triomphe ou pour sa sécurité.

Le chef de la première expédition fut Caron, un déserteur hollandais. Il expédia plusieurs fois de riches cargaisons, à la grande joie du gouvernement et des directeurs de la compagnie. Mais, somme toute, les établissements tentés à Madagascar, à Surate, à la baie de Trinquemale dans l'île de Ceylan, et à San-Thomé sur la côte de Coromandel, ne prenaient pas sérieusement racine. D'ailleurs la bonne foi de Caron ne tarda pas à devenir suspecte.

Il fut rappelé en 1673, et remplacé par François Martin, qui avait servi sous lui ; homme aux allures simples, mais à l'esprit large et droit, aux résolutions énergiques. En 1683, Martin acheta au souverain du pays la petite bourgade de Pondichéry, et c'est là que la Compagnie finit par se décider à concentrer toutes ses forces.

Le petit établissement, bien fortifié, administré avec sagesse, entra en pleine voie de prospérité. Malheureusement, les Hollandais, alors les seuls Européens influents dans l'Inde, voyaient avec jalousie nos tentatives pour nous établir à côté d'eux, et, le 8 septembre 1693, ils vinrent mettre le siège devant Pondichéry. Leur flotte ne comprenait pas moins de dix-neuf vaisseaux de ligne, escortés de plusieurs transports et bâtiments de moindre importance. Ces navires portaient quinze cents soldats et deux mille matelots européens, sans compter de nombreux indigènes cingalais au service de la Hollande. Ils amenaient avec eux six mortiers, seize canons et tout un matériel de siège.

Martin réclamait depuis longtemps des renforts à la Compagnie; mais absolument décidée à ne faire aucun sacrifice, même pour sauvegarder ses intérêts qu'elle ne sut jamais comprendre, elle ne lui avait rien envoyé, et le chef français ne disposait à ce moment que de six canons, de trente-cinq soldats européens, et de trois cent cinquante Indiens mal disciplinés. Avec ces moyens de défense dérisoires, il réussit pourtant à tenir les Hollandais en échec pendant douze jours. Au bout de ce temps, toute résistance était devenue matériellement impossible: il fallut se rendre. Ce qui restait de la garnison sortit avec les honneurs de la guerre; mais la ville devenait la propriété de la Compagnie hollandaise, et il avait été stipulé que tous les Français devaient être rentrés en France dans les six mois qui suivraient la capitulation.

Nous étions donc chassés, et pour toujours, semblait-il, de cette côte de Coromandel, où l'établissement français avait prospéré pendant dix-sept ans. Les directeurs de la Compagnie française ne pouvaient imputer qu'à eux-mêmes cette perte considérable. Nous les verrons cependant par la suite garder la même ligne de conduite qu'ils avaient tenue avec Martin. Disons, une fois pour toutes, comment ils étaient amenés à commettre une inconcevable erreur. Marchands avant tout, préoccupés uniquement de toucher le plus rapidement possible des bénéfices considérables, effrayés dès que leurs dividendes semblaient diminuer, ils ne surent jamais s'imposer les sacrifices nécessaires pour fonder d'abord, et défendre ensuite dans l'Inde un établissement solide et durable. Quant à la grandeur et à la gloire de la France, en vérité elles leur importaient peu, et les gouverneurs qui commirent la noble faute de s'en soucier trouvèrent leurs plus cruels ennemis dans les directeurs et les conseillers de la Compagnie.

La guerre que nous soutenions seuls à ce moment contre la Hollande, l'Angleterre, l'Espagne et l'Allemagne coalisées, se termina le 21 septembre 1697 par le traité de Ryswick. On sait qu'il y était stipulé que les places prises par les belligérants, en Europe ou ailleurs, seraient restituées de part et d'autre; une clause spéciale maintenait intactes les fortifications de Pondichéry.

Martin y fut envoyé de nouveau comme gouverneur, et il était escorté cette fois d'une escadre portant deux cents hommes de troupe, quelques ingénieurs, de l'artillerie de campagne et de siège, enfin une certaine quantité d'approvisionnements militaires ou autres. En 1701, le commerce de Surate était tellement tombé que le conseil supérieur des Indes fut transporté de cette ville à Pondichéry, qui devint dès lors la résidence du gouverneur général, ayant l'autorité suprême sur tous les comptoirs français de l'Inde.

Martin fit preuve dans son gouvernement d'une loyauté, d'une fermeté et en même temps d'une douceur remarquables vis-à-vis des indigènes. Aussi Pondichéry devint rapidement une ville des plus

Type de Rajah.

florissantes, et quand le gouverneur mourut en 1706, elle ne comptait pas moins de quarante mille habitants.

Plusieurs autres comptoirs se fondèrent ou se développèrent successivement. C'était Chandernagor, cédé par Aureng-Zeb dès 1688 ; Mahé en 1727 ; Karikal, acheté au roi de Tangaour en 1739 ; Yanaon et Mazulipatam en 1752.

Malheureusement, notre prospérité momentanée ne fit que décroître à partir de la mort de François Martin, et, malgré les magnifiques privilèges qui lui avaient été concédés, la Compagnie était devenue à peu près insolvable, quand Law parut. La fièvre de spéculation allumée par le système du hardi financier lui rendit pendant quelque temps une vie factice, mais extrêmement brillante : les actions, émises à cinq cents francs, montèrent jusqu'à vingt mille francs. Tout cela devait se terminer par une catastrophe en 1720. Heureusement, pendant cette période de prospérité inouïe, les directeurs n'avaient pu faire autrement que d'envoyer dans l'Inde d'assez sérieux approvisionnements de toute nature ; aussi fut-il permis au gouverneur Lenoir de traverser les époques pénibles sans trop laisser péricliter nos établissements. Il fut d'ailleurs puissamment secondé par un génie naissant que nous retrouverons plus loin.

De 1720 à 1741, les finances de la Compagnie languirent, d'autant plus que ses directeurs semblaient rivaliser entre eux d'insouciance et d'incapacité. Cependant nos comptoirs se maintinrent encore, grâce aux qualités pratiques que déployèrent sur place quelques-uns de ses agents.

L'un d'eux mérite une mention spéciale pour son

zèle intelligent, c'est Dumas. D'une intrépidité à toute épreuve, mais en même temps adroit et prudent, il reprit les traditions de Martin, qui consistaient, en somme, à se concilier les bonnes grâces des princes hindous en même temps que des populations, et à agrandir les possessions françaises par les moyens pacifiques. Il sut, notamment, nous conquérir une influence politique considérable par la fermeté dont il fit preuve pendant la grande invasion des Mahrattes en 1740. La concession de territoire obtenue à ce moment n'était rien en comparaison de l'ascendant moral que nous conféra le Grand Mogol reconnaissant, en élevant le gouverneur français au rang de Nabab. Lorsque Dumas se retira en 1741, il pouvait à bon droit se flatter d'avoir considérablement rehaussé la position de la Compagnie.

Le successeur de Dumas ne fut autre que Dupleix. Cet homme remarquable mit au service de la Compagnie une énergie extraordinaire et les puissantes facultés d'un administrateur de génie. Mais, tout en se dévouant corps et biens aux intérêts de la Compagnie, puisqu'il alla jusqu'à lui sacrifier, dans les circonstances difficiles, sa fortune particulière, Dupleix poursuivit un but plus élevé et plus patriotique, la grandeur de la France et la ruine de ses ennemis héréditaires, les Anglais.

Ce but, il l'atteignit un instant ; mais sa douleur n'en fut que plus poignante lorsque, arrêté dans son essor par un peuple de marchands timorés, incompris, calomnié et trahi, il vit sa grande œuvre entièrement détruite. C'est l'histoire même de la France dans l'Inde que celle de ce grand homme si cruellement traité par ses ingrats contemporains, si longtemps méconnu, ignoré d'une postérité oublieuse. Elle a été remarquablement écrite en 1881 par M. Tibulle Hamont (1). Nous ne saurions mieux faire que de résumer ici, avec l'autorisation de l'auteur, les principaux chapitres de ce très intéressant ouvrage.

Dupleix, fort jeune encore, avait fait aux Indes plusieurs voyages, pendant lesquels il acquit des notions approfondies sur ce pays en général, sur le commerce, la marine, etc. Son père, riche actionnaire de la Compagnie, lui obtint en 1720 le poste de membre du conseil supérieur et de commissaire des guerres, titres pompeux, avec des émoluments modestes. Lenoir, alors gouverneur, était un vieux négociant, très affable et très fin, fort au courant des affaires de l'Inde. Il apprécia bientôt la haute intelligence de Dupleix, l'aima, en fit son élève, et, en lui confiant le soin délicat d'écrire les dépêches que le conseil adressait en France ou aux potentats indiens, l'initia à tous les secrets politiques et commerciaux de la Compagnie. Cela devait servir à Dupleix, qui, habile à tirer parti de tout, opéra une véritable révolution dans le système commercial de nos établissements. Il eut l'idée bien simple, mais qu'on n'avait pas eue avant lui, de conduire dans les marchés de l'intérieur tout ce qu'il put se procurer de produits européens, et substitua une véritable affluence de roupies à la pénurie de fonds dont nos comptoirs avaient toujours souffert jusqu'alors. Il rendit ainsi un immense service à la Compagnie, et gagna lui-même une for-

(1) Plon et Cie, éditeurs

tunc considérable. Aussi, en 1730, lui confia-t-on le gouvernement de Chandernagor.

« On attend de moi, — écrit Dupleix à ce sujet, — le rétablissement d'une colonie manquant de tout, et d'où l'indolence, le relâchement de la discipline, la pauvreté, ont à jamais banni le commerce. » Il dépassa l'attente. De la ville désolée, il entreprit de faire le centre d'une double circulation commerciale, d'où partiraient les marchandises destinées aux marchés de l'Hindoustan, du Japon, de la Chine, de la Perse, de l'Arabie, — où arriveraient en échange l'or et l'argent des Asiatiques. Il réussit entièrement, parce qu'il sut mettre sa fortune particulière au service de l'intérêt général, et qu'il transforma sa maison en un véritable établissement de crédit. En 1741, Chandernagor était considérablement agrandi ; on y avait construit *dix mille* maisons, et toutes les caisses regorgeaient d'or : Dumas ayant donné sa démission, Dupleix fut nommé gouverneur de Pondichéry.

Peu de temps avant son élévation, il avait épousé une créole française, d'origine portugaise, Mademoiselle Vincent. Cette jeune femme, qui est restée célèbre dans la contrée sous le nom de *Joanna Begum*, — la princesse Jeanne, — joignait aux charmes fascinateurs de l'Indienne les plus hautes qualités de l'intelligence et du cœur. Possédant à fond tous les dialectes du pays, elle eut le bonheur, par la suite, de rendre à son mari des services de confiance importants surtout dans les moments critiques de ses relations avec les princes hindous.

Voici donc Dupleix arrivé, après vingt ans de

Joanna Begum.

séjour dans le pays, à un poste élevé où il pouvait déployer ses admirables talents d'homme d'état. Les circonstances réclamaient justement l'intervention d'un politique habile.

Depuis longtemps déjà, les Anglais avaient aussi formé une Compagnie des Indes, établie à Bombay, à Madras, au fort Saint-David, à Mazulipatam et à Visagapatam, rivale de la nôtre, bien entendu, et comme elle exclusivement commerciale jusqu'alors. Or, les deux Compagnies étaient à la veille de subir une transformation complète, et de devenir des puissances politiques, conséquence obligée de leur constitution même et des caractères des deux nations. La France avait déjà été engagée par Dumas le Nabab, dans la politique d'intervention, qui nous avait valu Karikal et le territoire de Mahé.

Quel spectacle nous offre à ce moment l'empire des Indes? Le royaume du grand Mogol, autrefois si colossalement riche et puissant, est déchiré par les divisions ou les révoltes des nababs et des soubabs. Ces fonctionnaires, jadis simples employés chargés de percevoir les impôts, ont usurpé peu à peu toutes sortes de pouvoirs et remplacé la centralisation des Mogols par une espèce de féodalité asiatique. Ils sont devenus de petits rois, chacun s'est taillé un domaine et désire le transmettre à ses descendants. Toute ouverture de succession est le commencement d'un drame où le poignard et le poison donnent tour à tour le trône. Les provinces sont ravagées par les guerres des prétendants, le pouvoir du grand Mogol va évidemment passer en d'autres mains.

« Qui hériterait, — dit M. Tibulle Hamont —

de ce pouvoir si redouté naguère ? Assisterait-on à un morcellement de l'Inde au profit des nababs, ou le *Peishwa*, le plus puissant des chefs mahrattes, succéderait-il au Mogol ? Dupleix, qui connaissait à fond la situation, qui avait analysé les causes et les effets, qui savait quelle supériorité la race européenne avait sur la race Indoue, vit qu'il était possible à un troisième compétiteur de réussir, et que l'héritier obligé du trône de Delhi, c'était l'Européen, c'est-à-dire la France, si elle le voulait. C'était par l'ascendant moral qu'on pouvait arriver à la domination des peuplades Indiennes, l'empire appartiendrait à la nation qui éblouirait le plus les indigènes. Tout dépendait donc de l'issue de la guerre qui allait éclater entre la France et l'Angleterre. »

Dès lors, la fondation du royaume franco-hindou, après la défaite des Anglais, était résolue dans l'esprit de Dupleix.

« Il a déjà conçu un plan vaste, compliqué, mais où il n'y aura plus tard, dans l'action, que bien peu de chose à changer. La faiblesse de l'empire mogol lui donne l'occasion d'intervenir à son gré dans les affaires de l'Inde, et par cela même le moyen de se substituer aux musulmans dans la domination du pays. Les armées hindoues ne lui causent aucune frayeur ; il est sûr de dissiper ces immenses multitudes avec un petit corps de soldats français dirigés par la tactique de l'Occident. Il se charge de persuader aux princes indigènes qu'il est de leur intérêt d'accepter le secours de nos troupes contre la turbulence de leurs sujets ou les invasions de l'étranger... Trouvant dans une telle alliance toutes les garanties qui donnent aux trônes la stabilité et la sécurité, ils s'engageraient sans peine à pourvoir à la solde et à l'entretien de la force auxiliaire. Grâce à la mauvaise administration des gouvernements indigènes, la solde de ces troupes demeurerait toujours en arrière... il serait facile alors d'obtenir du prince des concessions de territoire en paiement, ou la mission de percevoir les impôts avec une délégation de la toute-puissance. D'allié du nabab on en deviendrait alors le protecteur ; on en ferait ce qu'on voudrait avec la menace de lui retirer l'appui de nos baïonnettes. Le souverain de tant de millions d'hommes ne serait plus qu'un mannequin entre nos mains, et nous nous servirions du « fantoche au titre pompeux, comme d'un porte-voix pour dicter nos volontés à l'Inde ».

L'Angleterre ne reculerait pas devant la guerre, pour s'opposer à l'exécution d'un projet si dangereux pour elle. Eh bien, la seule chose qui importe à Dupleix, c'est d'être prêt le premier. « Comme lui seul connaît l'impuissance du Mogol, comme lui seul a des plans de conquête définis, sait où il va et ce qu'il veut, il a barre sur l'Angleterre et doit garder la supériorité de la vitesse acquise.

« Mais l'œuvre de préparation était multiple et longue. Il fallait d'abord réorganiser l'administration de la Compagnie, remettre de l'ordre dans les finances, fortifier Pondichéry, créer une armée. La seconde partie de la tâche était la plus délicate... Comment arriver à nouer des rapports avec ces nababs entourés d'un faste éblouissant, aussi hauts que les monts, adulés, inaccessibles, pleins de mépris pour les Européens, marchands à l'humble costume, poussière humaine sur laquelle ces potentats laissaient tomber un regard dédaigneux du haut de leurs palanquins, escortés de gardes et d'esclaves aux habits chatoyants d'or et de pierreries?

« Avec sa connaissance du caractère hindou, Dupleix comprit que la première condition pour réussir, c'était de se présenter dans les négociations non pas comme un marchand, mais comme un officier du Grand Mogol, l'égal de ces orgueilleux feudataires. »

Il reprit donc le titre de nabab conféré à Dumas, se para d'un brillant costume, s'entoura de luxe, et, dans tout l'appareil d'un prince asiatique, entreprit le voyage du Bengale, pour se faire reconnaître aussi nabab de Chandernagor. Il alla à Hougli rendre visite au gouverneur musulman. Celui-ci, reconnaissant la supériorité du nabab de Pondichéry, se prosterna devant l'officier du Grand Mogol, et l'imagination des Hindous fut vivement frappée. Le but était atteint. Désormais, à leurs yeux, les Français et leur chef n'étaient plus des barbares, des infidèles, mais des amis et des égaux ; ce sentiment devait pénétrer peu à peu dans toute l'Inde.

A son retour, Dupleix réforme l'administration de la Compagnie, réduit les dépenses, surveille les fonctionnaires. Il s'occupe aussi activement de la formation d'une armée, essaie de construire des cadres solides et d'assurer le recrutement des cipayes. Enfin il commence à réparer les fortifications de Pondichéry, surveillant les travaux, puisant dans sa propre bourse pour y subvenir, se montrant à la fois ingénieur, entrepreneur et banquier.

A ce moment — 1743 — Dupleix reçut des directeurs de Paris une dépêche qui se résumait ainsi : « réduire absolument toutes les dépenses de l'Inde au moins de moitié, suspendre toutes les dépenses des bâtiments et fortifications ».

Le grand homme, indigné, se contenta d'avancer au trésor de la Compagnie *cinq cent mille livres* et poussa ses travaux avec plus d'activité que jamais.

Une nouvelle dépêche vint lui apprendre l'ouverture des hostilités contre l'Angleterre au sujet de la succession d'Autriche. Mais elle confirmait en même temps les termes de la première, et, naïveté vraiment incroyable ! enjoignait à Dupleix de conclure avec le gouverneur des établissements anglais un traité qui, assurant la neutralité des deux Compagnies, leur permettrait de continuer tranquillement leur commerce au milieu de la conflagration universelle.

Dupleix, évidemment, ne croyait pas à la possibilité d'une pareille convention. Néanmoins il pensa devoir obéir, et, la douleur dans l'âme, écrivit au gouverneur de Madras : il poussait la résignation jusqu'à le *supplier* de conserver la neutralité. Morse répondit avec hauteur qu'il ne pouvait entamer aucune négociation, et qu'il avait seulement reçu l'ordre de traiter la Compagnie française en ennemi.

Dupleix apprenait en même temps qu'il ne devait pas compter sur l'escadre de La Bourdonnais, gouverneur de l'Ile de France ; celui-ci, envoyé au secours de Pondichéry, venait de recevoir contre-ordre. C'était l'abandon complet. Et les fortifications n'étaient pas achevées, et le pain manquait, et la garnison européenne ne se composait que de quatre cent trente-six soldats !... Pondichéry, presque aussitôt bloqué, eût été perdu avec tout autre que Dupleix. Heureusement, cet homme admirable avait su se faire un ami d'Anaverdikan, le plus puissant des princes hindous. Celui-ci intervint. Le conseil de la Compagnie anglaise, beaucoup plus intelligent, mais alors aussi timoré que le nôtre, le croyait très redoutable. Cette intervention nous sauva, mais au prix de notre prestige aux yeux des Hindous.

Le sept juillet 1746, La Bourdonnais entrait enfin dans la rade de Pondichéry, avec une escadre qu'il avait presque créée lui-même, après mille péripéties et une victoire indécise à Negapatam, que nous n'avons pas à rapporter ici.

Le nom de La Bourdonnais a été longtemps entouré d'une auréole presque légendaire, tout ensemble glorieuse et sentimentale, résultat auquel le fameux roman de Bernardin de Saint-Pierre a beaucoup contribué. Si l'on n'eût déjà détruit la légende, nous pourrions le faire en peu de mots. Du héros, La Bourdonnais n'a que la bravoure, et une énergique ténacité; mais il est surtout orgueilleux, entêté et égoïste. Partout où il se trouve, il faut qu'il commande et qu'il brille seul ; tout succès d'un autre lui fait prendre la fuite : il ne devait pas rester longtemps aux côtés de Dupleix.

Celui-ci voulait absolument l'envoyer combattre et détruire la flotte anglaise. Mais La Bourdonnais, qui ne recevait d'ordre de personne, hésita si longtemps qu'il ne fit rien. Il hésita aussi à aller mettre le siège devant Madras; il s'y résolut enfin, et l'emporta d'assaut. Mais, la ville prise, il refusa l'obéissance au gouverneur, et consentit, malgré ses ordres ou ses

Type d'Indien.

supplications, à recevoir une rançon pour Madras. Il résista aussi aux ordres du Conseil, prenant enfin l'attitude d'un véritable révolté. Il essayait de colorer sa conduite de prétextes d'honneur, mais la vérité est que, fort jaloux, la seule vue de Dupleix le mettait hors de lui. Heureusement la lecture d'instructions nouvelles reçues de France réussit à l'adoucir, il négocia une transaction avec le Conseil, et finalement quitta l'Inde, où il avait été acclamé comme un Messie quatre mois auparavant, laissant Dupleix absolument sans défense.

Celui qui était ainsi abandonné ne désespéra pas. Anaverdikan, son ancien ami, furieux de ce qu'on ne lui eût pas remis Madras, suivant les promesses solennelles qui en avaient été faites, s'était uni aux Anglais et s'empressa de venir mettre le siège devant cette ville. Dupleix prit le parti de rompre la coalition en battant les alliés l'un après l'autre. Il commença par mettre en fuite les hordes d'Anaverdikan, et son plan de bataille fut si habilement imaginé, exécuté avec une telle précision, que la brillante cavalerie indienne fut décimée et dispersée par les décharges inattendues de nos canons, avant que nous eussions même un blessé. Nos troupes entrèrent à Madras ivres de joie.

Peu de temps après, Paradis, un des lieutenants de Dupleix, après une campagne admirablement combinée par le général, remportait aussi une belle victoire à San-Thomé.

« Ces deux victoires eurent dans l'Inde un immense retentissement. On comprit que ce n'était pas seulement deux étonnants faits d'armes ; il demeura évident que ces deux journées constituaient une date mémorable et qu'elles inauguraient une ère nouvelle pour la péninsule. L'infériorité de l'Hindou devant l'Européen était démontrée. Les nababs n'étaient plus les maîtres de l'Inde, les balles de San-Thomé avaient brisé leur sceptre... On commença à reconnaître le génie de Dupleix. »

Celui-ci, délivré de tout danger du côté d'Anaverdikan, se retourna alors contre les Anglais, et entreprit une expédition contre le fort Saint-David. Malheureusement Bussy se laissa battre par trop de négligence à se garder. Dupleix répara cet échec par une victoire diplomatique : il acheva d'effrayer Anaverdikan par une démonstration contre Arcate, sa capitale, puis réussit enfin à le détacher de l'alliance anglaise.

Il reprit alors ses projets contre Saint-David; mais cette fois encore, l'intervention inattendue de l'escadre anglaise empêcha le pavillon français de flotter sur cette citadelle.

Nous subîmes un échec sous les murs de Gondelour, et enfin Dupleix reçut une lettre des Directeurs, qui lui annonçait que l'amiral anglais Boscawen était parti à la tête de huit vaisseaux de guerre, onze transports et six navires, portant quatorze cents soldats anglais et quatorze cents hollandais, et qu'il arriverait en même temps que la dépêche. On l'exhortait à faire bonne contenance, mais de troupes ou d'argent, de munitions ou d'armes, il n'en était nullement question !

Peu de temps après, en effet, Pondichéry était assiégé. Dupleix fut admirable. Il ne se montra pas seulement un tacticien habile et un stratégiste de première force ; il se multiplia partout où il y avait un danger, et exalta si bien chez tous l'énergie de la défense, que les Anglais finirent par être obligés de lever le siège.

Il se préparait à reprendre l'offensive, quand il apprit la conclusion de la paix et la clause impolitique du traité d'Aix-la-Chapelle qui rendait Madras aux Anglais; lourde faute, qui devait nous causer plus tard de nombreux échecs.

Ainsi Dupleix avait réalisé la première partie de ses projets : il avait vaincu et humilié l'Angleterre — la seule ombre au tableau était cette restitution d'une conquête si chèrement achetée, — il avait ébloui l'Inde. Le nabab d'Arcate, le nizam d'Hyderabad, l'empereur de Delhi, tous tremblaient devant lui; quant aux Hindous, ils le considéraient comme un demi-dieu. Rien ne paraissait plus devoir empêcher la conquête de l'Hindoustan.

Nous ne pouvons malheureusement pas continuer à le suivre avec détails dans son éclatante carrière, car la place nous manquerait ensuite pour montrer comment on récompensa ses services. Nous résumerons en quelques mots une période très brillante : *Dupleix conquit tout le Carnate, Dupleix conquit tout le Dékan.* Il est indispensable d'ajouter que, dans cette dernière entreprise, il fut puissamment secondé par un de ses lieutenants, homme de la plus grande valeur, l'illustre Bussy, dont nous ne pouvons que signaler en passant la prodigieuse habileté, la popularité inouïe, l'immense pouvoir et le faste éblouissant. Ce fut lui qui, par ses succès répétés et son incroyable énergie, obtint la cession des Circars à la France.

Après un grand désastre subi à Trichinapaly, Dupleix fut complètement renié et abandonné par la Compagnie. Bussy était découragé. Dupleix essaya de raffermir son moral et expédia en France son ami d'Autheuil, chargé d'éclairer le roi et la nation. Cette ambassade ne pouvait manquer d'échouer complètement.

A la nouvelle du désastre de Trichinapaly, les alarmes des actionnaires furent des plus vives, et le ministère partageait les craintes du comité des Directeurs. Des négociations ayant été entamées à Londres pour la paix entre les deux Compagnies, la première chose que demandèrent les Anglais fut naturellement le rappel de Dupleix. La France l'accorda ! faute qui demeurerait incompréhensible en d'autre temps et avec d'autres gouvernants. On expédia dans l'Inde le cauteleux Godeheu, chargé de faire exécuter de gré ou de force les décisions de la Compagnie: il emportait l'ordre d'arrêter Dupleix ! Cette indignité ne fut pas nécessaire, mais Godeheu réussit à le ruiner complètement. On se souvient des avances énormes faites à la Compagnie; il y en avait encore bien d'autres que nous n'avons pu signaler. On devait affecter à leur remboursement les revenus de la province d'Arcate; mais Godeheu feignit de croire que c'était la caisse des directeurs qui avait fourni les fonds, s'empara des revenus hypothéqués, et lorsque les réclamations de Dupleix se produisirent, le nouveau gouverneur s'arrangea pour que ses comptes ne reçussent l'approbation d'aucun agent ayant droit. L'infortuné grand homme dut repartir pour la France, à bord du navire *le duc d'Orléans ;* son dénûment était tel, qu'il fut obligé d'emprunter six mille roupies.

Le principal objet de la mission de Godeheu était de conclure la paix à tout prix. Il la conclut en effet, et voici les principaux articles du traité qui fut signé.

L'article premier établissait que « les deux Compagnies renonceraient à jamais à toutes dignités indigènes et ne se mêleraient jamais aux différends qui pourraient survenir entre les princes du pays. Toutes les places, excepté celles nommées dans le traité définitif, seraient rendues aux princes indigènes ».

Cette clause était tout à l'avantage des Anglais ; elle ruinait l'œuvre du Dupleix. N'avait-il pas fait des titres indiens et des prérogatives qui y étaient attachées la base même de sa puissance? Les Anglais, eux, ne cédaient rien, puisqu'ils n'avaient aucune dignité indigène ; ils gagnaient même le gouvernement du Carnate pour leur protégé Méhémet-Ali.

Le deuxième article portait que les Anglais posséderaient le fort Saint-Georges et Devicotta ; le troisième, que les Français garderaient Pondichéry et un établissement limité entre Nizampatnam et la rivière Gondecama, pour compenser l'infériorité de Karikal à l'égard de Devicotta, ou que les districts de Pondichéry seraient rendus égaux à ceux du fort Saint-Georges et du fort Saint-David, etc.

On a peine à croire à une pareille abdication, que rien ne justifiait, que rien ne nécessitait. C'était là, dit le major Malleson, des conditions, non seulement désavantageuses aux intérêts français, mais même dégradantes pour l'honneur de la France.

Le vingt-six décembre 1754, Godeheu apposa sa signature au bas de la convention et se félicita. Il en avait le droit, puisqu'il avait atteint son triste but puisque l'œuvre de Dupleix était renversée.

Les neuf années que le grand homme méconnu avait encore à vivre ne devaient plus être qu'un long martyre. On opposa à toutes ses demandes des fins de non-recevoir, comme si on eût voulu le lasser. Il intenta alors un procès à la Compagnie : on le transforma aussitôt en débat politique, et on déchaîna contre Dupleix les libellistes les plus venimeux. On attaqua avec fureur son administration, on tourna ses plans en ridicule, on l'insulta, on trouva comique sa prétention de dominer l'Inde, on le traita de rebelle, on l'accusa presque de trahison.

Un grand malheur le frappa : il perdit sa femme, sa meilleure et sa plus précieuse amie. Les embarras d'argent l'envahirent aussi, et la misère ne devait plus lâcher sa proie ; il était abandonné de tous, même de Bussy, qui avait dû être son gendre. Dans le dernier mémoire de Dupleix, nous lisons : « Mes services sont traités de fables, et moi je suis traité comme l'être le plus vil du genre humain. Je suis dans la plus déplorable indigence ; la petite propriété qui me restait vient d'être saisie : je suis contraint de demander une sentence de délai, pour éviter d'être traîné en prison ».

Quelques jours après, il entrait en agonie. Il mourut le 10 novembre 1764, dans une maison de la rue Neuve-des-Capucines, sur l'emplacement occupé autrefois par le ministère des affaires étrangères, tout près du palais de la Compagnie des Indes. Son plus grand tort, dit M. Cartwright, fut de rester « aveugle à la démoralisation et à la défaillance de la France

de son temps. Tous ses malheurs furent dus à la contradiction non remarquée qui existait entre sa hardiesse personnelle et la nature pusillanime des hommes sur lesquels ses grandioses conceptions étaient condamnées à s'appuyer ».

A partir de ce moment, nos efforts dans l'Inde ne ressemblent plus en rien aux vastes desseins dont Dupleix et Bussy avaient poursuivi l'accomplissement.

Le successeur de Dupleix fut le comte de Lally-Tollendal, qui devait être plus malheureux encore que son illustre prédécesseur. Issu d'une famille Irlandaise qui avait émigré en France à la chute des Stuarts, il s'était illustré à Fontenoy, puis aux sièges de Berg-op-Zoom et de Maëstricht. On lui attribue en général la ruine de notre puissance dans l'Inde; il la consomma sans doute, mais quel homme eût-il fallu pour nous relever, quand l'on sait qu'un juge peu suspect de partialité, le major Malleson, a déclaré que les conditions de la paix signée par Godeheu n'eussent pas été plus désavantageuses pour les Français, si elles avaient été dictées par Saunders, le général anglais lui-même! D'ailleurs, la fin tragique de Lally-Tollendal doit rendre la postérité moins sévère pour l'infortuné gouverneur.

L'Angleterre nous abreuvait d'humiliations depuis plus d'un an déjà, capturant nos navires et saccageant nos colonies, lorsqu'en 1756 Louis XV se décida enfin à lui déclarer la guerre. Lally-Tollendal fut envoyé dans l'Inde, avec le titre pompeux de commandant général de tous les établissements français dans l'Asie Orientale. Il amenait deux mille soldats environ, indisciplinés et pillards, le rebut de l'armée — deux lieutenants absolument incapables : l'amiral Aché et le chevalier de Soupire,—enfin quelques bons officiers, comme Crillon, Conflans et Montmorency.

Quant au comte lui-même, c'était, à vrai dire, un soldat d'une admirable intrépidité, mais un déplorable administrateur. Brave et brillant, dépourvu en revanche de sang-froid et de toute aptitude à gouverner les hommes, il a résumé lui-même sa seule politique en quatre mots : « plus d'Anglais dans l'Hindoustan ! » Il les abhorrait, non seulement comme Français, mais encore et surtout comme fils d'Irlandais proscrit.

Son arrivée fut signalée par un présage qui impressionna fâcheusement les superstitieuses imaginations des Hindous. Quelques-unes des pièces qui saluèrent son entrée dans la rade de Pondichéry étaient chargées à boulet et endommagèrent gravement son navire, *le comte de Provence*.

Toutefois, le début de ses opérations militaires fut brillant. Il s'empara successivement de Cuddalore et de Saint-David, la redoutable forteresse devant laquelle Dupleix avait toujours échoué, et vint mettre le siège devant Madras, dont la prise devait asseoir définitivement la domination française sur la côte de Coromandel.

Par contre, le nouveau gouverneur commettait de lourdes fautes. Un jour, dans un accès de colère, il fit atteler à ses chariots, faute de bœufs, tous les Hindous qui lui tombèrent sous la main : nobles guerriers et vils Soudras, brahmes sacrés et parias immondes, furent pour la première fois confondus sous un joug qu'ils n'eussent jamais cru devoir porter. Une autre fois, en recherchant des trésors imaginaires, il bouleversa de fond en comble une pagode célèbre; quelques prêtres vinrent errer la nuit autour du sanctuaire profané : Lally, qui les prit pour des espions anglais, les fit simplement attacher à la bouche de ses canons. Tel était l'homme. Est-il besoin de dire que par de tels procédés il allumait une haine dangereuse dans l'âme de ces races vindicatives, et transformait en implacables ennemis ceux-là même que Martin, Dumas, et Dupleix surtout, avaient rendus nos alliés naturels ?

En même temps, nous perdions Chandernagor, notre place la plus importante au Bengale.

Du moins Lally comptait-il prendre Madras. La défection de l'amiral Aché, qui voulut absolument aller croiser au large de Ceylan, le contraignit à lever le siège et à rentrer à Pondichéry.

La faute la plus grave du gouverneur fut le rappel de Bussy, qui avait achevé la conquête du Dékhan, et qui continuait à y fort maltraiter l'Anglais. Lally-Tollendal détestait, et le croirait-on ? méprisait ce chef aussi habile qu'intrépide; mais est-il seul responsable de sa grossière erreur, et qui donc en France lui avait inculqué cette idée que les lieutenants de Dupleix étaient avant tout des voleurs ? Dès que Bussy eut disparu, Mazulipatam fut pris et le Dékhan perdu, comme l'était déjà le Bengale. Le jour approchait où il ne nous resterait plus que Pondichéry, contre lequel il serait facile à nos ennemis de concentrer des forces redoutables.

Lally-Tollendal assiégea une seconde fois Madras,

et s'empara de la ville noire; son succès aurait été complet si la mauvaise volonté générale, qui l'accompagnait partout, n'eût paralysé ses efforts; — si Bussy, qui lui gardait rancune, ne l'eût pas très faiblement secondé; — si les autorités et les administrateurs de Pondichéry, que l'irascible Irlandais s'était aussi aliénés, n'avaient complètement oublié de pourvoir à ses approvisionnements.

Il dut rentrer de nouveau à Pondichéry, la rage et le désespoir dans l'âme. Il y trouva la disette, une absolue pénurie de fonds, et partant la révolte. Lally fit fondre sa vaisselle d'argent pour payer la solde des troupes, et, l'ordre à peu près rétabli, courut s'emparer de Serringham. Ce fut notre dernier succès. Une bataille perdue à Vandarachi ouvrit aux Anglais le chemin de la capitale, et le dix-huit mars 1760, celle-ci se trouva bloquée par terre et par mer. Le comte de Lally-Tollendal, bien que malade, accomplit des prodiges, et soutint sans faiblir, pendant dix mois, les efforts d'un ennemi *vingt fois* supérieur en nombre. Détesté, trahi même de toutes parts, peut-être eût-il résisté encore; mais le grand conseil des Indes le somma enfin de capituler, ce qui fut fait le 14 janvier 1761.

Le général anglais Cootte exigea que les assiégés se rendissent à discrétion. Les fortifications furent démantelées et les Français renvoyés en France; Lally s'embarqua pour l'Angleterre sur un navire hollandais. Il y reçut un accueil des plus honorables: cette fois du moins, nos ennemis séculaires surent rendre hommage à un glorieux vaincu. Mais le comte avait hâte de rentrer en France pour se justifier des accusations de toute nature portées contre lui. Il y fut l'objet d'une réprobation universelle, injuste à bien des égards; tous ceux qu'il avait eus sous ses ordres dans l'Inde le dénigraient, ou, pis encore, le calomniaient: les uns, parce qu'il avait, par une énergique répression, interrompu le cours de leurs friponneries; les autres, parce que ses maladresses avaient froissé leurs susceptibilités ou révolté leur patriotisme. Nous connaissons assez le comte pour savoir qu'il n'était pas homme à recevoir les coups sans les rendre: il se mit donc à récriminer violemment contre tous, et alors aussi Bussy, Aché, les conseillers de Pondichéry, tous s'unirent contre lui. Un Jésuite de l'Inde, le Père Lavaur, avait composé deux mémoires sur Lally: l'un, pompeux dithyrambe, exaltait outre mesure les vertus et les mérites de l'ancien gouverneur; l'autre, au contraire, le dépeignait comme un malhonnête homme et un traître. Lavaur se proposait de faire connaître le premier ou le second, suivant les circonstances, mais il mourut, ses papiers furent saisis, l'écrit apologétique disparut, l'autre fut publié, et voilà Lally-Tollendal accusé de concussion et de haute trahison.

Son procès, commencé le six juillet 1763, se termina le six mai 1766. Nous ne pouvons en reproduire ici tous les détails véritablement odieux; nous nous contenterons de dire, pour indiquer d'un trait dans quel esprit il fut conduit, qu'on lui refusa absolument et par trois fois les conseils d'un avocat. Lorsqu'amené sur la sellette, il vit la dérision de l'interrogatoire, les juges déterminés à l'avance, il défit son habit, montra les blessures qui labouraient sa poitrine, désigna sa tête blanchie avant l'âge et dit d'une voix amère: Voilà donc comment vous récompensez cinquante-cinq années de service ! — On le condamna à être décapité.

Levant alors un compas qu'il avait réussi à se procurer, il s'enfonça le fer dans le cœur. La blessure était des plus graves ; mais pour qu'il n'échappât point à la honte prétendue du dernier supplice, ses ennemis le firent avancer de six heures. Les détails de l'exécution sont plus ignobles encore que ceux de la procédure : bâillon, brutalités du bourreau, rien n'y manqua. On demeure stupéfait en présence de pareilles monstruosités ; il était donc devenu bien nécessaire de jeter une victime en pâture à l'opinion publique, qui commençait à exister déjà, et qui déjà était facile à égarer ?... Mais ne nous aventurons point sur un terrain qui n'est pas le nôtre.

Le fils de la victime, le marquis Trophime de Lally-Tollendal, encouragé par cette même opinion publique, qui ne tarda guère à revenir de son erreur, appuyé surtout par Voltaire, obtint en 1783, après des difficultés inouïes suscitées par la forme, la réhabilitation de la mémoire de son père.

Quant à notre empire des Indes, que cette tragique histoire nous a fait un peu oublier, l'impéritie du gouvernement, les maladresses véritablement incroyables de la Compagnie, l'avaient bien à tout jamais ruiné. Bussy tentera en vain de reprendre le cours de ses victoires, en vain l'illustre Suffren recevra du sultan Hyder-Ali le nom de *maître des Anglais* ; c'en est fait, l'Hindoustan français a vécu, et rien ne saurait le ressusciter ! L'espace nous manque ici pour redire même sommairement les exploits du

Grand Bailli. Notre période glorieuse dans l'Inde est terminée ; nous avons hâte de conclure ce résumé historique déjà si long, et nous allons nous borner désormais à la simple énumération de nos vicissitudes.

La paix de 1763 nous rendit Pondichéry, Mahé, Karikal, Chandernagor et nos autres comptoirs du Bengale, mais avec un territoire beaucoup moins étendu.

Prise encore en 1778, et rendue à la France par le traité de 1783, la ville de Pondichéry retomba, le 21 août 1793, entre les mains des Anglais.

La paix d'Amiens, en 1802, nous rendit encore un instant nos possessions, mais le 11 septembre 1803, Pondichéry fut pris de nouveau.

Les traités de 1814 et de 1815 nous ont rendu nos établissements de l'Inde dans leurs limites actuelles. Mais, pour comble d'humiliation, l'Angleterre nous imposa la condition expresse de ne jamais fortifier ces débris de notre empire détruit. Pour montrer avec quel excès de rigueur et de morgue stupide elle tint la main à l'exécution de cette clause, racontons un incident à la fois puéril et honteux. Un gouverneur crut un jour devoir faire creuser, près de Chandernagor, un fossé *pour l'écoulement des eaux malsaines*; aussitôt une compagnie de sapeurs anglais fut expédiée de Calcutta pour combler ce *commencement de fortification*. Enfin, injure à peine croyable, on exigea de la France le paiement des journées de travail des sapeurs en question, et la France paya.

A cette époque, lord Castelreagh proposa au congrès de reprendre définitivement les établissements français de l'Inde, en nous rendant en échange l'Ile de France.

Nos compatriotes de l'Inde sont chers à notre cœur comme tous les Français; de leur côté, ils aiment passionnément la mère-patrie, et nous savons quelle farouche explosion de colère et de douleur éclata à Pondichéry, quand il fut un moment question, en 1870, de céder à la Prusse la malheureuse ville tant de fois prise, perdue et reprise. Cependant, nous plaçant uniquement au point de vue des intérêts politiques et commerciaux, nous demandons la permission de dire qu'il eût été bon, à coup sûr, en recouvrant l'île Maurice, d'assurer notre prépondérance dans l'Océan Indien méridional, et de préparer ainsi l'annexion de Madagascar.

La France refusa. Notre reprise de possession eut donc lieu en 1816 et 1817.

Les établissements français de l'Inde comprennent aujourd'hui :

Sur la côte de Coromandel, *Pondichéry* et son territoire, composé des districts de *Pondichéry*, de *Villenour* et de *Bahour* ; *Karikal* et les districts qui en dépendent ;

Sur la côte de l'Orixa, *Yanaon*, son territoire et quelques aldées ou villages ;

Sur la côte de Malabar, *Mahé* et son territoire ; la loge de *Calicut* ;

Dans le Goudjerate, la factorerie de *Surate;*

Au Bengale, *Chandernagor* et son territoire ; quelques petites loges : Cassimbazar, Jougdia, Dacca, Ballassore et Pathna.

En tout, *quarante-neuf mille six cent vingt-deux* hectares.

CHAPITRE II

Pondichéry. — La rade, les *chelingues*. — Les deux villes. — Température. — Quatre éléments de population. — Trois religions. — Les langues. — Edifices principaux. — Services financiers. — La Banque et l'argent. — Service postal et télégraphique. — Instruction publique. — Travaux publics. — Le culte. — L'industrie. — Organisation et administration. — La justice. — Les Dacoïts. — Les Thugs. — Institutions diverses. — La léproserie.

La ville de Pondichéry, chef-lieu de nos possessions dans l'Inde, est située dans le Carnatic, sur la côte de Coromandel, à cent quarante-trois kilomètres au sud-ouest de Madras, par 11° 55' 41" de latitude nord et 77° 31' 30" de longitude est.

Sa rade, quoique foraine, est la meilleure de toute la côte. Elle offre deux mouillages : l'un de trois à six brasses pour les plus petits bâtiments, l'autre de sept à neuf brasses pour les plus gros.

Le premier étonnement qu'éprouve celui qui arrive, avant même d'avoir touché la terre, est causé par les *chelingues*. Ce sont de grands bateaux non pontés, très creux et à fond plat, chargés d'établir la communication entre les navires et la côte. Ce qui les distingue entre tous, c'est qu'ils manquent absolument de membrures, et que pas un clou, pas une cheville n'entre dans leur charpente ; leurs différentes parties sont tout simplement *cousues* entre elles avec une corde faite de l'enveloppe du fruit du *coccos nucifera*. Les embarcations ainsi construites résistent mieux, paraît-il, au choc des lames très nombreuses et très violentes. Les Indiens qui les conduisent, saisissent avec une singulière adresse le moment où une lame élève leur chelingue jusqu'au bordage du navire, enlèvent prestement le voyageur dans leurs bras, et celui-ci se trouve au fond du bateau avant même qu'il ne se soit rendu compte de ce qui se passe. Il a d'ailleurs fort à faire pour s'y maintenir en équilibre, jusqu'au moment où la chelingue s'arrête au pont débarcadère, long de cent quatre-vingt-douze mètres.

A peine a-t-il mis les pieds sur le quai, qu'il est environné, assailli par une nuée d'officieux de toute nature, où se font surtout remarquer les mendiants, les *dobachis* et les conducteurs de *pousse-pousse*. Nous aurons à revenir plus loin sur chacune de ces intéressantes catégories de la population.

On arrive à la ville par une large promenade bordée de grands arbres, qui porte le nom de *Cours Chabrol*, et qui sert de demi-ceinture à la *ville blanche*.

Car Pondichéry est divisé en deux parties par un large canal. La *ville noire*, à l'ouest, ne se compose guère que de cases indigènes, dont quelques constructions européennes font encore mieux ressortir la tristesse et la pauvreté. La ville blanche, à l'est et sur le bord de la mer, est régulièrement bâtie et très coquette. Le soleil fait miroiter le stuc de ses blanches habitations, qui le plus souvent se cachent au milieu de jardins éternellement fleuris. Les voies sont larges, régulières, ce qui permet heureusement à la brise de mer, quand elle se lève, de les balayer et de les rafraîchir.

Aussi l'état sanitaire de la ville se trouve-t-il en

général satisfaisant, favorisé qu'il est d'ailleurs par un climat assez régulier et salubre. A Pondichéry, dans les temps ordinaires, le thermomètre marque habituellement 30° centig. pendant le jour et 26° pendant la nuit, surtout en décembre et janvier. De mai à septembre, mois pendant lesquels souffle un vent d'ouest brûlant, la température varie de 31 à 40 degrés centigrades.

Autour de la ville, et sur tout son territoire en général, on voit de nombreux bouquets de cocotiers et de palmiers, des canaux, des ponts élégants, de gracieuses villas, de fraîches rivières.

Il n'est pas nécessaire de parcourir longtemps les rues de Pondichéry, pour être frappé de la diversité des types qu'on y rencontre.

Pondichéry et son territoire, divisé en trois districts, comptent environ cent cinquante-six mille habitants. Cette population, comme d'ailleurs celle de toute l'Inde française, est formée de quatre éléments distincts ; nous allons les étudier ici une fois pour toutes, en prévenant les lecteurs que les détails suivants ne s'appliquent pas seulement aux habitants de Pondichéry et de son territoire, mais bien à ceux de tous nos autres établissements.

En premier lieu viennent les Européens ou leurs descendants, créoles indiens. Leur nombre est très restreint : on en compte tout au plus quinze cents dont mille environ fonctionnaires ou employés du gouvernement ; les autres sont négociants ou représentent de grandes maisons de commerce de l'ancien et du nouveau continent ; quelques-uns enfin exercent des métiers absolument inavouables.

Après eux, ce sont les mulâtres, au nombre de deux mille environ, qui portent le nom de *Topas;* ils doivent cette appellation au *topi,* ou chapeau, qu'ils ont eu les premiers le droit de porter en remplacement du turban traditionnel. Cette race métisse provient de l'union des indigènes avec les Européens, et notamment à l'origine avec les Portugais, dont elle parle encore la langue plus ou moins altérée. Les topas sont accaparés par la petite industrie ou la domesticité.

Nous citerons en troisième lieu l'élément musulman, introduit par la conquête. Les *Mapelles,* c'est ainsi que l'on nomme les descendants de Tamerlan, étaient autrefois de très remuants et de très riches courtiers en toutes sortes de marchandises, et se livraient en particulier au commerce des diamants. Devenus depuis longtemps plus tranquilles, ils se fondent, pour former ce qu'on appelle la population indigène, dans le quatrième élément, le plus important de beaucoup.

Il se compose des Indiens ou Hindous, descendants des peuples autochtones, aryens ou tamouliens.

Les Indiens sont en général d'une taille exiguë, mais parfaitement proportionnée. Leur peau ordinairement cuivrée est quelquefois très claire, et quelquefois foncée comme celle des nègres ; mais même dans ce cas, ils conservent le type caucasique dans toute sa pureté. Leurs cheveux sont touffus et rudes, mais toujours lisses. Ils ont le visage agréable, les attaches fines, les pieds et les mains aristocratiques, l'ensemble très élégant.

Ils se subdivisent en un nombre considérable de castes, dont les principales sont : les *Brahmes,* ou caste sacerdotale ; les *Kchatryas*, caste royale et guerrière ; ceux-ci prennent à Mahé la dénomination de *Nayrs*. Ce sont eux qui combattirent autrefois avec le plus d'acharnement pour défendre contre les Portugais l'indépendance de leur pays. Leurs femmes avaient, et ont peut-être encore, le droit de prendre plusieurs maris. Quand un Nayr se rendait chez une femme, il déposait ses sandales et son épée devant la porte, qui dès lors devenait sacrée.

La troisième caste est celle des *Naycias*, agriculteurs et commerçants. Viennent enfin les *Soudras*, ou caste servile. Ces derniers sont encore aujourd'hui l'objet d'un profond mépris pour leurs compatriotes ; la *loi de Manou* punissait le meurtre d'un Soudra de la même amende que celui d'un chien ou d'un chat.

Au-dessous d'eux encore, viennent les *Parias*, demeurés à peu près en dehors de toute civilisation, et qui, sur la côte de Malabar, portent le nom plus ignominieux encore de *Pouliats*. Ce sont ces derniers qui fournissent le plus nombreux contingent aux conversions chrétiennes, particularité qui n'a rien de surprenant, quand on songe que ces pauvres gens ont tant besoin d'être consolés et relevés à leurs propres yeux.

Les Européens et les Topas sont en général catholiques, ces derniers depuis les lointaines conversions opérées par les Portugais et leurs premières unions avec les femmes du pays. On prétend d'ailleurs que le christianisme serait parvenu presque dès l'origine dans l'Inde, qui aurait été évangélisée par saint Thomas lui-même. *Kasma*, dit Indico-*Ploustes* (c'est-à-dire voyageur), rapporte avoir rencontré des chrétiens dans l'Inde en l'an 547 de notre ère. Quoi qu'il en soit, des missionnaires de différentes nations sillonnent aujourd'hui l'Inde dans tous les sens et pénètrent librement jusque parmi les populations sauvages habitant les Ghâttes.

Les deux autres religions qui se trouvent en présence dans l'Inde sont l'Islamisme et le Brahmanisme.

Nous n'avons pas à faire connaître à nos lecteurs la loi de Mahomet, contenue dans le Koran, et dont les six principaux articles de foi sont : l'unité de Dieu, les anges, les livres inspirés, les prophètes, la fin du monde et la résurrection.

Le Brahmanisme comporte une infinité de divinités, plus nombreuses encore que celles de l'Olympe classique. On n'en compte cependant que dix-sept principales, dont les trois plus importantes sont : Brahma, le principe créateur; Vischnou, le principe conservateur, qui a eu dix incarnations ou avatars; Schiva, ou plus simplement Civa, le principe destructeur. Chaque dieu est accompagné de sa déesse.

Les *Bouddhistes* sont des dissidents de la religion mère. *Bouddha* n'est qu'un des avatars de Vischnou, le neuvième.

La loi de Manou, qui vivait environ douze cents ans avant l'ère chrétienne, est une sorte d'évangile où se trouve prévu et réglé tout ce qui touche à la vie sociale, à la conduite civile ou religieuse de l'homme. Les principes en sont fermes, les déductions logiques et empreintes d'une haute sagesse. Primitivement elle ne comprenait pas moins de cent mille *slocas* ou versets, qui par la suite ont été réduits à quatre mille. Elle est écrite en langue sanscrite.

Le *sanscrit*, langue morte aujourd'hui, subsiste encore comme langue savante. Le *tamoul* ou *malabar* est un idiome contemporain du sanscrit, et qui lui est peut-être même antérieur. On le regarde comme la langue mère des trois autres dialectes du Dékhan : le karmatic, usité surtout depuis Madras jusqu'au fleuve Krischna ; le *télinga* ou *télougou*, parlé à Yanaon et dans les Circars du nord ; le *malegalam*, en usage à Mahé et dans les montagnes environnantes. A Chandernagor, on emploie surtout le *bengali*. Cette langue usuelle des individus qui habitent le delta du Gange, avec l'hindoustani et ses nombreux dialectes, est généralement parlée depuis Calcutta jusqu'à Bombay.

Quel que soit l'idiome chez elles usité, toutes ces populations sont en général d'une docilité et d'une douceur inaltérables. Les plus graves reproches que nous soyons en droit d'adresser aux Indiens, c'est de se montrer les mendiants les plus acharnés, et les plus effrontés voleurs qui se puissent imaginer. Ni la mendicité, ni même le vol ne sont un déshonneur dans l'Inde. Mais il est bien évident que ces vices sont destinés à disparaître par la force même des choses et du temps.

Voyons justement ce que nous avons fait jusqu'ici, quels bienfaits notre civilisation a apportés à ce peuple si avancé sur certains points, si arriéré sur d'autres, de quels monuments et de quelles institutions nous l'avons doté à Pondichéry.

Les principaux édifices de la ville sont : l'hôtel du gouvernement, l'église paroissiale, celle des missions étrangères, deux pagodes, le nouveau bazar, la tour de l'horloge, la tour du phare, une caserne, un hôpital militaire et un hôtel de ville.

Etudions maintenant les diverses institutions qui fonctionnent dans notre chef-lieu.

§ 1. *Services financiers.* — Le budget de la marine et des colonies porte pour l'Inde une somme de 549,389 francs.

Le budget local comprend les recettes et les dépenses de chacun des établissements. Il s'élève en dépenses et en recettes à un total de 1,884,790 francs, sur lesquels Pondichéry figure pour une somme de 1,334,673 francs

Voici les chiffres des plus importantes recettes à Pondichéry :

Contributions foncières,	286.170 fr.
Taxes de navigation,	16.000
Droits sur les spiritueux,	153.000
« « « cocotiers,	54.000
« « le sel.	212.000

§ 2. *La banque et l'argent.* — Il y a deux établissements de crédit à Pondichéry : un comptoir d'escompte et une banque. Cette dernière est une succursale de la Banque de l'Indo Chine, dont le siège est à Paris.

Pour les transactions officielles et les actes authentiques, le système monétaire français est seul en vigueur ; mais la véritable monnaie de circulation est la *roupie*, qui vaut nominalement 2 fr. 40 c. et qui en réalité n'est comptée que pour 2 fr. 10 c. C'est une

Le palais du gouvernement à Pondichery.

pièce d'argent qui se subdivise en huit *fanons* de 0 fr. 30 c. ou vingt-quatre *caches* ; il y a des pièces de un, de deux et de quatre fanons.

La monnaie de cuivre se compose de pièces de six caches, de trois caches, et de une cache (quart, huitième et vingt-quatrième de fanon).

Il y a encore une monnaie de compte, le *lach,* qui vaut cent mille roupies.

§ 3. *Service postal et télégraphique.* — Les relations de l'Inde avec la métropole sont assurées pas un courrier français mensuel et des courriers anglais hebdomadaires. Ceux-ci déposent nos correspondances à Bombay, d'où elles sont transmises à nos possessions par l'intermédiaire de la poste anglaise.

Le service postal intérieur est assuré par cinq bureaux : à Pondichéry, Karikal, Mahé, Yanaon et Chandernagor.

Les paquets peu volumineux, autres que les lettres, sont portés par un courrier spécial qu'on appelle le *banguy.* — Nous signalons en passant qu'on donne le même nom à une pâte composée de la feuille du ganjah, du jagre, du cardamum, etc., dont l'absorption produit une sorte d'ivresse ou d'excitation nerveuse, et dont les courriers font sans doute un fréquent usage.

Disons enfin que l'Inde est reliée télégraphiquement à l'Europe par le câble de l'*Eastern Extension Company.*

§ 4. *Instruction publique.* — Le service de l'instruction publique est placé sous l'autorité du directeur de l'intérieur, qui fait fonction de recteur. Un inspecteur primaire est chargé spécialement de la direction du service.

L'enseignement primaire supérieur est représenté à Pondichéry par deux établissements : le collège Calvé, dirigé par des professeurs laïques, et le pensionnat des Dames de Saint-Joseph de Cluny.

L'instruction primaire simple est donnée par ces sœurs ou par des instituteurs laïques dans un grand nombre d'écoles publiques.

De plus, l'enseignement secondaire est représenté par le Collège Colonial, subventionné par la colonie, et dirigé par les Pères du Saint-Esprit, qui sont tenus de suivre les programmes universitaires. Il compte un personnel de dix-neuf professeurs, dont les classes sont fréquentées par cent soixante-quinze élèves environ.

Il y a encore à Pondichéry un petit séminaire. Enfin, une faculté de droit, dont les cours sont professés par des magistrats, y a été instituée par un arrêté du 24 février 1876.

§ 5. *Travaux publics.* — Nos principaux efforts se portent sur l'aménagement des eaux et l'irrigation. On a construit à Pondichéry un pont débarcadère en fer, que nous avons déjà signalé. Il est relié par un tramway à la voie ferrée qui met le chef-lieu de notre colonie en communication avec le *South-Eastern Indian railway.*

Le chemin de fer français est depuis quelques années en pleine exploitation ; il a été construit par une compagnie anglaise, moyennant une subvention de quatre millions de francs prélevée sur le contingent de l'Inde.

Nous ne saurions manquer de signaler ici les deux jardins botaniques de Pondichéry. L'un, le *jardin Colonial*, créé en 1827, couvre une superficie de dix-huit hectares; mais la nature du sol y est pauvre, et on n'a pas su l'améliorer. Aussi est-il aujourd'hui à peu près abandonné comme jardin d'expérimentation; mais ses larges et ombreuses allées offrent toujours au public un lieu de promenade très agréable. L'autre, appelé jardin d'Acclimatation, date de 1861. Il n'a pas plus de huit hectares. On a tenté d'y adjoindre une magnanerie, qui donna d'abord une soie très estimée, et une école d'agriculture pratique. On y voit de belles allées régulièrement plantées d'arbres d'essences différentes et bordées de haies vives, deux vastes parterres pour la culture des plantes d'ornement, et une pépinière où sont tenues en réserve les espèces dont la création ou l'entretien seraient impossibles aux particuliers. Ce jardin est surtout aimé des habitants de la ville, parce qu'il leur fournit, à d'assez bas prix, des plantes et des fleurs, des fruits et des légumes.

§ 6. *Culte catholique.* — Le service en est assuré par un clergé séculier institué en 1828, et placé sous l'autorité d'un préfet apostolique nommé par décret.

§ 7. *Industrie.* — Les principales industries de Pondichéry sont la filature, le tissage et la teinture des étoffes de coton, connues sous le nom de *guinées*, la fabrication des huiles, et les tanneries. Il existe aujourd'hui trois filatures aux environs du chef-lieu. *Savana*, la plus importante, a cent soixante métiers à tisser, et emploie quinze mille broches avec deux mille ouvriers environ ; elle fabrique à peu près douze cents kilogrammes de fil par jour. — La filature *Cou-Vingadapalachetty* emploie quatre mille quatre cents broches et deux cent soixante ouvriers; sa production journalière est de trois cent soixante kilogrammes. — La troisième appartient à M. G. Gobalouchetty; employant cinq mille broches et cent cinquante ouvriers, elle fabrique en moyenne deux cent cinquante kilogrammes de fil par jour.

Le tissage à la mécanique a été introduit dans notre colonie par M. Desbassyns de Richemont, gouverneur de 1826 à 1828. Le tissage indigène y a éprouvé la même décadence que dans le reste de l'Inde. Réduit par la concurrence à circonscrire ses produits, ses seules ressources consistent aujourd'hui dans la fabrication de quelques mousselines, des guinées, et de divers tissus grossiers à l'usage de la classe inférieure. Cependant on compte encore à Pondichéry et sur son territoire près de quatre mille métiers de tisserands.

Les nombreuses sources qui l'arrosent fournissent des eaux excellentes pour les teintures. Les pays environnants envoient à la ville leurs toiles blanches pour y être teintes en bleu. On y compte environ soixante-treize teintureries, par lesquelles passent chaque année quatre cent mille pièces de toile, mesurant chacune seize mètres de long sur un mètre de large.

§ 8. *Organisation et administration.* — Le commandement et l'administration de nos établissements dans l'Inde appartiennent à un gouverneur, qui tout naturellement réside à Pondichéry. Quand il voyage sur notre territoire, il jouit d'honneurs et de prérogatives quasi royales, et ne marche qu'environné d'une pompe que l'on trouverait à bon droit exagérée en France, mais qui est nécessaire là-bas, loin de la mère-patrie, au milieu de ces populations dont l'inconstante imagination a besoin d'être frappée par un éclatant et imposant appareil. Pour montrer que les moindres détails ne sont pas négligés, nous citerons les *Shobédars*, qui portent des bâtons d'argent devant le gouverneur et les administrateurs.

Après le chef de la colonie, viennent l'ordonnateur et le procureur général.

Le premier, qui est presque toujours un commissaire de marine, a dans ses attributions la marine, les finances, la direction de l'intérieur, c'est-à-dire à peu près tout.

A côté de l'administration active, il y a le contrôle exercé par un commissaire adjoint de la marine. Celui-ci peut présenter des observations, mais n'a en aucune façon le droit de veto, ce qui constitue à coup sûr une anomalie, puisque le contrôlé est supérieur en grade au contrôleur tout à fait impuissant.

Il y a à Pondichéry un conseil privé et un conseil général.

Le conseil privé, présidé par le gouverneur, est composé de deux conseillers nommés par lui et des chefs des différents services.

Le conseil général est composé de 25 membres, élus au scrutin de liste, et par le suffrage universel direct, comme pour la Chambre des députés.

Les électeurs sont inscrits sur deux listes, l'une comprenant les Européens et descendants d'Européens, l'autre comprenant les indigènes. Les électeurs de la première liste nomment exclusivement les conseillers européens, ceux de la seconde les conseillers natifs du pays. Ces derniers comprennent à Pondichéry un représentant de chacun des trois principaux éléments de la population : chrétiens, musulmans et hindous proprement dits.

Il y a en outre à Pondichéry un conseil local, nommé aussi par le suffrage universel, et présidé par un conseiller que le gouverneur désigne à chaque session.

Enfin l'Inde est représentée en France par un sénateur et un député.

§ 9. *Justice*. — Le procureur général est le chef du service judiciaire.

La justice est représentée à Pondichéry : 1° par une cour d'appel composée du procureur général, d'un président de la cour, de trois conseillers, de deux conseillers auditeurs, et d'un greffier; 2° par un tribunal de première instance, qui comprend : un juge président, un lieutenant de juge, deux juges suppléants, un procureur de la République et un greffier; 3° par plusieurs juges de paix à compétence ordinaire.

La police est dirigée par le maire de Pondichéry, qui a sous ses ordres non seulement des agents européens, mais encore des *thabédars* et des *thanadars* (chefs et sous-chefs de poste de police indiens), des *paléagars* et des *talavayes* (inspecteurs et sous-inspecteurs de police), des *tchaoukidars* ou gardes armés chargés de la police urbaine et rurale, etc.

Voici les chiffres donnés par la statistique judiciaire de Pondichéry en 1882 :

Cour d'appel.

Affaires civiles.	190
« commerciales.	6
« criminelles.	24
Appels correctionnels.	59

Tribunal de première instance.

Affaires civiles.	685
« commerciales.	207
« correctionnelles	427

Les affaires criminelles ou correctionnelles, —toutes les causes sont plaidées par des conseils agréés, européens ou indigènes, — ressemblent en général à toutes les affaires du même genre : on peut dire que l'on n'entend presque plus parler dans l'Inde française, ni de *thugs*, ni de *dacoïts*. Le pittoresque y a perdu peut-être, mais la moralité et la sécurité y ont gagné, à coup sûr.

Les dacoïts sont, ou étaient, non pas des voleurs, gens paisibles et formant presque une caste honorée, mais de sinistres bandits, savamment organisés, enveloppant l'Inde entière d'un réseau de cruautés et de crimes. Ils allaient par les provinces, ayant souvent pour complices des chefs indiens de districts, assiégeant les maisons, les mettant à sac, massacrant ceux qui tentaient de leur résister, ou bien encore martyrisant leurs victimes, pour leur arracher quelque précieux secret, par des procédés analogues à ceux de nos anciens *chauffeurs*. Les Anglais surtout, à qui ils s'attaquaient de préférence (1), leur ont fait une guerre acharnée. Ils pillent quelquefois encore des propriétés françaises.

Les thugs sont peut-être mieux connus du lecteur que les précédents. C'est, — ou c'était, dirons-nous encore, — une association religieuse des plus déterminés adeptes de *Bowanie*, la déesse du feu. Leur but était d'immoler le plus grand nombre possible de victimes; — leur moyen, la strangulation. Ils procédaient soit avec une cordelette, soit, quand ils étaient très adroits, avec un simple mouchoir ayant un caillou noué à l'une de ses extrémités ; celle-ci, habilement lancée autour du cou de la victime, venait rejoindre l'autre dans la main nerveuse du thug : il *donnait un tour*, et le crime était accompli. Nos efforts, joints à ceux très énergiques des Anglais, ont à peu près fait disparaître ces tigres à face humaine.

Nos voisins prétendent aussi avoir renversé à jamais tous les bûchers des *Suttee* ; cependant, il paraît que de temps à autre quelque veuve fanatique se brûle encore avec le cadavre de son époux, en dépit des édits et sous les yeux d'une police qui laisse faire.

Les lois françaises sont appliquées aux Européens et aux indigènes qui ont renoncé à leur statut personnel; les autres sont toujours régis par la loi indienne, sauf en matière criminelle.

Telles sont, résumées d'une façon complète, l'or-

---

(1) Comme aux plus riches et aux moins aimés. Nos voisins font peu de cas de l'indigène ; ils l'ont soumis, mais n'ont point ses sympathies.

ganisation et l'administration du chef-lieu. Nous en avons déjà signalé les principaux édifices, et on verra qu'il ne manque rien à Pondichéry de ce qui peut être utile ou agréable, quand nous aurons ajouté qu'on y trouve encore plusieurs comités de bienfaisance, un mont de piété, une imprimerie du gouvernement, un journal officiel de la colonie, un service de santé très complet — (il y a aussi des médecins natifs ou *mestrys*), — une pharmacie de la marine qui livre ses manipulations à peu près au prix de revient, un hôpital militaire, une maison de santé pour les natifs, une léproserie, etc., etc.

Ce dernier établissement, bien qu'il n'ait jamais pu rendre des services très importants, mérite une mention spéciale.

La lèpre est extrêmement fréquente dans l'Inde. Cette horrible maladie qui couvre la peau de pustules et d'écailles, qui carie les os, qui les dénude quand les chairs pourries tombent rongées par d'affreux ulcères, ce mal qui fut la terreur de l'antiquité et du moyen âge, est-il ou non contagieux? On a longtemps discuté la question, et nous la croyons tout à fait résolue aujourd'hui dans le sens de la négative. Mais elle peut être héréditaire, et ce qu'il y a de certain, c'est qu'aujourd'hui encore elle exerce dans l'Inde de terribles ravages.

Le nombre des lépreux y est si grand que vouloir les interner tous serait, non seulement une mesure inhumaine, mais encore une pure folie. On a dû se contenter d'offrir un asile aux malheureux atteints de la redoutable affection. La léproserie a été édifiée en 1827 (sur l'initiative de M. Desbassyns de Richemont, dont nous avons déjà prononcé le nom), environ à deux kilomètres et demi de Pondichéry. Malheureusement elle fut de tout temps peu fréquentée. Le malade serait assuré de trouver à la léproserie d'abord la vie matérielle assurée, et mieux encore, les soins les plus dévoués et les plus intelligents. Mais l'Indien a horreur de la séquestration, il préfère supporter à l'air libre une vie misérable et des souffrances sans trêve. La mendicité, avons-nous dit, ne déshonore pas dans l'Inde, et la charité y est fréquente : Souciassys et Fakirs y étalent librement et partout leurs infirmités hideuses. Nous dirons même que lorsqu'ils n'en ont pas de réelles, ils en créent de factices.

Quoi qu'il en soit, nos médecins consacrent leurs efforts les plus dévoués à ceux des pestiférés qui veulent bien entrer à la léproserie. Malheureusement enrayer la maladie est impossible, la soulager bien difficile, et les consolations des prêtres sont peut-être plus utiles encore que les secours de la science aux malheureux que ronge le mal implacable.

Ni les unes ni les autres ne leur font défaut.

Les charmeurs de serpents.

CHAPITRE III

La vie à Pondichéry. — Les *pancas*. — La table. — Les poussepousse. — La *pointe aux blagueurs*. — Les serpents. — Villégiature. — Les mariages indiens. — Qu'il soit laid, vieux ou méchant. — La fête des Yamsays. — Bayadères et *ayas*. — Les *dobachis*.

La vie, dans le chef-lieu de nos établissements de l'Inde, s'écoule facile, douce et monotone, comme dans la plupart des colonies. On sort peu, aux heures de travail, on dort souvent sur son siège ou sur son bureau, et les plus chauds moments du jour sont réglementairement consacrés à la sieste traditionnelle. Les sybarites ne se contentent pas des molles oscillations du hamac ; un jeune Indien est chargé d'agiter au-dessus de leur tête l'indispensable *panca*.

Le panca est un immense éventail d'un genre tout particulier. Il se compose d'une large pièce de bois, enjolivée de peintures ou de dorures, suivant les goûts et les moyens de son propriétaire, suspendu par deux poulies au plafond, et qu'un serviteur spécial met en mouvement au moyen d'une longue corde qu'il tire, puis laisse filer entre ses doigts. Il renouvelle et rafraîchit ainsi constamment l'air de l'appartement. Les maisons de Pondichéry, avons-nous dit dans le chapitre précédent, sont coquettes et presque toujours cachées au milieu de bosquets éternellement fleuris. Leur rez-de-chaussée est consacré aux bureaux et magasins ; mais là se trouvent aussi la salle à manger, les cuisines et leurs dépendances, pièces qui ne manquent pas d'importance, car la table tient dans l'Inde une place considérable.

Le cuisinier y est un personnage qui tranche sur la troupe des serviteurs ordinaires. Ces derniers constituent une véritable foule, qui est en général peu rétribuée. Les mieux payés reçoivent environ quatre à cinq roupies par mois, et chacun doit prélever sur ses gages sa nourriture et son entretien.

Nos lecteurs parisiens ne manqueront pas de se demander comment ces pauvres gens font pour vivre. Ils sont beaucoup moins malheureux qu'on ne pourrait le croire, et voici le solution de ce problème :

La loi religieuse interdit formellement aux adorateurs de la *Trimourhy* ou trinité indienne, de goûter aux mets dans lesquels entre un fragment quelconque d'animal ayant vie. Le vin leur est aussi défendu. Le fond de la nourriture des Indiens se compose donc presque exclusivement des menus grains du pays qui sont à un très bas prix, de riz, notamment, et ils ne boivent que de l'eau. Nous faisons exception, bien entendu, pour les ivrognes, en petit nombre d'ailleurs, qui satisfont leur triste penchant avec une liqueur de sève de coco fermentée.

Ainsi donc le bétail, les animaux de basse-cour, le gibier, le poisson etc..., sont abandonnés aux Européens. Cela posé, nous n'étonnerons personne en disant que la vie est d'un bon marché excessif à Pondichéry ; on a du poisson, par abonnement, à un prix dérisoire ; un cent de perdrix se vend quinze à vingt francs.

Malgré ces facilités extraordinaires, le nombre des familles créoles de Pondichéry inscrites au bureau de bienfaisance est considérable, ce qui ne diminue en rien leur orgueil natif, auquel on chercherait vainement un prétexte raisonnable.

Mais tout le monde n'en est pas réduit là, heureusement. Il y a à Pondichéry d'assez grandes fortunes ; elles appartiennent pour la plupart à des négociants, et ceux-ci mènent volontiers une vie large et très luxueuse. Les dîners d'apparat, en particulier, se renouvellent très fréquemment. Il serait facile d'y faire une excellente chère en se contentant des seules productions du pays ; mais le faste créole n'y trouverait pas son compte; et il n'y aurait pas de repas convenable si l'on n'y servait en abondance des truffes et du champagne. Les truffes arrivent généralement moisies ; le champagne, spécialement fabriqué pour cette exportation, et qui du reste supporte mal la mer et les trop grandes chaleurs, est toujours détestable ; mais truffes et champagne coûtent fort cher, ce qui ne constitue à notre goût qu'une médiocre compensation.

Quand la sieste est consciencieusement accomplie, elle se termine en général vers quatre heures de l'après-midi ; c'est le moment où la brise du large se lève, et où les rues commencent à prendre un peu d'animation.

Même en dehors de leur demeure, les habitants de la ville brûlante prennent le moins d'exercice possible. On ne marche presque pas à Pondichéry. Pour se transporter d'un point à un autre, on emploie non pas, comme on l'a souvent écrit, ces palanquins qui sont réservés pour les longues excursions, mais de petits véhicules à trois roues, assez semblables aux voitures de nos invalides. C'est ce qu'on appelle des *pousse-pousse*. Ils sont en effet poussés avec une vélocité et une adresse remarquables par des Indiens dressés dès leur plus tendre enfance à cette course particulière.

Créoles, négociants, fonctionnaires échangent volontiers entre eux d'assez fréquentes visites, d'où, nous devons le dire, la médisance est loin d'être bannie.

Mais plus volontiers encore, promeneurs et promeneuses se dirigent vers la plage, qui est ombragée d'assez beaux arbres. L'endroit où se réunissent le plus volontiers les négociants et les fonctionnaires se trouve au pied du phare, à côté du bureau du capitaine de port ; on l'a surnommé la *pointe aux blagueurs*.

La promenade est assez souvent agrémentée par les exercices en plein air des acrobates et des jongleurs indiens, fort agiles et très adroits.

Les charmeurs de serpents sont aussi d'une habileté remarquable. Ils posent à terre leur panier recouvert d'une toile grise et commencent à souffler dans une sorte de chalumeau plongeant dans une calebasse vide dont le son très doux peut se comparer à celui d'un hautbois ou d'une musette.

Bientôt on voit la toile s'agiter, et les têtes hideuses de quatre ou cinq reptiles se dressent avec un air d'étonnement. Ils se glissent hors du panier et viennent s'enrouler autour des poignets ou du cou de l'opérateur, ce qui constitue pour l'Européen un spectacle où l'horreur surpasse, à coup sûr, le plaisir.

Tous les serpents ne sont malheureusement pas enfermés dans les paniers des charmeurs. Ces reptiles, dont le nombre et les variétés sont infinis dans l'Inde, constituent pour les provinces du sud un fléau plus redoutable encore que les tigres pour celles du nord. Deux d'entre eux se disputent le premier rang, non par la taille, car ils sont fort petits, mais par le poison mortel qu'ils sécrètent. L'un est le cobra-capello, dont, paraît-il, on guérit quelquefois la morsure. Il serait en ce cas inférieur à son rival, reptile minuscule et couleur de terre, dont le venin foudroyant parcourt si rapidement le corps de sa victime qu'on l'a surnommé le *serpent minute*. Quand un reptile s'est introduit jusque dans un appartement, ce qui malheureusement arrive assez souvent encore, voici de quelle manière on procède pour s'en débarrasser. On dépose à terre une jatte de lait, dont ces animaux sont très friands, et lorsque le serpent se dirige tranquillement vers l'objet de sa convoitise, un serviteur dévoué, généralement le *dobachi*, lui brise les reins d'un coup de rotin adroitement appliqué.

Après la promenade on dîne ; après le dîner on joue ou l'on danse. On joue beaucoup dans l'Inde et, ce qui surprendra sans doute après ce que nous avons dit de la température à Pondichéry, l'on danse avec acharnement. Les bals du gouvernement sont très courus ; inutile de dire que danseurs et danseuses ruissellent bien avant minuit, heure à laquelle la soirée se termine généralement par l'absorption du *moulougouthani*, mot à mot eau de poivre, breuvage assez agréable, mais qui emporte le palais.

Tel est, à peu près complet, le bilan des plaisirs et des distractions dans le chef-lieu de nos établissements de l'Inde.

Nous devons cependant y ajouter encore les excursions en dehors de la ville, et les fêtes indigènes qui la remplissent parfois d'un bruit, d'un mouvement et d'une pompe inaccoutumés.

Les habitants de Pondichéry se rendent presque tous les dimanches en villégiature sur les bords du lac d'Oussondou, que les Français appellent le grand étang. Nombre de coquettes villas s'élèvent à l'entour : Constantine, Fantaisie, Sans-Gêne, etc... Les repas interminables, les cartes, les régates, les promenades en barques pavoisées, font les principaux frais de ces parties de campagne. Parfois aussi, la nuit, de longues files d'Indiens viennent célébrer quelque fête religieuse sur le bord opposé au rivage français.

Les musiciens de la pagode en fête qui font retentir les airs de sons discordants, les cérémonies bizarres accomplies par les prêtres et les fidèles, les bayadères dont les diamants scintillent à l'obscure clarté qui tombe des étoiles, tout cela présente aux regards de l'Européen une fantasmagorie de l'effet le plus saisissant.

Parmi les fêtes dont nous parlons plus haut, les unes ont un caractère privé, les autres au contraire sont des cérémonies publiques et solennelles. Comme type des premières, nous décrirons un mariage indien ; comme exemple des secondes, nous citerons la fête des *Yamsays*.

On a dit que la monogamie est la règle du mariage dans l'Inde. Sans doute ; mais il est bon de faire remarquer que l'Indien peut prendre une seconde épouse quand il n'a pas d'enfants de la première, lorsqu'elle est lépreuse, ou simplement acariâtre.

C'est là, nous paraît-il, une altération tellement profonde de la règle *primitive*, qu'elle n'en laisse pour ainsi dire rien subsister. La loi de Manou, d'ailleurs, a toujours placé les femmes dans un état de soumission absolue vis-à-vis de l'homme, comme nous le verrons tout à l'heure.

Les femmes indiennes sont mariées vers l'âge de cinq ou six ans mais elles ne viennent habiter avec leur mari qu'à dix ou douze ans, et c'est à ce moment qu'ont lieu les cérémonies que nous allons décrire.

Elles commencent par des ablutions générales. Les fiancés se placent ensuite sur une peau d'antilope, et là on les frotte avec du safran, on répand sur leur tête de l'eau, du lait et du blé, on les parfume, on les oint d'huile de coco, et finalement on les joint l'un à l'autre par des nœuds de mousseline, que l'on ne tarde pas à délier. Ils écoutent alors la lecture des *mantras*; la loi de Manou dit entre autres choses :

« L'époux est le dieu de la femme ; quelque vieux, ou méchant qu'il soit ou qu'il devienne, la femme doit en faire l'idole de son cœur : que tous ses désirs soient conformes aux siens ! »

« La femme doit, en particulier, parler quand son seigneur et maître se trouve disposé à la conversation, et *se taire absolument* quand il lui convient mieux de garder le silence. »

Cette édifiante lecture achevée, le fiancé reçoit sur l'épaule le cordon brahmanique, et passe, non au doigt, mais au cou de sa fiancée l'anneau nuptial, qui en réalité est un collier. Dès ce moment l'alliance est définitivement conclue.

Mais les cérémonies sont loin d'être terminées. C'est même précisément alors que commencent les réjouissances. Les époux font deux fois le tour d'un feu consacré, et procèdent ensuite à de nouvelles ablutions. Puis ils brûlent du riz, et adressent des offrandes aux divinités, que, nous ne savons pourquoi, l'on suppose toujours mal disposées. Enfin, lorsque les époux sont riches, cette fête privée prend en se terminant un caractère public, et c'est principalement alors qu'elle devient le sujet de distractions pour les habitants de Pondichéry.

Les époux font au peuple des largesses souvent considérables, un banquet solennel réunit tous ceux qui veulent bien y prendre part, et le soir les nouveaux mariés sont triomphalement conduits à leur domicile dans un palanquin surchargé de dorures et d'ornements, au milieu d'une interminable procession aux flambeaux, dont musiciens sacrés et bayadères font le plus brillant et le plus joyeux ornement.

Quant à la fête des Yamsays, elle se représente régulièrement chaque année. On la célèbre à l'époque du *Mahoram*, le grand jeûne mahométan, et elle dure huit jours consécutifs. Pendant tout ce temps, un spectacle en huit actes, pour ainsi parler, est donné par des acteurs indigènes sur la place du gouvernement. C'est en général quelque drame bruyant et terrible, car les Indiens aiment passionnément tous les genres de représentations, mais en particulier celles où il y a le plus de fracas, de crimes commis ou de sang répandu. Pendant les huit jours que dure cette pièce interminable, la population, qui n'en veut perdre ni un mot, ni une péripétie, campe, dort et mange sur la place du gouvernement.

C'est également pendant cette fête qu'ont lieu les mascarades indiennes, régulièrement interrompues par des rixes souvent sanglantes entre les deux grandes sectes musulmanes, les *Sunny* et les *Chia*.

Le dernier jour, une procession tumultueuse conduit les *gounes* (1) vers la mer ; les fidèles s'y précipitent avec ces mosquées en miniature, plongeon sacré qui a la vertu de les purifier de toute souillure. Cette fête étant musulmane et non brahmanique, on y voit figurer, dans des proportions moindres que pour les autres, les musiciens des pagodes et leurs bayadères.

Voici plusieurs fois déjà que ce dernier mot se présente sous notre plume, et nous n'avons pas encore dit ce qu'il faut entendre au juste par *bayadères*.

Ce sont des jeunes filles attachées au service des pagodes. Elles sont toutes remarquablement jolies, parce qu'on ne les choisit pas autrement ; elles ont seulement le tort de se peindre le dessous des yeux avec de la poudre d'antimoine. Les brahmes les recrutent dans les familles les plus croyantes, et les initient aux secrets mystères d'un culte idolâtre. Toutes les pagodes rivalisent entre elles à différents points de vue, et notamment pour le nombre, la richesse et la beauté des bijoux de leurs bayadères. Celles-ci se plaisent à les étaler aux regards des visiteurs qui, charmés d'un spectacle aussi étrange, ne

---

(1) Les Indiens nomment ainsi des réductions minuscules de leurs temples.

manquent pas de laisser dans le temple quelque don, converti bientôt en nouvelles parures.

Leur plus puissant attrait est, à coup sûr, leur danse, qui ne ressemble en rien à nos danses européennes, et consiste surtout en gestes et en poses auxquels les bayadères savent donner le caractère particulier qui en fait tout l'attrait.

La société élégante de Pondichéry fait des bayadères l'élément principal de curiosité et de plaisir dans ses soirées et ses fêtes. Leur influence est puissamment contrebalancée par celle des *Ayas*, jeunes Indiennes que leurs familles vendent en quelque sorte comme servantes aux Européens. Celles-ci se montrent en général douces, dévouées, et suffisamment désintéressées. Après un service plus ou moins long chez ses maîtres, l'aya retourne auprès de ces derniers et contracte un bon mariage.

Presque toutes les femmes indiennes sont jolies; mais elles vieillissent aussi avec une rapidité fâcheuse, ce qui n'a rien d'étonnant après ce que nous avons dit en traitant la question du mariage : pour beaucoup d'entre elles, la vingtième année est déjà l'âge d'une complète décrépitude.

Sans vouloir faire injure à un serviteur quelquefois dévoué et toujours très utile, c'est ici le lieu de parler des *dobachis*.

Le dobachi est le premier domestique de l'Inde; c'est un intendant, c'est un factotum. Il tient à la fois de maître Jacques, de Caleb et de Figaro. Il se montre adroitement flatteur avec le maître, orgueilleux et plein de morgue vis-à-vis des autres domestiques, sournois pour tout le monde. Si vous sortez, c'est le dobachi qui portera un parasol au-dessus de votre tête ; si vous vous trouvez dans un cas difficile, il surgit, fertile en expédients. Il est habile à prendre les informations, il excelle surtout dans les intrigues, il voit tout, il sait tout.

Nous n'avons pas besoin d'ajouter que, joignant des dons si précieux à sa qualité native d'Indien, le dobachi, même le plus dévoué, est toujours un effronté voleur.

CHAPITRE IV

Territoire de Pondichéry. — Le sol. — Les cours d'eau. — Division des terres. — Productions. — Pagode de Villenour. — Fête de l'agriculture. — Fête du feu. — *Kaly*.

Le territoire de Pondichéry a une superficie totale de 29,122 hectares. Il se divise en trois districts : le district de Pondichéry, que nous avons étudié d'une façon très complète, celui de Bahour, et celui de Villenour.

Ces parties du territoire ne sauraient évidemment nous retenir aussi longtemps que la première ; Villenour seul nous fournira l'occasion de citer quelques-unes des grandes fêtes indiennes, et notamment celle de l'agriculture.

D'une façon générale, les districts français sont plus féconds que les anglais ; aussi, les aldées se présentent-elles beaucoup plus rapprochées que celles de nos voisins. Les trois districts nommés plus haut contiennent ensemble trente-neuf aldées principales, et cent quarante et une secondaires, qui s'entremêlent aux villages anglais comme les cases d'un jeu de dames.

Le sol du territoire se compose, en partie d'une terre argileuse plus ou moins mêlée de sable, et en partie de terres sablonneuses légères. Les unes et les autres ne deviennent productives qu'au moyen de constantes irrigations, auxquelles pourvoient abondamment tous les cours d'eau naturels, ainsi que les travaux exécutés par nos ingénieurs.

Les bords de l'Ougû.

Huit cours d'eau arrosent le territoire de Pondichéry : la rivière de *Gingy*, qui donne naissance à la rivière d'*Ariancoupam* et au *Chaunambar*; le *Pamlear*, qui se jette dans le Gingy; le *Coudouvear*, qui se jette dans le Chounambar; le *Ponear*, qui prend sa source dans les Ghâttes et se jette à la mer; le *Maltar*, qui dérive des eaux du Ponear et se jette dans le Coudouvear ; enfin l'*Oupar*, qui se jette dans la mer.

Les deux plus importantes rivières sont le Gingy et le Ponear ; elles sont navigables pour les petits bateaux à fond plat, pendant quatre mois de l'année, sur un parcours de vingt-cinq kilomètres à partir de l'embouchure.

En dehors de ces cours d'eau, on compte dans les trois districts neuf grands canaux de dérivation, cinq barrages, cinq grands étangs, cinquante-quatre petits, deux cent deux sources, et cinquante-trois réservoirs servant aux irrigations. Grâce à cette abondance d'eau, le territoire de Pondichéry est devenu assez fertile.

Il est divisé, ainsi d'ailleurs que tout le sol français de l'Inde, d'après un système territorial assez compliqué, dont nous allons indiquer les lignes principales.

La loi *Malmoul* voulait que toutes les terres appartinssent en principe au souverain. La coutume du pays les divisait en cinq catégories: les *jacquirs*, terres abandonnées par le prince aux principaux chefs tributaires ; les *manioms*, abandonnées aussi à différents fonctionnaires, et notamment à des établissements publics et religieux ; les *strotions*, portions de terre d'une importance moindre concédées avec ou sans redevance; les *adamanoms*, dont le souvenir abandonnait à perpétuité, non la propriété, mais la jouissance moyennant une redevance en argent.; enfin, les *prombocs*, ou terres incultes occupées par les routes, les savanes, les étangs, les cours d'eau, etc... Après une série de mesures conservatoires, la France, par un décret du 16 janvier 1854, a renoncé à son droit de propriété sur les adamanoms : les détenteurs actuels du sol, à quelque titre que ce soit, qui acquittent l'impôt réglementaire, sont déclarés propriétaires incommutables du sol qu'ils cultivent. Nous avons seulement conservé un privilège sur les récoltes, et au besoin sur le sol, pour le recouvrement de l'impôt, qui d'ailleurs a lui-même été abaissé de 33 %. Cette généreuse remise ne nous a nui en rien; bien au contraire, depuis cette époque, les terres sont mieux cultivées, leurs produits plus nombreux et meilleurs, et le budget de la colonie est devenu plus prospère.

L'homme à gage, employé pour la culture à Pondichéry, avec contrat d'engagement, s'appelle un *padial*.

Les principales productions du territoire sont d'abord le riz ou *nelly* et les autres menus grains qui servent à l'alimentation des indigènes; l'indigofère, dont la culture a été introduite dans le sud de l'Inde il y a cent ans à peine, et dont les excellents produits sont employés à la teinture des guinées; le palmier *olle*, dont la feuille sert aux Indiens pour écrire avec un stylet leurs opérations commerciales, leurs comptes, rapports, etc.; le cocotier, cultivé plus assidûment encore dans notre établissement de Mahé, où nous le retrouverons; le tabac, la canne à sucre, le cotonnier, le sésame, le gingely, le palma-christi, le bananier, le

citronnier, l'oranger, dont le fruit garde souvent sa couleur verte même après maturité, le grenadier, le pamplemoussier, le goyavier, le papayer, la vigne, qui donne deux récoltes par an, le manguier, l'atier, etc.

Ajoutons encore une grande quantité d'ananas exquis, et citons à part le *betel* et le *ganjah*.

Les Indiens mâchent presque continuellement des feuilles de betel, pilées avec des noix d'arreck et de la chaux, quelquefois avec d'autres ingrédients aromatiques et somnifères. — Le ganjah est le chanvre du pays, *canabis indica*, fumé en guise de tabac par la population malheureuse.

Ces détails sur les cultures et les productions de l'Inde nous conduisent tout naturellement à parler de la fête de l'agriculture, très solennelle et très importante pour les Indiens. Elle se célèbre tous les ans au mois d'avril, à la pagode de Villenour, dans le district de ce nom, l'un des plus peuplés et des plus riches de nos possessions.

Le monument présente l'aspect d'un vaste quadrilatère de granit, et sur chacune des faces de la muraille, s'élève une tour qui dresse dans les airs un véritable fouillis de statues, de colonnettes et de sculptures ; elles sont si nombreuses et tellement enchevêtrées les unes dans les autres, qu'il est impossible de les distinguer nettement. Au milieu de l'enceinte, un vaste étang étale sa nappe bleue, et vers le centre se dresse un élégant pavillon bâti sur pilotis et destiné aux ablutions. Tout autour, on voit des constructions diverses destinées aux brahmes, aux desservants et aux bayadères de la pagode. Un des côtés les plus curieux de la fête est, à coup sûr, l'exhibition inouïe d'infirmités, de plaies, de supplices volontaires très variés, qui se fait aux abords de la pagode : éléphantiasis, carie des os, ulcères de lépreux, flancs ensanglantés à coups d'ongles, membres transpercés de poignards, rien ne manque à ce spectacle unique dans son genre, qui dépasse de beaucoup toutes les horreurs de la Cour des miracles.

Le char de l'agriculture, de la hauteur d'un troisième étage, est en *bithe*, bois assez semblable à l'acajou, surchargé de dorures, de peintures et d'ornements de toute nature. Il est surtout sculpté à jour; les sculptures représentent des scènes sur lesquelles il nous est interdit d'insister ; nous nous contenterons de dire que certains emblèmes, qui ont d'ailleurs pour les Indiens un caractère tout à fait sacré, y jouent des rôles aussi étonnants que variés.

La foule des fidèles s'attèle à cette masse colossale, tend ses muscles, et sous l'effort de plusieurs milliers de pèlerins le monstre s'ébranle enfin, s'avance lentement et accomplit le tour d'un cycle consacré. Il paraît qu'à Jaggrenat quelques illuminés se précipitent parfois encore sous les roues du char sacré, bien convaincus que se faire ainsi broyer est le meilleur moyen d'assurer son salut éternel; à Villenour, heureusement, grâce à l'active surveillance des agents français, on n'a plus à déplorer ces actes de fanatisme.

Nous citerons aussi la fête du feu, pendant laquelle on fait rouler le char du dieu, beaucoup plus petit que celui de l'agriculture, sur un sol enflammé; les fanatiques se font un devoir de le suivre dans sa marche sur les charbons ardents, ce qui, disent-ils, a la vertu de les purifier de toute souillure, et ce qui a, en réalité, pour résultat immédiat de les rendre assez longtemps boiteux.

Une fête importante encore est celle de la *Dourgah*, célébrée tous les cinq ans avec une solennité inouïe, en l'honneur de la déesse *Kaly*.

CHAPITRE V

Karikal. — Yanaon. — Mazulipatam. — Mahé. — Calicut. — Surate. — Chandernagor. — Loges du Bengale. — Coup d'œil général. — Conclusion.

Nos établissements de l'Inde se composent de fractions de territoires isolées les unes des autres. Nous connaissons déjà Pondichéry et ses différents districts, étudions maintenant nos autres comptoirs, sur lesquels nous n'avons malheureusement pas une aussi grande abondance de détails intéressants.

KARIKAL.

Cette ville et son territoire sont situés, comme Pondichéry, sur la côte de Coromandel, mais dans la province de Tamjaour, et par 10° 55' de latitude nord, et 77° 24' de longitude est. Elle se trouve à 104 kilomètres au sud du chef-lieu.

La ville s'élève à un mille et demi de l'embouchure de l'*Arselar*, affluent du Cavery, dont le cours est de seize lieues. Elle présente à peu près le même aspect général que Pondichéry, mais en beaucoup plus petit. Son port, que signale de dix milles environ un phare à feu fixe, haut de dix mètres, élevé à l'entrée de la rivière, est assez assidûment fréquenté, du moins pendant la saison des pluies, époque à laquelle l'Arselar est navigable jusque-là. Pendant la saison sèche, une longue barre de sable obstrue son embouchure, et d'ailleurs on ne peut charger à Karikal que des navires d'un faible tirant d'eau, car la profondeur de la rivière est diminuée, à toute époque, par les terres d'alluvion qu'elle charrie sans cesse.

Le climat et la température sont à peu près les mêmes qu'à Pondichéry.

Le territoire de Karikal comprend cinq districts ou *maganoms* : Karikal, Tirnoular, Nellayendour, Nedouncadou et Cotchéry. Ils renferment entre eux cent sept aldées.

Ce territoire est habité par *deux cent dix-sept* Européens et *quatre-vingt douze mille trois cents* Indiens. Le conseil local se compose de huit membres, et le conseil général de trois membres européens et trois membres indigènes.

Un tribunal de première instance a été institué à Karikal depuis 1827. Il comprend un juge président, un lieutenant de juge, un procureur de la République et un greffier. Voici la statistique des affaires jugées en 1882 :

Affaires civiles. 415
— commerciales 65
— correctionnelles. 146

Le territoire de Karikal ne représente qu'une superficie de 13,515 hectares ; mais il se trouve d'une très grande richesse de production, fertilisé qu'il est par des inondations périodiques rappelant de loin celles du Nil, produites par le débordement du Cavery et de ses affluents au nombre de six. Ces irrigations sont encore complétées par quatorze canaux principaux avec leurs ramifications. Les terres, parfaitement cultivées, produisent surtout du riz en abondance.

Ici, les terres de chaque aldée sont en général des propriétés indivises exploitées d'après un mode spécial par les possesseurs communs. Ces propriétaires fonciers ou *mirasdars* paient au gouvernement la redevance des terres, et ils emploient pour les cultiver des sous-habitants qui ont droit, comme salaire, à une part déterminée dans le produit des récoltes. Ces sous-habitants ont, à leur tour, sous leur dépendance une classe de travailleurs nommés *panéals*.

L'industrie est assez développée dans le territoire de Karikal. Elle s'applique principalement aux toiles guinées, que nous connaissons déjà.

Signalons encore un chantier de construction, non seulement pour les caboteurs, mais aussi pour les gros navires ; sur ce point le mouvement commercial est assez animé. — En 1882, les droits sur le sel, le tabac, etc... ont produit 96,000 fr. de recettes.

Il y a à Karikal, comme à Pondichéry, un agent d'émigration.

YANAON.

Le comptoir de Yanaon est situé dans la province de Golconde, par 16° 43' de latitude nord et 80° 5' de longitude est, à 140 lieues de Pondichéry.

La ville est bâtie au point où le Godavery divise ses eaux, et forme cet affluent qui prend le nom de rivière de Coringuy. C'est la seule possession actuelle qui rappelle l'antique domination de la France dans ces fameuses provinces des Circars, jadis conquises par l'intrépide Bussy.

Le territoire, de 1,429 hectares, s'étend entre le

fleuve et la rivière, sur une longueur de près de trois lieues et une largeur qui varie de trois cent cinquante mètres à trois kilomètres. Yanaon et son territoire ne comptent pas plus de sept mille habitants. Malgré ce nombre très restreint, le sol, d'une grande fertilité, donne toutes les productions que nous avons signalées d'une façon générale pour l'Inde entière. De plus, jusqu'en 1839 le commerce y fut assez actif; mais, à cette époque, un terrible cyclone détruisit la ville, qui ne s'est jamais complètement relevée de ses ruines, fit un nombre considérable de victimes et infecta la région de miasmes délétères.

Le Godavery, dont l'embouchure est presque toujours obstruée par des bancs de sable, se jette dans la mer, à quatre lieues au sud-est de Yanaon.

Le conseil local n'a que quatre membres. Un tribunal de première instance y juge en moyenne par an vingt-huit affaires civiles et quatorze affaires correctionnelles.

MAZULIPATAM.

A cent dix lieues au sud de Yanaon, se trouve Mazulipatam, ville anglaise depuis 1769. Elle est située dans la province des Circars septentrionaux, par 16° 10' de latitude nord et 78° 48' de longitude est.

Nous y possédons une loge, c'est-à-dire un petit comptoir pour la vente des marchandises, avec le droit d'y faire flotter notre pavillon, une aldée nommée *Francepett* (*pett*, village), et deux terrains habités par deux cents Indiens environ, dépendant de la loge française de Mazulipatam, qui relève elle-même de Yanaon. Par une convention conclue avec l'Angleterre le 31 mars 1853, nous avons abandonné le droit de vente et de fabrication des spiritueux dans cette loge, et de ce chef les Anglais nous paient annuellement une somme de 3,500 roupies, soit 8,500 fr.

MAHÉ.

Le comptoir de Mahé est situé sur la côte du Malabar, par 11° 42' 8'' de latitude nord et 73° 12' 23'' de longitude est.

La ville, distante de Pondichéry d'une centaine de lieues, est bâtie près de l'embouchure et sur la rive gauche du cours d'eau dont elle a pris le nom. Un pont la relie à l'autre bord.

A proprement parler, ce n'est pas une ville, c'est un jardin touffu où l'on a construit des maisons. Les habitations européennes, qu'ombragent les bananiers et les lataniers, n'ont qu'un seul étage, mais sont propres et même coquettes; les huttes en paille sont au contraire d'une saleté repoussante, et avec les indigènes y cohabite une variété considérable de vermine.

La rivière de Mahé est navigable jusqu'à une distance de trois lieues dans l'intérieur, pour les bateaux de 60 à 70 tonneaux; mais son entrée est fermée par une barre de rochers que l'on ne peut franchir qu'à marée haute.

A Mahé, le climat est plus salubre qu'ailleurs, malgré les rizières environnantes, parce que la ville est presque toujours balayée par un vent assez fort; la température y varie de 22° à 30°.

Les *amsônes* (villages, mot spécial à Mahé) qui ont été rétrocédées à la France portent les noms de *Pandakel, Chambaro, Palour,* et *Chalakara.* Elles sont à quelque distance de la ville, mais reliées entre elles et à Mahé par une route et par plusieurs chemins bien entretenus.

La superficie totale du territoire est de cinq mille neuf cent neuf hectares habités par une population de sept mille individus, parmi lesquels on ne compte guère plus d'une vingtaine de blancs.

Le conseil local a quatre membres, comme celui de Yanaon.

Le commerce est peu important dans ce comptoir; la principale industrie est le tissage.

La terre est sablonneuse. Sur le bord des rivières, où il est facile de produire des inondations artificielles, les indigènes s'adonnent à la culture du riz, et dans l'intérieur ils consacrent tous leurs soins aux cocotiers.

Mahé pourrait à bon droit s'appeler le pays du cocotier. Les indigènes tirent de cet arbre précieux absolument tout ce dont ils ont besoin : le fil qu'ils fabriquent avec ses fibres sert à coudre leurs vêtements ou leurs embarcations; son bois les aide à construire leurs cases, et ses feuilles desséchées en forment la toiture. Ses fruits, remplis d'une crème végétale et d'une eau délicieuse, leur procurent une nourriture et une boisson des plus agréables. Les noix sèches décortiquées portent le nom de *coprah.* On tire du coprah une huile excellente, qui sert aussi bien à la préparation des aliments qu'à l'éclairage.

Le *callou* est un jus extrait des *spaths* du cocotier, et l'*arrack*, une liqueur fermentée distillée avec le callou.

L'*arrack-patte* est une liqueur distillée avec les jagres et l'écorce de l'*acacia leucocephalea*.

Mahé est placé spécialement sous la protection de sainte Thérèse et de saint Sébastien ; nous n'avons pu, malgré nos recherches, savoir pourquoi. Ce dernier saint a la réputation de protéger contre les épidémies, aussi reçoit-il fréquemment des délégations et des processions d'indigènes.

Nous ne quitterons pas ce comptoir sans signaler un mode de locomotion qui ne lui est pas particulier, il est vrai, mais qu'on y emploie plus fréquemment qu'ailleurs.

Nous voulons parler des chariots traînés...... par des bœufs. Ceux-ci sont loin d'avoir — heureusement pour le voyageur — l'allure lente et majestueuse de ceux dont parle Boileau. Leur conducteur, du reste, ne les laisse guère en repos; il est assis sur un des brancards du chariot, et on le voit fréquemment se pencher avec vivacité vers la partie postérieure de son attelage, qui prend aussitôt une allure plus vive. Qu'a donc fait l'Indien ? Il a tout simplement mordu très fort la queue de ses bœufs.

LOGE DE CALICUT.

Toujours sur la côte de Malabar, à 13 lieues au sud-sud-est de Mahé, se trouve la ville anglaise de Calicut, où nous possédons une loge qui a pour hôte unique le concierge chargé de garder le pavillon.

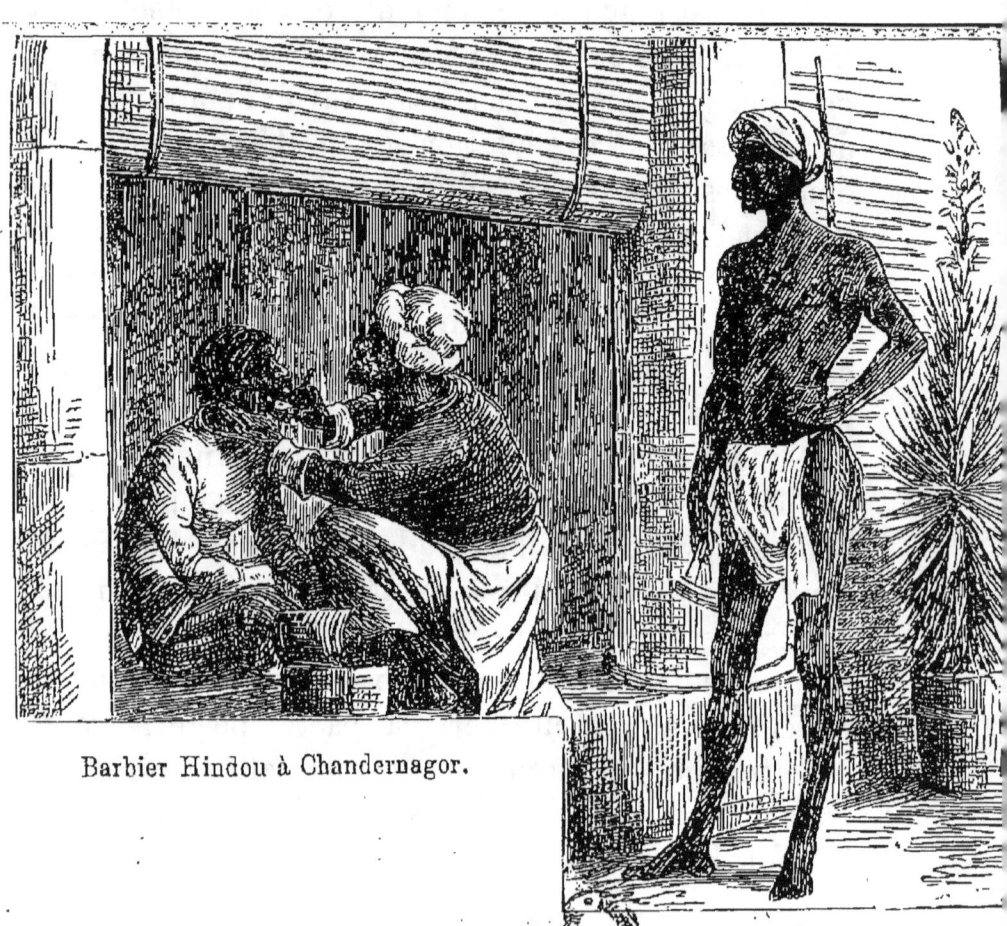

Barbier Hindou à Chandernagor.

LOGE DE SURATE.

Nous avons une petite factorerie dans la ville anglaise de ce nom, située dans le Goudjerate, par 21° 22' de latitude nord et 76° 46' de longitude est, à 55 lieues au nord de Bombay. Un agent français y avait été établi en 1819; mais il mourut quatre ans après, et on ne l'a jamais remplacé. Depuis 1823, la France est représentée à Surate par un simple gardien.

Le jardin et les bâtiments qui dépendent de la loge sont loués 2,000 fr.

CHANDERNAGOR.

La ville de ce nom est située dans le Bengale, par 22° 51' 26" de latitude nord et 86° 9' 15" de longitude est. Elle se trouve à quatre cents lieues de Pondichéry, et à sept lieues seulement de Calcutta.

Elle est bâtie sur la rive droite de l'Hougly, l'un des bras du Gange, à trente-cinq lieues de son embouchure. Le fleuve décrit à cet endroit une courbe gracieuse, et c'est au fond de l'anse que s'élève Chandernagor. Sur ses bords, et le long d'une promenade ombragée, on admire une assez longue rangée de coquettes maisons, dont la belle apparence extérieure laisse supposer une prospérité qui est bien loin d'exister.

Environnée de bois et d'étangs, Chandernagor jouit d'un climat très doux; malheureusement les pluies qui commencent en mars et avril, deviennent continues en juin, et torrentielles au mois d'août. De plus, des cyclones y exercent de temps à autre leurs ravages. Ceux de 1854 et de 1869 ont détruit une partie de la ville.

Malgré sa belle position et ses environs pittoresques, elle est triste et pauvre, car le commerce et l'industrie y sont à peu près morts. L'Hougly peut être remonté en toute saison, jusqu'au-dessus de Chandernagor, par les bateaux à vapeur, car ils y trouvent une hauteur d'eau constante de huit mètres environ ; mais leur nombre est bien peu considérable : que viendraient-ils faire là ? Quand les Anglais ont construit la voie ferrée de Calcutta à Delhi, ils ont offert à la France non seulement de la faire passer par Chandernagor, mais encore de construire dans notre établissement des théâtres, des maisons de jeux, etc.... de telle façon qu'il serait devenu la ville de plaisance de la grande cité indo-anglaise. C'était la résurrection et la richesse pour Chandernagor. Comme compensation, il est vrai, les Anglais demandaient la cession des terrains nécessaires à l'établissement de la voie et à la construction de la gare. L'administration française suscita tant de difficultés, éleva des prétentions tellement exagérées, que les Anglais finirent par éviter soigneusement notre colonie dans leur tracé, et que la gare se trouve à plusieurs kilomètres de la ville restée aussi triste que par le passé.

Il y a à Chandernagor un collège confié à la direction des Frères du Saint-Esprit.

Son tribunal de première instance, composé d'un juge président, d'un procureur et d'un greffier, juge par an 157 affaires civiles, 20 affaires commerciales, et 60 affaires correctionnelles.

LOGES DU BENGALE.

Balassore, Dacca, Cassimbazar, Pathna et Jougdia consistent chacune en un pavillon entouré d'un petit territoire habité par quelques Indiens, sur lesquels nous avons droit de juridiction civile et criminelle. Ces loges sont au cœur des villes anglaises du même nom, toutes dans le Bengale.

Ce serait peut-être, à propos de cette région, le lieu de parler de la chasse. Nous ne traiterons pourtant pas cette question, car elle nous ferait sortir de l'Inde française, seul objet de cette étude. C'est qu'en effet le gros gibier et les grands fauves sont extrêmement rares, pour ne pas dire inconnus dans nos districts. Quant au gibier ordinaire, il est fort abondant, à la vérité, et facile à tuer; cependant, nos compatriotes le poursuivent peu à cause de la chaleur et des insolations : les coups de soleil de l'Inde sont tout aussi mortels que les piqûres de ses reptiles.

Il est évident que toutes les loges précédemment énumérées ne méritent d'être citées que pour mémoire. Encore, sauf Calicut et Mazulipatam, elles sont presque toujours louées aux Anglais pour de très modiques redevances.

Somme toute, nous possédons dans l'Inde cinq villes présentant, avec les territoires qui en dépendent, 60,000 hectares environ de superficie, et un peu plus de 300,000 habitants.

Nous n'y sommes, comme on le voit, ni riches ni puissants. Cet aveu sera mieux compris encore quand nous aurons complété les détails déjà fournis sur l'industrie dans le courant de cette étude, et quand nous l'aurons terminée par un aperçu général, avec quelques chiffres statistiques sur la navigation et le commerce.

L'industrie a tout naturellement son centre le plus actif à Pondichéry ; nous nous sommes déjà étendus sur ce sujet, nous n'y reviendrons pas. Nous avons signalé aussi le chantier de construction de Karikal ; ajoutons qu'on y fabrique les mêmes étoffes qu'à Pondichéry, mais en moins grande quantité, et qu'on y trouve encore plusieurs huileries, deux teintureries, une savonnerie et une indigoterie.

A Chandernagor, Mahé et Yanaon, l'industrie des tisserands étaient autrefois très prospère ; mais aujourd'hui sa décadence est presque complète, parce que nous sommes obligés de demander les matières premières à nos excellents voisins les Anglais, et qu'ils ont bien soin de les frapper de droits de sortie très élevés.

Mieux encore : la fabrication du sel, qui était autrefois très active dans nos établissements, y a été interdite depuis la convention passée avec l'Angleterre le 13 mai 1818. — Tel est le bilan de l'industrie.

Quand à la navigation, les relations avec la France et les colonies françaises sont encore réservées aux bâtiments français. Mais il a bien fallu admettre les navires étrangers à faire le commerce dans nos établissements, sous peine de le voir disparaître presque entièrement. On a cru devoir frapper les navires de tous pavillons des droits ci-après:

	Par tonneau :
Droits de tonnage et de manifeste à Pondichéry, Karikal et Mahé, quand le navire opère.	» 20
Droits de phare.	» 15
Droits sanitaires	» 02
Droits de présence par jour. . . .	1 20

Toutefois, les droits sanitaires n'existent pas pour les bâtiments venant de Madras ou de Karikal et des points intermédiaires situés entre ces deux villes.

Le conseil général de l'Inde statue sur toutes les taxes et contributions, à l'exception des tarifs de douane, qui sont réglés par décret. A proprement parler, il n'existe pas de droits de douane, car il serait impossible d'empêcher la fraude dans nos établissements tout à fait enclavés au milieu des possessions anglaises. Cependant on perçoit des droits d'entrée sur les spiritueux extraits du cocotier, du palmier, de la canne à sucre et du riz, ainsi que sur le tabac et le bétel. Quant au sel, son introduction est absolument interdite.

EN 1880, L'INDE FRANÇAISE A IMPORTÉ :

De France. . . .	1,200,000 fr. de marchandises	
Des colonies françaises	488,000 »	»
De l'étranger. . .	6,200,000 »	»

ELLE A EXPORTÉ :

| Pour la France . . | 11,400,000 » | » |
| » l'étranger . . | 13,000,000 » | » |

Tout cela n'est ni brillant, ni consolant, quand on songe que nous avons possédé le tiers et plus de l'Hindoustan et que nous y avons gouverné *trente-cinq millions* de sujets hindous! Enfin quels regrets ne doit-on pas concevoir quand on constate que les Anglais ont obtenu les magnifiques résultats dont ils bénéficient actuellement par l'observation pure et simple de la politique dont l'infortuné Dupleix fut le créateur et la victime! Aujourd'hui notre rôle politique est à jamais terminé dans la péninsule indienne, et nous avons constaté que nos établissements végètent au triple point de vue agricole, industriel et commercial. Que nous reste-t-il donc? une vague espérance que Pondichéry verra son importance s'accroître considérablement dans l'avenir, puisqu'elle est devenue une des stations de la ligne de paquebots qui relie Marseille au Japon et à la Chine par le canal de Suez.

BIBLIOGRAPHIE

E. TERRY. *Histoire philosophique et politique des éta blissements et du commerce des Européens dans les Indes.* (6 vol. in-16, Paris, 1778.)

CHARPENTIER. *Histoire de la Compagnie française pour le commerce des Indes Orientales* (1666).

LA BOURDONNAIS. *Mémoires recueillis par son petit-fils* (1827).

BARCHOU DE PENHOEN. *Histoire de la domination anglaise dans les Indes* (1841).

DE SAINT-PRIEST. *La perte des Indes sous Louis XV* (Revue des Deux-Mondes 1845).

DE LANOYE. *L'Inde contemporaine* (1858).

DE WARREN. *L'Inde anglaise en 1843, 1844* (2ᵉ édition, 1845).

ROUX. *Le Bailli de Suffren dans l'Inde* (1862).

BOHAN. *Voyage dans les Indes Orientales* (1866).

GRANDIDIER. *Voyage dans l'Inde Méridionale* (Tour du Monde 1869).

TIBULLE HAMONT. *Histoire de Dupleix* (Paris, in-8°, 1881, Plon et Cⁱᵉ).

Mᵐᵉ DE L. *Documents inédits.*

ANQUETIL-DUPERRON. *L'Inde en rapport avec l'Europe.* Paris, an VI (1798, 2 vol. in-8°).

M. WILLIAMS. *Modern India and the Indians* (Londres, 1878, in-8°).

SIR RICHARD TEMPLE. *India in 1880* (Londres, 1880, in-8°).

ELISÉE RECLUS. *L'Inde et l'Indo-Chine.*

X... *Discours d'un fidèle sujet du roi touchant l'établissement d'une compagnie française pour le commerce des Indes orientales.* 1664.

Souchu de Rennefort. *Histoire des Indes orientales*. 1688.

De la Haye. *Journal du voyage des grandes Indes, contenant tout ce qui s'y est fait et passé par l'escadre de Sa Majesté*. 1698.

X... *The case of M. de La Bourdonnais*. 1748.

Robert Orme. *The history of the military transactions of the British nation in Indostan from 1745 to 1763*. 1763-1776.

Voltaire, *Fragments sur l'Inde*. 1773.

X... *Affaires de l'Inde de 1756 à 1783*. 1788.

Fantin-Desodoards. *Révolutions de l'Inde pendant le XVIIIe siècle, ou mémoires de Typoo-Zaeb*. 1796.

Michaud. *Histoire des progrès et de la chute de l'empire de Mysore*. 1804-1809.

La Bourdonnais. *Mémoires recueillis par son petit-fils*. 1827.

Chabrelie. *L'Inde française*. 1827-1835.

Cartwright. *Dupleix et l'Inde française* (Revue Britannique 1862).

Lescure. *Précis historique sur les établissements français dans l'Inde*. 1864.

Malleson. *History of the French in India from the founding of Pondichéry in 1674, to its capture in 1761*. 1868.

Dr Chanot. *Notes sur Mahé* (Archives de médecine navale, 1872).

O. Sachot. *La France et l'empire des Indes*. 1875.

Alleaume. *Le Journal de voyage de Godeheu* (Revue maritime et coloniale, février 1875).

Charolais. *L'Inde française. Deux années sur la côte du Coromandel*. 1877.

Capitaine. *Mahé* (Exploration, novembre 1878).

Capitaine. *Yanaon*. (Exploration, février 1879).

Bionne. *Dupleix*, 1881.

Castonnet-Desfosses. *Articles sur l'Inde française*, publiés dans le *Journal politique de l'Instruction publique*, dans la *Revue de l'Anjou* et dans l'*Exploration*. 1880-1883.

OCÉANIE

ARCHIPEL POLYNÉSIEN

Les possessions françaises en Polynésie se divisaient autrefois en *Iles du Protectorat* et en *possessions* proprement dites. Depuis 1880, les îles placées sous la protection de la France ayant été annexées elles font toutes partie de nos colonies.

Ce sont les suivantes :

Taïti et ses dépendances.
Les Marquises.
Les Tuamotu.
Les Gambier.
Les Tubuaï.
L'île Rapa.

La population des établissements français s'élève à 25,247 habitants ; elle se répartit comme il suit :

Taïti et Moorea.	10,808
Tuamotu.	7,270
Marquises.	5,776
Tubuaï.	693
Gambier.	547
Rapa	153

Dans les îles Taïti et Moorea, il y a 974 Français ou descendants de Français, 591 étrangers européens, et 449 Asiatiques. Dans les Marquises, le nombre des Français est de 71, celui des étrangers européens de 60.

Tous ces établissements sont placés sous le commandement et l'administration d'un gouverneur, assisté d'un directeur de l'intérieur et d'un chef du service judiciaire. Le premier dirige l'administration et la comptabilité des services militaires et maritimes. Le conseil d'administration, présidé par le gouverneur, s'occupe des questions relatives aux intérêts de la colonie. Il est composé du directeur de l'intérieur, du chef du service judiciaire, du directeur de l'artillerie, de deux habitants notables et de deux suppléants nommés par le gouverneur.

Lorsque le conseil d'administration s'occupe de la préparation du budget local et de l'établissement des taxes et contributions, il se constitue en comité des finances et se complète par l'adjonction des membres du conseil colonial.

Ce conseil, institué par les arrêtés locaux des 25 juin 1880 et 5 août 1881, est composé de douze membres, qui restent en fonction pendant un an. Les douze conseillers comprennent six membres français, et six membres représentant les intérêts indigènes. Ils doivent être âgés de vingt-cinq ans, savoir parler, lire, écrire le français, et être domiciliés depuis un an dans la colonie.

Les électeurs sont inscrits sur deux listes : la première comprend les Européens et fils d'Européens domiciliés dans les îles de Taïti et Moorea depuis six mois; la seconde comprend les anciens sujets du roi Pomaré résidant dans ces mêmes îles.

Dans chacune de nos autres possessions, est détaché un résident qui administre sa circonscription sous la haute direction du gouverneur général.

La justice est rendue par des tribunaux français, qui connaissent des affaires civiles, commerciales et criminelles, et par des tribunaux indigènes dont la compétence est limitée aux contestations relatives à la propriété des terres entre indigènes.

La composition des tribunaux est ainsi fixée :

Tribunal supérieur. — Un président, deux juges, un procureur de la République, chef du service judiciaire, et un substitut.

Tribunal de première instance. — Un juge président, un lieutenant de juge et un greffier.

Les fonctions de juges de paix, dans les districts, sont remplies par des résidents.

Telle est l'organisation administrative de nos établissements de la Polynésie, dont nous allons donner la description.

TAITI ET SES DÉPENDANCES

CHAPITRE I

La dynastie des Pomaré. — Les missionnaires anglais.— Etat politique de l'île à l'arrivée des Français. — Prise de possession. — Affaire Pritchard. — Pacification de l'île. — Mort de Pomaré IV. — Avènement de son fils. — Traité de 1880. — Situation. — Aspect général. — Topographie. — Climat.

En 1842, le contre-amiral Dupetit-Thouars venait de prendre possession des îles Marquises. Séduit par la situation géographique de Taïti, qui lui paraissait devoir constituer un centre utile aux intérêts commerciaux de la France, il résolut de s'en emparer; des circonstances particulières devaient favoriser ses projets.

A cette époque, l'île était sous la domination occulte des missionnaires anglais. La reine Pomaré IV régnait, mais ne gouvernait pas.

Voici à la suite de quels événements les ministres protestants avaient été amenés à jouer un rôle actif dans la politique taïtienne :

En 1797, les navigateurs Wallis et Cook, qui avaient exploré cet archipel, firent à leur retour une description si merveilleuse de l'île de Taïti, dépeignirent la beauté de ses sites, la douceur de son climat, l'affabi-

Jeune Tahitienne cueillant des oranges.

lité de ses habitants, sous des couleurs si séduisantes, que des missionnaires anglais partirent de Londres avec leurs familles et vinrent s'installer dans ce nouvel Eden. Quelques années après leur arrivée, la majeure partie de la population était convertie au protestantisme ; le roi lui-même, à la suite des événements que nous allons raconter, avait abjuré la foi de ses pères, adhéré à la religion nouvelle, et fait des ministres anglais ses conseillers les plus intimes.

A la fin du siècle dernier, c'est-à-dire à peu près à l'époque de l'arrivée à Taïti des missionnaires, régnait un certain *Tati*, surnommé *Pomaré*. Voici dans quelles circonstances ce sobriquet lui avait été donné : égaré, une nuit, dans les montagnes, le monarque dut coucher à la belle étoile et attendre le jour pour regagner sa demeure. De retour chez lui, il fut pris d'un violent rhume de cerveau ; la fréquence de ses éternuements excita au plus haut degré l'hilarité de ses amis, qui le surnommèrent Pomaré (*Po*, nuit, *maré*, humidité). Le sobriquet lui plut, il le conserva et le transmit à ses descendants. Ce fut Pomaré Ier.

Son fils, Pomaré II, homme intelligent et brave, mais ambitieux et violent, dota son royaume d'une sorte de régime parlementaire, avec des chambres et un ministère responsable. Puis il voulut reculer les bornes de ses possessions et résolut de s'emparer des îles voisines ; il n'avait pas d'armée, et ses moyens d'action consistaient seulement en une troupe de fidèles qu'il lança sur un district voisin. La petite armée se livra au meurtre et au pillage, et cette démonstration maladroite n'eut d'autre résultat que de provoquer contre le roi une coalition générale. Traqué de toute part, Pomaré II dut chercher le salut dans la fuite ; il se retira, suivi de quelques hommes de son entourage, dans l'île Moorea, où il savait pouvoir trouver des partisans.

Depuis quelque temps déjà, les missionnaires anglais rêvaient d'annexer Taïti à l'empire colonial de leur patrie ; ils suivaient donc avec intérêt la marche des événements, bien décidés à profiter de la première circonstance qui leur permettrait de prendre la haute main dans la direction des affaires de l'île : la retraite du roi à Moorea leur parut offrir une occasion favorable, aussi se gardèrent-ils bien de la laisser échapper.

Leur chef, le révérend Nott, fut chargé de conduire les négociations. Il se rendit donc à Moorea. Profitant de l'instant où le prince exilé, les regards tournés vers l'île enchantée d'où ses sujets l'avaient chassé, rêvait au moyen d'y rentrer en vainqueur, le ministre s'approcha du roi et lui demanda la cause de sa tristesse. Silencieux, le monarque désigna du doigt par delà les flots, le royaume qu'il croyait à jamais perdu pour lui.

— Veux-tu des armes pour le reconquérir ? dit Nott ; fais-toi chrétien, et je t'en fournirai.

Le roi promit d'abjurer ; des armes, débarquées d'un navire anglais en croisière dans ces parages, lui furent livrées, et quelques jours après, à la tête des Mooréens, Pomaré II rentrait dans ses États.

Aussitôt remonté sur le trône, le roi reçut le baptême, et de ce jour le pouvoir passa tout entier aux mains des Anglais. Pour assurer leur influence sur le monarque, les dignes missionnaires lui apprirent à apprécier l'alcool et l'amenèrent rapidement à un degré d'abrutissement tel, que si la mort n'était pas venue le frapper, ses sujets l'eussent certainement renversé : ils étaient honteux de se voir gouvernés par un prince aussi peu capable de faire respecter les prérogatives de son peuple.

Le règne de son successeur Pomaré III fut court et n'offrit rien d'intéressant ; souverain faible et sans volonté, il obéit aveuglément aux missionnaires, dont l'influence allait sans cesse grandissant.

Pomaré IV *vahine* (la reine Pomaré) monta sur le trône en 1825. Elle était née en 1813. A son arrivée au pouvoir, elle trouva Taïti jouissant d'une prospérité apparente et d'une tranquillité relative, sous le gouvernement établi par son grand-père, mais en réalité soumise à l'Angleterre et à ses ministres.

Jusqu'en 1842, le règne de Pomaré IV s'écoula paisiblement. Peu tracassée par les soucis qui accompagnent d'habitude le pouvoir, la jeune reine passait, dit-on, tout son temps à jouer. Cependant, elle fut effrayée à la longue des agissements de l'Angleterre qui, voulant abuser de sa jeunesse et de son inexpérience, la faisait circonvenir de toute part ; en butte aux obsessions des missionnaires protestants, dont la puissance l'inquiétait, et qui la pressaient d'accepter le protectorat anglais, elle eut recours au consul de France, M. Mœrenhout. Plus habile que ses rivaux, celui-ci réussit à persuader à la reine que le seul moyen d'échapper à l'importunité des ministres anglicans était de se jeter dans les bras de la France, qui assurerait l'indépendance de ses États et saurait la faire respecter. Les principaux conseillers de Pomaré IV, gagnés à notre cause, appuyèrent les propositions du consul français auprès de la reine, qui se décida à se mettre sous notre protection.

Sur ces entrefaites, l'amiral Dupetit-Thouars arrivait devant Papëete, capitale de l'île, à la tête d'une escadre. Pomaré IV lui demanda l'aide de la France contre l'Angleterre ; le traité de protectorat, signé par l'amiral et par la reine, fut ratifié à Paris le 28 avril 1843. Dans ce traité, la prudente souveraine ne mettait l'archipel sous l'égide de la France que pour la durée de son règne, n'entendant pas engager l'indépendance de ses successeurs.

C'est à ce moment qu'éclata l'affaire Pritchard, qui eut un si grand retentissement, et que des événements récents, sur un autre point du globe, viennent de rappeler par leur analogie avec celle de ce missionnaire anglais.

Pritchard était établi dans l'île ; à ses fonctions de ministre du culte protestant, il joignait celles de consul du gouvernement britannique, et de pharmacien. Il fut profondément irrité du succès que venait d'obtenir M. Mœrenhout ; l'arrivée de l'amiral, et les événements qui s'en suivirent, mirent le comble à son exaspération. Pritchard entreprit une vraie croisade contre la France : il se sentait du reste soutenu par le commodore anglais Taup, qui enjoignit à ses nationaux de refuser obéissance au nouveau règlement promulgué par Dupetit-Thouars. Non content de pousser ses compatriotes à la révolte, il fit hisser un nouveau pavillon sur la demeure de la reine, comme pour insulter au pavillon du protectorat.

A cette nouvelle, Dupetit-Thouars se rend à Taïti

et prie la reine de remplacer immédiatement son nouveau pavillon par l'ancien. Pomaré IV refuse. L'amiral annonce que le pavillon français est seul reconnu, et prend possession de l'archipel au nom de la France. Pritchard, de son coté, amène le pavillon qui flottait sur sa demeure et engage la reine à se retirer à bord d'un navire anglais.

La situation était grave : approuverait-on en France la conduite de l'amiral? c'était peut-être un cas de guerre avec l'Angleterre ; le désavouerait-on? on s'exposait aux reproches de l'opposition, et, de plus, l'honneur de la marine française était compromis. Louis-Philippe régnait alors ; il aimait la paix par tempérament et par politique. Quand il sut que l'Angleterre avait été fort irritée par notre prise de possession, il ne songea plus qu'à ne pas mécontenter ses alliés, et, sans se soucier de la fâcheuse impression que produirait en France ce désaveu, déclara qu'il n'y avait aucune raison pour déroger au traité primitif, et que, par conséquent, Pomaré IV garderait sa souveraineté.

« Sur ces entrefaites, les intrigues de Pritchard avaient amené un dénouement inattendu. Pritchard avait réussi à organiser dans l'archipel une famine factice ; il avait conseillé aux insulaires de cacher leurs troupeaux dans les montagnes, et à la reine de chercher un refuge à bord de la goëlette anglaise *le Basilic*. De plus, des bandes armées parcouraient le pays : quelques insurgés, pris les armes à la main, avouèrent qu'ils avaient agi d'après les conseils de Pritchard. L'amiral fit alors arrêter et emprisonner le consul. Les matelots chargés de l'arrestation l'opérèrent avec plus de brusquerie qu'il n'aurait convenu ; ils eurent le tort d'éventrer les bocaux du missionnaire-pharmacien-consul et de ne pas respecter son mobilier. A peine l'arrestation de Pritchard fut-elle connue en Angleterre, que dans tout le pays il y eut comme un débordement inouï d'injures et de réclamations contre la conduite de nos agents. M. de Jarnac, notre chargé d'affaires à Londres, écrivit même à M. Guizot, alors ministre des affaires étrangères, qu'on était à la veille d'une rupture. Que faire? céder encore ou résister ?

« En cédant, on flattait l'orgueil anglais et on évitait la lutte ; mais aussi quelle blessure pour notre amour-propre, et quelle arme entre les mains de l'opposition! En résistant, on caressait les préjugés français, mais on s'exposait à une guerre redoutable. Jamais le roi et ses ministres n'avaient été plus embarrassés. Par bonheur, le gouvernement anglais ne se souciait nullement, en réalité, de rompre avec la France. Il fit savoir qu'il se contenterait d'une indemnité pécuniaire, et de quelques explications diplomatiques. Louis-Philippe accepta avec empressement ce mezzo termine, et répondit qu'il accorderait l'indemnité. Restait à la faire voter par les Chambres. Or le compte présenté par Pritchard était, au propre comme au figuré, un véritable *compte d'apothicaire*. L'opposition avait donc beau jeu pour discuter article par article la note présentée par le consul lésé dans ses produits pharmaceutiques. Un violent débat s'engagea à la Chambre des députés. On affecta de voir dans cette concession un acte de timidité, et la politique du cabinet n'obtint que huit voix de majorité. L'épithète de

Pritchardiste fut appliquée à tous ceux qui avaient voté cette indemnité (1). »

Pendant qu'à Paris on discutait la question taïtienne, à Taïti même elle se dénouait brusquement par la force. Les insurgés étaient entrés en campagne. A Mahæna, plusieurs centaines d'entre eux s'étaient installés dans un poste redoutable. Il fallut, pour les en déloger, faire un siège en règle. Quelques mois plus tard, à Fatahua, on frappa un nouveau coup. Notre double victoire produisit un tel effet sur les insulaires, qu'ils vinrent tous les uns après les autres faire leur soumission. Pomaré IV elle-même se décida à rentrer dans sa capitale en jurant fidélité à la France. Depuis cette époque, la tranquillité n'a pas été troublée.

Pendant toute la durée de son règne, Pomaré gouverna sagement son petit royaume, sous la tutelle du représentant de la France, partageant son temps entre les affaires de l'Etat et ses affections de famille. De ce côté elle n'avait que des chagrins.

La reine, qui tenait à donner aux Taïtiens une splendide lignée royale, avait choisi pour époux l'homme le plus grand et le plus beau que l'on eût pu rencontrer dans tout l'archipel. Mais *Arüfaite*, à la taille majestueuse, aux traits réguliers et nobles, dut être relégué dans son rôle de prince-époux et ne se mêler en rien de la politique. Il n'y songeait guère d'ailleurs. C'était un homme difficile à présenter en bonne compagnie, car il s'obstinait à se trop peu vêtir : il n'avait jamais pu se faire à l'habit noir, le

(1) Gaffarel, *Colonies françaises*, p. 373.

simple *pareo* lui semblait plus que suffisant. De plus, il se grisait fréquemment ; aussi le montrait-on fort peu.

De ce mariage étaient issus de véritables géants, qui malheureusement portaient tous un germe fatal dans leur large poitrine : la phthisie les enlevait ; et comme autrefois le roi Soleil demeuré solitaire, la reine Pomaré voyait avec une inexprimable douleur s'éteindre l'un après l'autre ses nombreux descendants.

Tamatoa, l'aîné de ses fils, avait eu de la reine Moë, sa femme, une fille, héritière présomptive du trône de Taïti. La future Pomaré V, sur laquelle se reportait toute la tendresse de sa grand'mère, s'éteignait à son tour quelques mois avant celle-ci.

Aussi les derniers temps du règne de Pomaré IV furent-ils remplis d'une immense tristesse : tristesse de voir la mort lui prendre tous ses enfants frappés du même mal ; tristesse de voir son beau royaume, envahi par une civilisation déjà très corrompue, et sur le point d'être absorbé complètement par une domination étrangère.

La reine Pomaré mourut en septembre 1877 ; son fils *Ariiaue* lui succéda sous le nom de Pomaré V. A l'instigation de notre gouverneur, il renouvela le traité de protectorat signé par sa mère, et se montra très disposé à favoriser la colonisation graduelle de son pays.

Cependant, des circonstances graves se produisirent, qui intéressaient l'ordre de la succession au trône. Le roi, pressenti au mois de septembre 1879 sur la question de la remise complète entre nos mains de l'autorité qu'il exerçait sous nos conseils, se montra disposé à un acquiescement que les chefs désiraient du reste. Bientôt Pomaré V donna une marque éclatante de confiance au commandant. Ayant à se rendre dans un archipel voisin, il confia pendant son absence, le 29 mai 1880, au commissaire de la République M. Chessé (1), le gouvernement général et l'administration de Taïti, ainsi que de ses dépendances.

Peu après, sentant décliner sa santé, le roi entra en communications plus fréquentes avec le commandant. Il comprit que, dans l'intérêt de son pays et de sa famille, il ne pouvait trouver une protection plus efficace que la nôtre.

Le 29 juin 1880, en présence de tous les chefs de Taïti et de Moorea, le commissaire de la République fit donner lecture de l'acte portant abdication du roi et reconnaissance de la souveraineté de la France.

Telle est, en quelques mots, l'histoire de notre occupation de cette île si belle, si fertile et si riche, vantée par tous les navigateurs qui l'ont visitée ; cette île que Cook appelait la *délicieuse*, — Bougainville, la *nouvelle Cythère*, — et dont Dumont d'Urville disait : « Taïti la délicieuse, cette reine polynésienne, cette île d'Europe au milieu de l'Océan sauvage, la perle et le diamant du cinquième monde ! »

Taïti est située entre 17° 29' 30" et 17° 47' de latitude sud, et 151° 29' 53" et 151° 56' de longitude ouest, dans l'Océan Pacifique.

Elle semble formée par la réunion de deux îles circulaires, de diamètres différents, reliées entre elles par un isthme de deux mille mètres de largeur, dont

---

(1) M. Chessé est aujourd'hui gouverneur de la Guyane.

la plus grande hauteur est de 14 mètres au-dessus du niveau de la mer ; il atteint cette élévation au lieu où se trouve le fort de *Taravao*. Dans la plus grande partie de son contour, l'île est séparée de la haute mer par une ceinture de récifs, coupée sur différents points par des ouvertures appelées *passes*, donnant en plusieurs endroits un accès facile dans des baies larges et abritées.

L'intérieur est occupé par de hautes montagnes, produits monstrueux d'un immense soulèvement volcanique. Les plus élevées sont l'*Aoraï* (2,064 mètres) et l'*Arohena* (2,236 mètres). Au centre de la presqu'île s'élève le mont *Niu* (1,324 mètres). Ce soulèvement paraît être le même que celui qui a fait émerger au-dessus des eaux Moorea, les îles Sous-le-Vent, les Gambier, les Tubuaï et peut-être d'autres archipels de la Polynésie. Il n'a pas été aussi complet dans les parages où se trouvent les îles Tuamotu, et l'on doit croire que ce sont les coraux qui, en s'établissant sur les bords des cratères parvenus presque à la surface de l'eau, ont donné naissance à ces îles basses, où un lagon intérieur marque la place précise de ces cimes noyées.

Le sol de Taïti, pierreux et dur au sommet des montagnes, est souvent, sur les plateaux intermédiaires, formé de masses argileuses ; l'espace compris entre le pied des montagnes et le rivage forme des plaines plus ou moins étendues, fertiles et couvertes d'une luxuriante végétation.

Le climat de l'archipel est très sain. Comme dans toute la région tropicale, il y a deux saisons : la saison des pluies qui va de décembre jusqu'en avril, et la saison sèche qui dure d'avril à décembre. La température, variable entre deux saisons de 17 à 31 degrés, ne présente pas de brusques changements. Les fièvres des pays chauds sont inconnues à Taïti malgré les marécages ; et l'archipel polynésien ignore les ouragans qui désolent l'Océan Indien.

CHAPITRE II

Les Taïtiens.— Caractère.— Mœurs.— Fêtes.— Danses.— Chants. — Religion. — Anciennes croyances. — Papëete. — La Petite Pologne. — Le Marché. — Productions du pays. — Culture.— Industrie.

La race Taïtienne est fort belle. Les hommes sont grands et bien proportionnés ; leurs corps robustes annoncent la santé, la souplesse et la force ; agiles et adroits, ils excellent dans tous les exercices physiques.

Admirablement faites dans leur jeunesse, les femmes sont jolies et gracieuses ; elles ont les dents blanches et bien rangées, les yeux grands et baignés d'une voluptueuse mollesse, les extrémités, et surtout les mains, d'une finesse remarquable. Le costume des femmes de Taïti ajoute un charme nouveau à l'ensemble de leur physionomie. Elles portent une gaule ou *tapa*, sorte de longue tunique flottante, de mousseline légère ou de calicot aux couleurs voyantes. Sous ce vêtement un *pareo*, pièce d'étoffe composée de quatre mouchoirs cousus bout à bout qu'elles ceignent autour de leurs hanches. Presque toujours nu-tête, elles laissent flotter leurs cheveux, qu'elles piquent de feuillages et de fleurs ; ou bien elles se coiffent d'un petit chapeau de bambou ou de panama, coquettement posé sur le sommet de la tête, et orné de guirlandes légères. Leurs oreilles sont parées de fleurs.

Les hommes portent aussi des couronnes ; leur vêtement se compose d'un pareo tombant jusqu'aux

Type de Taïtienne.   Type de Taïtien.

genoux et d'une chemise flottante. Comme les femmes, ils marchent pieds nus.

Le caractère des Taïtiens est un peu celui de tous les enfants : ils sont capricieux, fantasques, boudeurs tout à coup et sans motif, foncièrement honnêtes, et hospitaliers dans l'acception du mot la plus complète.

Les dispositions contemplatives sont extraordinairement développées chez eux, et ils se montrent sensibles aux aspects gais ou tristes de la nature.

Ils sont paresseux; pourquoi travailleraient-ils ? Les forêts produisent d'elles-mêmes tout ce qu'il faut pour nourrir ces peuplades insouciantes ; le fruit de l'arbre à pain, les bananes, etc., croissent pour tout le monde et suffisent à chacun. Les années s'écoulent pour les Taïtiens dans une oisiveté absolue et une rêverie sans fin.

La seule occupation qui leur plaise, parce qu'elle n'est ni régulière, ni forcée, c'est la pêche. Montés sur leurs pirogues légères, ils passeront des journées entières bercés par l'Océan : la mer est leur élément favori, ils s'y trouvent à l'aise, et la perfidie même des flots offre un attrait de plus à leur ardente imagination. Les goëlettes qui font le cabotage entre Taïti et les îles voisines trouvent chez les indigènes de précieux auxiliaires, et les baleiniers ont souvent aussi recours à eux pour compléter leurs équipages.

La case du Taïtien est toujours ouverte à l'étranger, et dans ses jours d'abondance il partage sans compter, heureux d'être agréable. Son hospitalité s'exerce franchement, sans arrière-pensée, comme un devoir tout naturel. Du moins il en était ainsi au dé-

11*

but ; nous avons le regret d'ajouter que ces habitudes patriarcales tendent à disparaître à l'égard des étrangers, qui ne devront s'en prendre qu'à eux-mêmes, car ils ont, à coup sûr, abusé de la bonté des indigènes. En somme, la seule préoccupation de ces êtres privilégiés est de vivre tranquilles et de s'amuser.

Malheureusement les hommes et les femmes s'adonnent à la boisson, les femmes surtout. Quand elles disposent de quelques pièces de monnaie, elles se réunissent, jouent aux cartes, fument des cigarettes, et boivent jusqu'à l'ivresse. Il n'est pas rare de les voir avaler, presque sans interruption, jusqu'à dix et douze bouteilles de bière.

Les hommes absorbent des liqueurs fortes, moins par gourmandise de la liqueur elle-même, que par amour de l'ivresse qu'elle procure.

On comprendra facilement que les naturels s'abandonnant à une indolence absolue sous un soleil de feu, sans cesse surexcités par l'eau-de-vie, aient des mœurs très dissolues. Si les missionnaires anglais ont pu convertir tous les naturels, supprimer et faire disparaître bon nombre de leurs coutumes barbares, ils n'ont réussi ni à les corriger de leur ivrognerie, ni à tempérer leur libertinage.

La nourriture ordinaire des indigènes consiste surtout en *mayoré*, fruit de l'arbre à pain ; en *fei*, fruit d'un bananier sauvage, qui croît en abondance sur les montagnes de l'île ; en poisson cru, accompagné d'une sauce appelée *miti*, que l'on obtient en râpant l'amande de la noix de coco et en la délayant ensuite avec de l'eau de mer. Dans les festins, accompagnement obligatoire de toutes les fêtes et de toutes les cérémonies, on mange des volailles, des cochons cuits tout entiers dans le *four canaque*, des taros, des ignames, des crabes, des homards, etc.

Les fours canaques n'existent pas à l'état permanent, ils se construisent au moment de s'en servir. Voici comment on procède : on creuse en terre un trou profond, dont le fond et les parois sont garnis de pierres, puis on y allume un grand feu. Lorsque les pierres surchauffées ont atteint le degré de chaleur convenable, on entasse les aliments dans le four, on bouche l'orifice, et la cuisson s'opère lentement. Les viandes ainsi préparées, et notamment celle du porc, sont délicieuses, car elles conservent tous leurs sucs.

Tout est occasion de fête chez les Taïtiens : mariages, inauguration d'un temple, d'une maison commune, ou toute autre circonstance. Lorsqu'une de ces fêtes a été décidée, le district où elle doit se célébrer commence immédiatement ses préparatifs, les fours se creusent, chaque famille s'occupe des victuailles dont elle composera son festin ; car, à part la table d'honneur, à l'organisation de laquelle doit concourir tout le district, chacun prépare sa table (*amuraci mau*). On élève des cases qui serviront de cuisine ; on construit un vaste hangar où se donnera le repas ; les murailles des maisons disparaissent sous les fleurs et le feuillage ; les jeunes filles tressent des guirlandes d'immortelles roses pour parer les plats, des couronnes qui ceindront le front des convives, horous au feuillage symbolique, revas-revas (1) aux reflets d'or.

(1) Les revas-revas sont de grosses touffes de rubans transparentes et impalpables, d'une nuance d'or vert, que les Taïtiens retirent du cœur des cocotiers.

Grosse affaire que les invitations, non pas à l'égard des personnages revêtus d'un caractère officiel, ceux-là sont conviés de droit, mais pour les particuliers, car il y a en pareil cas une foule de susceptibilités à ménager.

Enfin les préparatifs sont terminés, toutes les convocations ont été lancées : nous sommes à la veille du grand jour. De toute part arrivent les invités ; chacun se rend chez son *feti* (parent ou ami, où l'on est sûr d'être bien traité). Les cases ont été mises en état de recevoir des hôtes nombreux, la salle commune de l'habitation servira de dortoir ; mais, avant de se livrer au repos, un premier festin réunit dans chaque famille tous ceux qui sont venus lui demander l'hospitalité, et ce festin, au milieu des rires, des chants, des gais propos, se prolonge fort avant dans la nuit.

Le jour de la fête, tout le monde est sur pied dès l'aurore. La matinée est consacrée au bain et à la promenade. Cependant l'heure avance, on se rend sur le lieu de la fête, qui présente un aspect des plus pittoresques : les planches qui forment le hangar ont disparu sous le feuillage et les fleurs ; sur les tables recouvertes de nattes de toutes nuances s'élèvent d'énormes pièces montées, agrémentées de horous, de guirlandes d'immortelles et de rubans multicolores ; des homards monstrueux dressent leurs pinces rouges, flanqués de crevettes et de crabes ; des cochons en tiers, rôtis à point, la gueule et les oreilles bourrées de fleurs, attendent les convives.

La fête commence naturellement par la cérémonie qui en a été l'occasion ; le commandant et la famille **royale** témoignent par leur présence de l'importance qu'ils attachent à cette réjouissance. Puis on se rend au festin, qui se prolonge indéfiniment. Après les toasts, les chants ; les chœurs sont composés d'un assemblage de jeunes filles, de jeunes femmes, de jeunes gens venus souvent de fort loin pour apporter à la fête le concours de leur talent. Les chants taïtiens, débités sur un ton doux et vibrant à la fois, n'ont rien qui puisse leur être comparé ; il est presque impossible de les définir, et quand on les entend, on ne peut rien trouver dans ses souvenirs qui se rapproche de ces accords étranges. Les hommes y mêlent des notes basses et métalliques, sortes de rugissements qui marquent les *dominantes*, et semblent plutôt les sons d'un instrument sauvage que les accents de la voix humaine. L'ensemble offre une précision surprenante, et produit le soir dans les bois une impression qui ne peut se décrire. Ces chœurs portent le nom d'*himéné*.

Quand les chants ont cessé, les personnages officiels se retirent, et tout le monde se disperse, car c'est l'heure de la sieste.

Le soir, nouveau banquet, mais d'un caractère plus intime, les autorités n'imposant plus la retenue par leur présence. Il se prolonge fort avant dans la nuit, et se termine par la *upa-upa*, ou danse nationale.

La upa-upa offre aux Taïtiennes des charmes irrésistibles. Quand le tam-tam, à coups redoublés, les appelle à la danse, toutes accourent, et leurs danses continuent jusqu'au jour.

La upa-upa est exécutée par une seule danseuse.

Elle s'avance couronnée de fleurs, et mettant ses poses en harmonie avec la cadence du rhythme, elle se livre à mille gestes désordonnés, s'agite avec une exaltation toujours croissante, jusqu'à ce qu'enfin ses forces la trahissant, elle soit obligée d'abandonner la place pour la céder à une autre, qui la surpasse en transports frénétiques.

Les occupations des femmes sont d'une extrême simplicité : la rêverie, les promenades sous bois ou dans la ville, les stations au marché, la sieste, la danse et le bain. Une grande partie de leur vie s'écoule dans l'eau. La Taïtienne se lève peu après le soleil, gagne le ruisseau voisin, et là, enveloppée de son seul pareo, sous les mimosas en fleurs, elle prend un bain fort long, qui a un charme particulier dans la fraîcheur des pures matinées. Elle le prolonge encore en causeries nonchalantes avec ses compagnes et arrive ainsi jusqu'à l'heure du repas.

Celui-ci est frugal : un peu de poisson, du mayoré, et des gâteaux sucrés que vendent les Chinois.

Le sommeil occupe ensuite la plus grande partie du jour, car le corps demeure volontiers captif dans le bien-être énervant de la sieste.

Le soir, c'est la promenade à la *Petite Pologne*, cette grande rue de Papëete qui va de la campagne à la plage. On voit là les Taïtiennes marcher côte à côte, se tenant par le petit doigt, étalant avec grâce leurs topas aux vives couleurs, leurs couronnes de gardenias et de revas-revas, parées surtout du *tiaré-mini*.

Cet objet n'a pas d'équivalent dans les accessoires de toilette des femmes européennes. C'est une sorte de dahlia vert que les Taïtiennes se plantent dans les cheveux, un peu au-dessus de l'oreille. En examinant de près cette fleur bizarre, on s'aperçoit qu'elle est factice. Portée par une mince tige de jonc, elle se compose des feuilles d'une petite plante parasite très odorante, qui pousse sur les branches de certains arbres des forêts, et que les Chinois excellent a monter ainsi. Le tiaré est particulièrement la parure des jours de fête et de danse ; quand il est offert par une Taïtienne à un jeune homme, cette gracieuseté est tout à la fois une demande délicate et un gage de bonheur.

Ainsi que nous l'avons dit plus haut, les Taïtiens sont tous, ou presque tous, protestants. Avant leur conversion à la religion réformée, ils n'avaient pas de culte proprement dit, mais s'adonnaient plutôt à une série de superstitions. Il est fort difficile aujourd'hui de recueillir des notions précises sur leurs anciennes croyances. Trop peu sérieux pour étudier, ils ne connaissent le passé que d'une façon très imparfaite ; le peu qu'ils en savent leur est parvenu à travers des traditions vagues, où le merveilleux se mêle à des faits réels et de date relativement récente. Ils ignorent la mesure du temps : aussi les événements ne laissent dans leur esprit que des souvenirs bientôt confus.

Ils ont cependant une sorte de genèse, qui semble avoir fait le fond de leur ancienne religion. Le principe créateur de toutes choses est représenté par un être suprême, *Taaroa* : de son union avec *Ina*, naquit *Oro*, le dieu de la création. Celui-ci tira du sein des eaux un grand nombre de terres, et choisit particulièrement l'île de *Reeata*, sur laquelle il fit croître le cocotier, le mayoré, et autres arbres dont les fruits devaient assurer l'existence de ses futurs descendants. Oro rencontra bientôt un ennemi dans Tané, second fils de Taaroa et d'Ina ; mais il le tua et l'ensevelit dans l'île de *Tupaï*. Après sa victoire, Oro revint dans l'île de Reeata, où il créa divers animaux destinés à servir d'aliments à l'homme, qui ne fut mis au monde qu'au moment où la terre se trouva assez riche en bêtes et en fruits pour pouvoir le nourrir. Quelque temps après, les hommes oublièrent l'Être suprême, et un jour que, réunis pour le sacrifice, ils avaient négligé de l'invoquer, Taaroa, dans son courroux, déchaîna contre eux les flots de la mer. Mais Oro leur créateur veillait sur eux ; il leur conseilla de se retirer sur une haute montagne où les eaux ne sauraient les atteindre, et ceux qui lui obéirent furent sauvés de la mort. Ce danger passé, Oro donna aux hommes une constitution et des lois, il créa différentes castes qui furent : les *Arii*, personnages sacrés, doués de vertus miraculeuses, et placés tellement au-dessus de l'humanité que les aliments touchés par eux devenaient un poison mortel pour le reste des hommes ; les *Raatira*, petits propriétaires, bientôt tyrannisés par les Arii ; les *Manahune*, ou gens du peuple, subissant les persécutions des deux castes précédentes. Enfin des unes et des autres sortirent les *Arioï*.

Après avoir assuré de son mieux le bonheur des

hommes, Oro quitta la terre et remonta dans l'éternel séjour prendre la place de son père Taaroa.

Nous indiquons sans nous y appesantir l'analogie frappante qui existe entre cette genèse et un grand nombre de religions, notamment la religion chrétienne. Il est étrange de retrouver dans ces îles de la Polynésie la trace d'un châtiment par les eaux, l'idée d'une incarnation de la divinité, etc.

Les prêtres d'Oro, *Orii*, étaient chargés d'offrir des sacrifices à leur dieu. Leurs victimes étaient ordinairement des animaux, mais dans les grandes solennités ils immolaient aussi des hommes. Après avoir décidé en assemblée dans quel district on prendrait la victime, ils expédiaient un messager, *aerepo*, chargé de porter une pierre noire au chef de ce district. Celui-ci désignait aussitôt un de ses sujets, qu'on égorgeait, et dont le corps était porté au *marae* pour la cérémonie.

Ces marae sont, à proprement parler, les sépultures des chefs d'autrefois qu'on retrouve sur les plages. Mais ce mot a aussi un autre sens, dans lequel il est pris ici; il signifie: autel où les victimes sont immolées. « Taïti, disait la reine Pomaré, était la seule île où, même dans les temps les plus reculés, les victimes n'étaient pas mangées après le sacrifice; on faisait seulement le simulacre du repas macabre; les yeux, enlevés de leurs orbites, étaient mis ensemble sur un plat et servis à la reine. » — Les animaux n'étaient tués qu'au moment de la cérémonie. Les orii examinaient leurs entrailles et en tiraient des présages favorables ou contraires aux entreprises projetées. Les hommes seuls pouvaient approcher le marae, l'abord en était formellement interdit aux femmes.

Aujourd'hui que tous les Taïtiens sont devenus chrétiens, il est à peine besoin de dire que toutes ces coutumes barbares ont disparu. Mais ils n'ont pu se défaire encore de certaines superstitions à l'égard des esprits, dont ils craignent la présence. La nuit, ils redoutent surtout la présence des *Toupapahous*, « génies qui battent l'eau de leurs grandes ailes d'albatros », et des *varuë*, « petites hirondelles grises qu'ils croient être les âmes des trépassés ». Ils s'abstiennent des médicaments préparés par les Européens, convaincus que ces remèdes contiennent des matières provenant de l'organisme humain ; pour traiter leurs maladies, ils ne se servent que de simples connus d'eux seuls et dont ils gardent fidèlement le secret.

Papëete, la capitale de Taïti, est située au nord de l'île. C'est une jolie ville qui se développe le long de la plage, dans une plaine étroite, limitée du côté de la terre par une série de mornes qui vont se raccorder aux hautes montagnes de l'intérieur. On y remarque surtout : l'hôtel du Gouvernement, élevé au pied de la montagne, et devant lequel se déroule une pelouse magnifique ; le palais du roi, construction européenne entourée de gracieux jardins; deux casernes, dont l'une peut recevoir cinq cents hommes; l'hôpital, qui contient quatre-vingts lits ; les magasins de l'Etat, et un arsenal avec un quai d'abatage.

Les deux endroits les plus curieux de Papëete sont, à coup sûr, la Petite Pologne, dont nous avons déjà parlé, et le marché.

Le matin, le marché est envahi par les Taïtiennes, qui viennent y faire leurs provisions de poisson et de cocos. Elles vont ensuite s'asseoir à un des coins de la place, devant des tables où les Chinois leur vendent du thé et du café. Elles sont la terreur des fils du Céleste Empire, car elles débattent énergiquement le prix des marchandises, et bien souvent, que le marchand y consente ou non, elles emportent l'objet de leur convoitise, en laissant à sa place la somme qu'elles jugent convenable.

Ce marché est très bien approvisionné; on y rencontre à peu près tout ce qu'on veut : les Chinois vendent des volailles, des œufs, du poisson, des homards, des crevettes, etc. Il y a en outre deux boucheries, où l'on trouve tous les jours de la viande de bœuf, de porc, et souvent du mouton. On voit aussi des fruits en abondance, car l'île est riche en productions de ce genre : bananes, ananas, mangues, citrons, oranges, etc. Ce dernier fruit surtout constitue une des richesses de Taïti. Nous relevons ce fait qu'en 1875, un district, celui de Tautira, a payé en une seule récolte la construction de son temple, estimé quarante mille francs : il avait vendu 1,900,000 oranges.

Les environs de Papéete sont ravissants, leur charmante réputation est bien méritée. Des sentiers ombreux se détachent de la grande route qui fait le tour de l'île et se dirigent vers la montagne. De ce côté la campagne ne forme qu'un bouquet de verdure; les bananiers y balancent l'éventail allongé de leurs immenses feuilles, et les orangers, constellés de blanches fleurs ou chargés de fruits d'or, embaument tout le voisinage.

Les principales cultures de Taïti sont d'une part le coton, la vanille et la canne à sucre, d'autre part l'igname, la patate, l'arrow-root, etc. Ces divers produits sont cultivés dans d'assez larges proportions; grâce à la fertilité du sol, il serait facile et d'augmenter leur quantité et d'améliorer leur qualité.

Malheureusement, ici comme dans beaucoup de nos colonies, s'élève une grave difficulté. Les demandes de concessions pour Taïti sont nombreuses, et jusqu'ici le gouvernement n'a pu y faire droit, n'ayant pas encore constitué dans les îles un domaine colonial qui permette de répondre favorablement aux demandes. L'administration locale, consultée à ce sujet, a déclaré que la constitution de ce domaine serait, sinon impossible, au moins très difficile et très longue. Toutes les terres susceptibles d'être utilisées soit pour la culture, soit pour l'élève du bétail, sont possédées individuellement par des Européens ou des indigènes. La plus grande partie du sol appartient à ces derniers, qui attachent une importance considérable à sa possession, et ne se défont d'une parcelle de terrain qu'à la dernière extrémité. Encore ce cas est-il fort rare; les naturels ont peu de besoins, et considèrent comme un déshonneur la vente de la terre qui appartenait à leurs ancêtres. Dans ces conditions, les Européens ne peuvent guère se rendre à Taïti avec l'espérance d'y faire valoir des terres; cet état de choses est d'autant plus regrettable, que de nombreuses demandes parviennent chaque jour au ministère de la marine, formées par des émigrants de bonne volonté, tout disposés à porter dans la colonie leur activité et leur savoir-faire.

L'industrie a pris à Taïti une certaine extension. Pendant la guerre d'Amérique, quelques négociants, voulant mettre à profit la richesse cotonnière de l'île, avaient fondé à Londres, sous le nom de *Taïti-Cotton-Company*, une société destinée à exploiter ce précieux produit. M. W. Stewart, représentant de la Société à Taïti, organisa à *Antimaono* un vaste établissement. On pouvait espérer qu'un brillant avenir était réservé à cette entreprise; mais la guerre d'Amérique ayant pris fin, et M. W. Stewart étant mort sur ces entrefaites, l'immense plantation fut abandonnée. Il n'en reste plus que quelques cahutes délabrées; la magnifique habitation du directeur, où furent données jadis des fêtes si brillantes, est déserte aujourd'hui et l'herbe envahit les marches du perron.

Nous avons dit qu'à Taïti la terre meuble est très favorable à la culture du coton; ajoutons que celui qu'on y récolte est d'excellente qualité, et donnons quelques détails sur la façon dont on le traite dans notre colonie.

Le coton est une bourre fine, soyeuse, ou plutôt laineuse, plus ou moins blanche; elle emplit la capsule déhiscente d'un fruit porté par une plante arborescente de la famille des malvacées. Dans cette bourre sont blotties les semences ou graines très huileuses de la plante. Lorsque la plantation est en plein rapport, c'est-à-dire au bout de trois ou quatre ans, le seul et constant travail du planteur consiste à récolter. Pour utiliser le coton recueilli, il faut le débarrasser de ses graines. Nous allons suivre le travail de la préparation dans l'usine de M. Robin, établie non loin de Papëete.

Cette usine se divise en deux parties, l'une où les métiers sont mis en marche par un moulin, l'autre où ils sont mus par la vapeur. Le coton brut est jeté sur une plaque, d'où il passe automatiquement d'abord entre les dents d'un peigne, puis entre deux cylindres dont le plus gros est recouvert d'une peau d'hippopotame. Après cette première opération, le coton en subit une seconde ayant pour but de le débarrasser des graines qui peuvent être restées après le cardage. Les graines qui portent encore du coton sont jetées sur d'autres plaques disposées en plans inclinés, et garnies de clous dont la pointe est en haut; une deuxième plaque mobile, percée de trous, où s'adaptent très exactement les pointes, vient se fixer sur la première dès qu'elle est chargée, et se presse fortement contre elle : les graines passent à travers les rangées de clous et le coton reste accroché aux pointes.

La canne à sucre a été introduite à Taïti en 1818 par un Anglais, M. Giles. Il organisa de vastes plantations et une usine; mais, deux ans après son installation, on fit craindre à Pomaré III que les nombreux étrangers attirés dans l'île par la nouvelle industrie ne parvinssent à le déposséder de son royaume, et M. Giles fut forcé de tout abandonner. — Il y a aujourd'hui dans la colonie plusieurs usines sucrières; la plus importante est celle de M. Adam, qui fournit environ quatre cents tonneaux par an. Les ouvriers employés dans ces usines ne sont pas des indigènes, mais des Chinois et des Arorae, que l'on fait venir des îles Gilbert.

Il existe à Taïti une caisse agricole qui achète les produits des particuliers, et les expédie ensuite pour son propre compte dans les différents centres commerciaux du monde.

CHAPITRE III

DÉPENDANCES DE TAITI

De Taïti dépendent d'abord Moorea, puis quelques îlots sans importance : *Mahistia*, *Tabuemann* et *Tetiara*, enfin les *Tubaï*, l'île *Rapa* et les *îles sous le vent*.

Moorea est plus belle encore que Taïti, la végétation y est plus vigoureuse, et les pics bizarrement déchiquetés qui se dressent au centre de l'île lui donnent un aspect étrange. Un des plus élevés et des plus aigus est troué de part en part à son point culminant; c'est un héros qui, d'après la légende, perfora la roche de sa lance. La côte de Moorea, assez profondément découpée, forme en plusieurs endroits des ports excellents, et notamment celui de Teavara.

Il n'y a rien de particulier à citer dans les îles Mahistia, Tabuemann et Tetiara.

LES TUBAÏ

L'archipel des Tubaï se compose de quatre îles : *Tubuaï*, située par 23° 25' de latitude sud et 151° 54' de longitude ouest ; *Raivavae*, située par 23° 55' de latitude sud et 150° 06' de longitude ouest ; *Rimatara* et *Rurutu*. Ces deux dernières sont indépendantes.

Nous avons peu de choses à dire de ce petit archipel. Les rives de ses îles sont bordées de bois de fer dont le feuillage sombre forme un contraste frappant avec les teintes éclatantes de toute la nature qui les environne. L'intérieur des îles est très pittoresque, mais leur sol peu propre à la culture. Le seul commerce auquel on se livre est celui des volailles, qui s'y trouvent en très grand nombre, et que les habitants vendent relativement bon marché.

ILE RAPA

Cette île, peu considérable, est placée sous 27° 38' de latitude sud et 146° 30' de longitude ouest, non loin de l'archipel de Bass. Elle fait partie des îles du protectorat depuis 1847, et a été annexée à la France avec les autres États en 1880

Son commerce est à peu près nul ; sa population s'élève à peine à *cent cinquante-trois* habitants.

Mais l'avenir l'appellera sans doute à de brillantes destinées, car elle possède la plus belle rade et le port le plus sûr de la Polynésie orientale. Le gouvernement français a le devoir de veiller sur ce point, car il excite de nombreuses convoitises.

M. L. Simonin, qui s'est fait une spécialité de l'étude des colonies anglaises, signalait, dans une conférence faite à la Société de géographie de Paris le 1ᵉʳ février 1884, le fait suivant. Le 7 décembre 1883, les délégués des huit colonies *austrasiennes* réunis en congrès ont décidé de s'emparer d'un certain nombre d'îles de l'archipel polynésien ; l'île Rapa excite tout particulièrement leurs désirs, car elle serait le premier point de relâche des navires venant d'Europe par le canal de Panama.

ILES SOUS LE VENT

A l'archipel des îles de la Société se rattache le groupe des *îles sous le vent*, composé des grandes îles Huahine, Raïatea, Bora-Bora, et de quelques îlots adjacents qui en dépendent.

Les Taïtiens prêtent à ces îles une origine légendaire : Jadis, cinq lunes étaient au ciel, au-dessus du grand Océan. Elles avaient des visages humains plus accentués que ceux de la lune actuelle, et jetaient des maléfices sur les premiers hommes qui habitaient Taïti ; ceux qui levaient la tête pour les fixer étaient pris de folies étranges. Le grand dieu Taaora se mit à les conjurer. Alors elles s'agitèrent ; on les entendit chanter ensemble dans l'immensité, avec de grandes voix lointaines et terribles ; elles chantaient des chants magiques en s'éloignant de la terre. Mais, sous la puissance de Taaroa, elles commencèrent à trembler, furent prises de vertiges et tombèrent avec un bruit de tonnerre sur l'Océan qui s'ouvrait pour les recevoir.

Ces cinq lunes en tombant formèrent les îles de Bora-Bora, Emeo, Huahine, Pariatea et Touboai-Manou.

Lorsqu'un navire arrive au mouillage d'une de ces îles, le pilote apporte à bord le règlement local, dont un article se rapporte à la police des mœurs, qui est en apparence d'une extrême sévérité. Toute infraction à la morale est punie d'une amende ; l'instigateur du délit doit en outre payer une certaine somme attribuée au témoin qui l'a dénoncé à l'autorité. Or, comme en réalité les mœurs des habitants de ces îles sont aussi relâchées que celles des îles voisines, ce mode de répression constitue un joli revenu pour le chef ; si, par impossible, la population venait à se moraliser, c'est l'autorité qui serait la première à en souffrir.

L'île Huahine, placée **sous** l'autorité de la reine Theapata, compte 1,100 habitants. Son principal commerce consiste en coprath, en fungus, et en porcs ; le grand nombre de ces animaux permet facilement d'en exporter. Une incroyable abondance d'oranges de qualité supérieure constituent pour Huahine une véritable fortune.

Le pays est extrêmement pittoresque. Une route circulaire facilite les communications en reliant entre eux les quelques villages de l'île.

C'est à Huahine qu'à la suite du traité de protectorat eurent lieu des événements militaires fort graves. Les Canaques se soulevèrent, gagnèrent les montagnes et nous firent subir de sérieux échecs en décembre 1845, en janvier et mars 1846. Nos troupes, commandées par l'amiral Bonnard, durent battre en retraite; mais elles furent poursuivies, et nous eûmes à déplorer la perte de nombreux soldats.

Huahine possède une école et une maison commune qui sert de temple, la majorité des habitants étant protestants.

La législation des îles sous le vent mérite une mention particulière ; nous y relevons les deux articles suivants qui donnent une idée de l'indépendance des petits souverains:

1° Tout individu étranger au pays, qui y arrive sans caractère officiel, est immédiatement interrogé pour savoir le but qui l'amène. A la suite de cet interrogatoire, le voyageur reçoit son permis de séjour, ou doit s'éloigner sans plus tarder.

2° Tout individu placé dans ladite position peut être réclamé par les représentants de son pays tant qu'il n'a pas été interrogé ; mais dès qu'il a subi favorablement cette formalité, il est en sûreté dans l'île, et ne peut plus en être enlevé.

Raiatea se compose de deux îlots : Raiatea et Tahaa, entourés par un même récif. Elle compte 1,400 habitants, dont la religion est le protestantisme. Elle est gouvernée par un roi, et régie par les mêmes lois que Huahine; cependant les règlements sur les mœurs y sont encore plus sévères : outre l'amende à payer, les délinquants sont condamnés à quelques jours de prison.

Le commerce porte sur les mêmes denrées que dans les îles voisines ; coprath, coton, oranges en quantité considérable et de très bonne qualité, pia, arrow-root, bois de tanaru, etc.

Bora-Bora est gouvernée aussi par un roi depuis la mort de la petite-fille de Pomaré, à qui l'on avait donné la royauté de cette île. Mêmes lois, mêmes usages, mêmes ressources que dans les deux précédentes.

L'aspect de Bora-Bora est particulièrement beau et pittoresque ; il est regrettable qu'on ne trouve que très peu d'eau douce dans les environs du point de débarquement.

LES MARQUISES

CHAPITRE I

Découverte des îles. — Mendanao. — Cook. — Occupation française. — Les colons. — Les Canaques. — La famille. — La propriété. — Productions. — Avenir de la colonie.

En 1595, l'amiral espagnol Mendanao, monté sur la corvette *Capitane*, se dirigeait sur les îles Salomon, récemment découvertes, lorsqu'il rencontra le groupe d'îles qui s'étend au sud-est des Marquises.

Il mit en panne devant Omoa (*Fatu Hiva*) et entra en rapport avec les indigènes. Ceux-ci, réunis sur le rivage, saluèrent l'arrivée de ces hommes nouveaux avec des cris d'allégresse, et les reçurent avec les démonstrations de la plus vive amitié. Mendanao en emmena quelques-uns à bord de son navire; au milieu de la fête qu'on leur donnait, on s'aperçut que les naturels avaient dérobé quelques objets sans valeur; et aussitôt les Espagnols, fondant sur ces malheureux indigènes, leur infligèrent une cruelle punition. Des coups de fusils furent tirés et un certain nombre périrent.

Après cet acte, que de nos jours on trouverait à bon droit d'une sévérité excessive, mais qui paraissait très

Village aux îles Marquises.

naturel au xvie siècle, Mendanao leva l'ancre et reprit le cours de son voyage. Dans sa route, il reconnut encore *Motane*, — *Hiva-oa*, — *Tauata*, — *Vaitahu*, où des scènes semblables à celle que nous venons de raconter, se reproduisirent. Puis il continua sa route, donnant aux îles découvertes le nom d'*Iles Marquises de Mendoza*, en l'honneur de la femme du Marquis de Mendoza, dont il avait reçu la mission qui faisait le but de son voyage.

Cook visita également cet archipel en 1778, pendant son exploration à bord de la *Vénus*, et Forster, qui l'accompagnait, a laissé des renseignements ethnographiques intéressants sur les habitants de cet archipel.

Depuis cette époque jusqu'en 1842, de nombreux navigateurs abordèrent dans ces îles, régulièrement fréquentées d'ailleurs par les baleiniers poursuivant les cachalots dans les mers du Sud ; pendant la mauvaise saison, ils venaient y relâcher, et trouvaient à y échanger des fusils à pierre et de la poudre contre des poules et des porcs. Abusant de l'hospitalité qu'ils recevaient des naturels, les capitaines de ces navires remplissaient les vides faits par la mort dans les rangs de leurs équipages en enlevant quelques-uns des habitants : procédé d'où résultèrent souvent des conflits et des assassinats dont les baleinier furent victimes.

Le 1er mai 1842, l'amiral Dupetit-Thouars, au nom de la France, prenait possession, à *Vai-tahu*, du groupe sud-est des Marquises, et un mois après le drapeau tricolore flottait à *Nu-hiva*, dans la baie *Taiohae*.

En résumé, l'archipel se compose de *onze* îles réparties en deux groupes éloignés l'un de l'autre de vingt-cinq lieues ; elles ont souvent changé d'appellation jusqu'au jour où la France les occupa définitivement. Le groupe sud-est, ou *du vent*, en comprend cinq : *Tanata, Hiva-oa, Fatu-huku, Fatu-hiva,* et *Motane.*

Le groupe nord-ouest, ou de la *Révolution*, ou de *Washington*, en compte six : *Nu-hiva, Hapu, Hanka, Hatutu, Eiao, Motuiti.*

Les débuts de notre occupation furent heureux, et les naturels semblaient accepter avec plaisir notre suprématie, lorsqu'au mois de septembre 1842, il y eut une révolte à la suite d'une rixe entre des indigènes et des soldats d'infanterie de marine. La répression fut sévère, et la victoire de nos troupes complète. Mais elle coûta la vie à vingt-six Français : le capitaine de frégate Halley, un lieutenant et vingt-quatre soldats furent tués. Nous gagnâmes, il est vrai, la propriété entière de Vai-tahu, d'Hanamihae et d'Hanapo ; le roi nous céda la baie de Hakapei, et nous achetâmes celle de Ikoehi. Le 29 juillet 1844, à Haapa, une nouvelle révolte éclata. L'amiral Bruat, alors commandant de nos possessions en Océanie, châtia sévèrement les habitants, et tout rentra dans l'ordre.

En 1846, cinq artilleurs furent assassinés à Taiohae; le chef de la tribu fut condamné à mort, fusillé, et cinq de ses complices subirent la peine de la déportation.

De 1848 à 1852, on abandonna la baie de Vai-tahu, et tout le mouvement de la colonisation, ainsi que le centre du gouvernement, se transporta à Nu-hiva. Ce changement était motivé par un décret de l'Assemblée nationale rendu en 1851, qui désignait cette dernière île comme lieu de déportation pour les insurgés lyonnais. Tous y furent envoyés, à l'exception de trois ; l'amnistie leur ayant été accordée en 1854, ils quittèrent la colonie, et ce fut pour les îles Marquises le signal d'une diminution de personnel et d'un décroissement de population qui n'ont fait que s'accentuer jusqu'en 1859, époque à laquelle nos établissements furent réduits au point où ils en sont aujourd'hui.

Il serait fort difficile de donner une origine certaine aux habitants des îles ; eux-mêmes n'ont que des notions très vagues à cet égard, et il est impossible de découvrir la vérité au milieu des légendes et des récits fantastiques qui forment la base de leur histoire. Ils n'ont pas du reste une juste notion du temps écoulé, et quand on les questionne sur une époque éloignée, ils répondent invariablement qu'ils ne savent pas, « qu'il y a trop longtemps ».

Forster leur assigne une origine asiatique, et Labarthe les fait descendre des races malgaches. Le premier base son opinion sur la couleur de leur peau et sur l'ensemble de leur physionomie ; le second s'appuie sur la similitude du langage, et sur la ressemblance qui existe entre un grand nombre de mots malgaches et canaques.

Ces deux opinions concordent de tout point avec celle que nous émettions à propos des Betsimisaraks qui peuplent notre colonie de Sainte-Marie de Madagascar.

Outre la population primitive des Marquises, on trouve dans quelques-unes des îles de l'archipel une race désignée sous le nom de « Colons » ; elle a été formée par des déserteurs des navires baleiniers, dont nous parlons plus haut, qui se sont alliés aux femmes canaques. Parmi ces déserteurs il n'y avait pas de Français, ils étaient tous Américains, Anglais, Espagnols ou Péruviens. Ces gens, adonnés à l'ivrognerie et à tous les vices, y ont ajouté les plus mauvaises habitudes canaques, et constituent pour la colonie un véritable fléau, car leurs descendants ont hérité de tous leurs défauts. Paresseux, ils ne travaillent que pour subvenir strictement à leurs besoins, c'est-à-dire pour se vêtir et acheter de l'eau-de-vie ; liés d'amitié avec les indigènes, ils abusent de leur générosité et vivent à peu près à leurs dépens. Et cependant, ils ont tous un métier ; ils sont en général fort habiles à construire les baleinières et pourraient s'assurer une existence honorable et lucrative ; mais, nous le répétons, ils ne travaillent que lorsque le besoin les presse.

Les Canaques sont généralement de haute taille et bien proportionnés. Sans les tatouages dont ils se couvrent, on verrait que leur peau est d'un brun très clair, rappelant le hâle produit par le soleil ; les cheveux, très noirs, sont lisses ou ondés, mais jamais crépus.

Les femmes, beaucoup plus petites que les hommes, ont les traits délicats ; elles sont bien faites et remarquables surtout par la finesse de leurs mains. Plus jolies que belles, elles ont le teint clair, et les parties du corps non exposées au soleil aussi blanches que les Européennes ; leurs cheveux, coupés à la hauteur des épaules, flottent en liberté, sans aucun ornement ; elles ne portent pas, comme les femmes de Taïti, des couronnes de fleurs.

D'un caractère doux et hospitalier, les habitants n'ont entre eux que de bons rapports; ils vivent sur le pied d'une cordiale fraternité, comme les membres d'une grande et même famille. Quand un ou plusieurs Canaques passent devant une case, on les appelle ; si c'est l'heure du repas, ils sont invités à en prendre leur part et acceptent sans cérémonie. Si c'est un étranger, on lui adresse la même invitation, on lui offre des fruits, des rafraîchissements, et ses hôtes font tous leurs efforts pour distraire leur invité et lui être agréable. La nation canaque constitue, comme on le voit, une population douce, hospitalière et affable.

La famille, telle que nous la comprenons dans les pays civilisés, n'existe pas chez eux. Et d'abord, ils ne connaissent pas le mariage, ni même une association durable entre l'homme et la femme. Ces unions éphémères ne présentent pas pour les enfants, qui en sont le fruit, les inconvénients que l'on pourrait croire, à cause de l'usage qu'ont les parents de les céder après leur naissance.

Quand une femme est enceinte, ses amies viennent longtemps avant l'époque de ses couches, demander et retenir l'enfant qui va naître : le père et la mère le gardent rarement, il est presque toujours adopté par une autre famille. Les compétiteurs sont nombreux ; ordinairement, le plus riche l'emporte, car la règle veut que l'adoptant fasse un cadeau ; c'est donc, en réalité, un marché, une espèce de vente, et en somme une bonne affaire pour les parents, qui non seulement sont débarrassés du souci d'élever leurs enfants, mais encore tirent un bénéfice de la cession. Il est vrai de dire que ceux qui donnent ainsi leur progéniture adoptent souvent en revanche l'enfant d'un autre. On nous cite un colon d'origine américaine, marié avec une Canaque, qui, avec le sens pratique propre à ces bons Yankees, a élevé cette coutume à la hauteur d'une opération commerciale. Sur huit enfants que lui a donnés son épouse, il en a échangé quatre contre sept truies et quatre cochons gras.

Lorsque l'enfant vient au monde, sa mère le garde et le nourrit jusqu'à l'âge de cinq ou six mois, puis le sèvre et le remet à sa famille d'adoption. C'est là l'occasion d'une fête, à l'issue de laquelle on emporte le jeune adopté dans la demeure de ses nouveaux parents, où du reste il trouve les mêmes soins et la même affection que s'il était resté chez les auteurs de ses jours. Le lien de famille n'est pas absolument rompu, car, quoique l'on ne voie guère d'exemples d'enfants adoptés repris par leurs parents naturels, ils conservent néanmoins des rapports avec eux; ils connaissent leur mère, leurs frères et sœurs, mais de mère seulement, car, dans la parenté, le père ne compte pas, et pour cause. Lorsqu'un Canaque parle de sa naissance, il a soin de dire : « Ma mère, quand je suis né, était la femme de tel homme. »

Une autre coutume fort répandue, et qui rend l'établissement de l'état civil des indigènes très difficile, est l'habitude qu'ils ont de se créer, de leur propre volonté, des parentés d'occasion avec leurs compatriotes et même avec des étrangers; ainsi un Canaque se déclare le père ou le grand-père d'un homme plus âgé que lui, ou bien le fils ou le petit-fils d'un jeune homme. Cette parenté s'accepte facilement, car elle n'engage à rien, pas même au plus petit cadeau ; elle peut être rompue comme elle a été contractée.

Si la famille est organisée sur des bases singulières, on en pourrait dire autant de la propriété foncière qui, à proprement parler, n'existe pas. Un notaire, s'il en existait à Nu-hiva, dirait que les habitants ont l'usufruit du sol sans en avoir la nue propriété. En effet, les Canaques jouissent des terres, mais ne les possèdent pas ; elles appartiennent aux différents chefs, et ceux-ci, quand ils en vendent une partie, s'inquiètent fort peu des occupants. Cette propriété du sol remonte à un temps très reculé, probablement à l'époque de la prise de possession des îles par la race actuelle, alors que la terre conquise fut partagée entre les chefs des peuplades envahissantes. C'est là, du reste, le meilleur et presque le seul apanage des chefs, car ils n'ont aucune autorité sur leurs sujets ; ils ne portent aucune marque extérieure de leur dignité, et ce n'est que pendant une guerre, ou dans les circonstances graves, qu'ils exercent leur commandement ; ils sont alors obéis aveuglément par leurs subordonnés. Ces chefs sont très nombreux, on en compte au moins un dans chaque tribu, et dans certaines on en rencontre quelquefois sept ou huit. Leur titre est héréditaire et se transmet, soit du père au fils, soit du mari à la femme ; la loi salique est inconnue aux Marquises. Au-dessus de tous ces chefs, vient le grand chef, le roi, qu'ils appellent *Papa Akaiki* (tous les chefs). Maintenant encore règne la reine Vækehu, qui n'exerce plus qu'une autorité éphémère sous le contrôle du gouvernement français ; nous lui servons une modeste pension de *six cents francs* par an.

Il est bien difficile, pour ne pas dire impossible, de se faire une idée de l'ancienne religion des Canaques. Aujourd'hui, ils n'en ont aucune ; on ne trouve chez eux qu'une série de superstitions, de légendes, et par-dessus tout une crainte extrême des esprits et des revenants (*vehina-hœ*). Cette frayeur est telle que, la nuit, ils n'aiment pas à sortir seuls ; car, disent-ils, le revenant ne s'adresse jamais à un homme accompagné. Ils ne redoutent pas de le voir, l'obscurité s'y oppose, mais ils craignent de l'entendre.

Sans avoir de notion très claire sur l'immortalité de l'âme, ils sont certainement convaincus que l'esprit qui les anime ne meurt pas en même temps que le corps ; ils pensent aussi que cet esprit peut quitter son enveloppe sans que pour cela la vie l'abandonne immédiatement. Selon eux, les âmes des morts vont occuper chacune des nombreuses étoiles qui constellent le firmament : une étoile filante est à leurs yeux le signal de la mort de l'un d'eux.

Les légendes sont nombreuses, et nous avons été frappés de leur analogie avec des souvenirs du paganisme alliés aux traditions bibliques.

Un jour, un homme nommé Aka partit avec cinquante guerriers montés sur sept pirogues et se dirigea vers l'ouest. Après un voyage de trois mois, ils découvrirent une île d'une végétation luxuriante, où les arbres étaient chargés de fruits délicieux, mais dont les habitants étaient anthropophages. Sur le rivage, une foule de femmes belles et séduisantes les invitaient, par leurs appels et par leurs chants, à descendre à terre : mais ils étaient retenus par la crainte. Alors, éclata une tempête terrible, les pirogues furent submergées, et tous les marins périrent, à l'exception d'Aka qui, s'étant accroché à son canot, réussit à le remettre à flot, et put, au milieu de périls sans nombre, rejoindre sa patrie.

Une autre légende explique pourquoi les moustiques abondent à Nuhiva, tandis qu'ils sont inconnus dans le groupe du Sud-Est : Tupa, le père des dieux, voulant récompenser les bons et punir les méchants, réunit dans un coco tous les moustiques de l'archipel, puis il en répandit le contenu sur l'impie Nuhiva. Il déchaîna aussi contre elle un raz de marée, qui s'éleva jusque sur les plus hautes montagnes, et engloutit tous les habitants à l'exception de deux.

Une foule d'objets, d'endroits et d'actions sont *tapu*, c'est-à-dire interdits par la superstition ; la case du chef est tapu, il est défendu d'y pénétrer, à moins qu'il ne vous y invite ; tapu, la case où les chefs et les guerriers mangeaient leurs prisonniers de guerre ; tapu, le haut de la tête d'un enfant : on ne peut y toucher. Du reste, la politesse défend, lorsque l'on passe un objet à quelqu'un dont on est séparé par une autre personne, de tendre le bras au-dessus de la tête de son voisin. La tête est considérée comme sacrée ; et cependant, ce n'est pas là que les Canaques placent le siège de l'intelligence et de la volonté, c'est dans le ventre.

On comprend qu'avec ce fonds de superstition les indigènes attachent une grande vertu aux amulettes ; ils ont donc une foule de fétiches et de talismans. Le meilleur de tous, paraît-il, consiste dans un calmar suspendu à un arbre dans un enclos : c'est un porte-bonheur infaillible.

Les habitants étaient autrefois bien plus nombreux qu'aujourd'hui ; maintenant encore ils diminuent chaque année. Nous croyons qu'il faut surtout attribuer la dépopulation à l'abus du kava, boisson qui abêtit tous les habitants, les femmes principalement, et dont nous indiquons plus loin la composition. Notons encore une fois ce fait absolument certain : partout où passent les Européens colonisateurs, la population autochtone diminue de jour en jour.

Il y a quelques années encore, le vêtement des indigènes ne se composait, pour les hommes, que de leur tatouage et du *hami*, pièce d'étoffe attachée par devant à la ceinture, et passant entre les jambes pour aller rejoindre les reins, (le langhuti des Malgaches), — pour les femmes, d'un morceau de tissu fixé aux hanches et tombant jusqu'à mi-cuisse. Maintenant, grâce à notre influence et aux efforts des missionnaires, les hommes portent une chemise et un pantalon, les femmes une chemise ou *gaule* en indienne, dont la couleur, qui obéit aux caprices de la mode, est le plus souvent bleue ou rouge. Quelques élégantes donnent le ton, et aussitôt une nouvelle couleur lancée par elles, toutes les autres s'empressent de l'adopter servilement.

Nous avons dit que les femmes portaient leurs cheveux flottants sur les épaules et sans aucun ornement. Les hommes ont une coupe de cheveux fort irrégulière : les uns portent la moitié de la tête rasée, d'autres ne conservent qu'une touffe sur l'occiput, d'autres enfin laissent croître une mèche sur le milieu du front et la nomment *poe* ; ce signe indique qu'ils ont une vengeance à satisfaire. Ils portent aussi des ossements humains attachés à leurs cheveux ; il est facile de deviner la signification de cet ornement, car nous avons remarqué qu'il accompagne toujours le poe.

Dans les grandes cérémonies, ils se coiffent d'aigrettes blanches nommées *pava*, retenues au front par une couronne de dents de marsouin appelée *Heikohio*. Cette parure, d'une grande valeur, ne coûte pas moins de trois à cinq cents francs. Ils portent encore sur le sommet de la tête une sorte d'éventail en plumes de coq semi-circulaire, et haut de quarante à cinquante centimètres.

Les habitations, bien bâties, sont en général très élevées. Elles n'ont pas moins de sept à huit mètres de hauteur. On emploie pour leur construction l'arbre à pain (*mei*) et le cocotier ; la toiture se compose de feuilles de cocotier tressées. Les cases des gens riches sont recouvertes avec les feuilles du latanier. Le lit est le meuble principal ; il occupe toute la longueur de la pièce et a un mètre vingt de large. Il se compose de deux troncs de cocotier, le tout garni d'une natte supportée par de petits galets ; c'est, on le voit, peu confortable. Lorsqu'ils se couchent, les indigènes appuient la tête sur un des troncs, et le mollet sur l'autre.

Le *popoi* et le poisson sont la base de la nourriture des indigènes, les bananes et autres produits de l'île n'étant regardés par eux que comme mets superflus. Le popoi sert de pain ; il se fait avec le fruit du mei, que l'on cueille avant son entière maturité. Les fruits sont pelés, et un ou deux jours après on les débarrasse de leur noyau, on les entasse ensuite dans une fosse d'un mètre cinquante à deux mètres de profondeur, intérieurement garnie de pierres et de feuilles de *Ti*. Quand la fosse est pleine, on la recouvre et on laisse les fruits fermenter pendant trois ou quatre mois. Le produit que l'on retire de cette macération s'appelle *ma*; il se conserve pendant plusieurs années, et on l'apprécie d'autant plus qu'il est plus vieux. Le *ma* est ensuite battu dans un pilon, entouré de feuilles d'hibiscus et cuit dans l'eau; c'est le popoi.

En général, à l'exception du homard, des crabes et de quelques rares espèces, le poisson se mange cru, et salé avec l'eau de mer; on l'aime mieux *avancé* que frais, et on attend quelquefois la putréfaction presque complète. Les indigènes mangent avec les doigts, mais proprement; avant de commencer leur repas et pendant sa durée, ils se lavent fréquemment les mains dans une koka pleine d'eau placée près d'eux à cet effet. En mangeant, ils ne boivent que de l'eau, et c'est seulement entre leurs repas qu'ils absorbent le kava. Cette liqueur est faite avec les racines d'une plante qui porte le même nom. Voici comment on la fabrique :

Les racines sont mâchées, en général par des jeunes gens, déposées dans une koka où on les lave à grande eau, puis elles sont malaxées; le liquide qui en sort forme le kava. L'abus de cette boisson produit chez ceux qui s'y livrent une sorte d'engourdissement et d'abrutissement qui, même après que l'ivresse est dissipée, laisse des traces difficiles à détruire.

Le *Koko*, au contraire, rend furieux, et c'est toujours sous l'influence de l'ivresse produite par cette liqueur que se commettent les assassinats.

Nous avons dit que les Marquisiens ont le caractère doux et affable; ils sont aussi indolents, quoique d'humeur gaie. Réunis en troupe, ils causent beaucoup, rient bruyamment et bien souvent sans savoir pourquoi. Intelligents et adroits, ils excellent surtout dans les travaux de charpentes. On demeure frappé d'étonnement quand on voit les ouvrages qu'ils ont pu exécuter autrefois, alors qu'ils ne possédaient que des outils de pierre; ils avaient su, il est vrai, leur donner un tranchant aussi fin que celui de l'acier, et à l'aide de ces outils ils sculptaient des os de cachalot avec une délicatesse merveilleuse.

Leurs notions scientifiques sont très bornées, surtout en ce qui touche les nombres. Pour compter, ils ont pris 40 comme unité de calcul: ils comptent dix fois quarante et obtiennent le nombre 400, qu'ils répètent encore dix fois. Mais là se borne tout leur savoir; arrivés au chiffre 4000, ils s'arrêtent, c'est leur maximum; au delà de cette somme ils disent: *mea-nui, mea-nui*, beaucoup, beaucoup. Leur année, *puni*, se divise en dix mois (*meama*) de vingt-huit nuits (*po*). Ils ont cependant une idée de la division des jours en séries de sept, comme nos semaines; chacun d'eux a un nom. Il y a chez ces indigènes encore une autre année, mais ils en parlent rarement: c'est la *mei-nui*, qui a vingt meama et vaut deux puni. Ce qui a fait établir cette année double dans la manière de compter le temps, c'est que sur deux récoltes de fruits de l'arbre à pain, il y en a toujours une plus abondante que l'autre (*mei*, pain; *nui*, beaucoup).

Tel est en résumé ce peuple canaque, hospitalier et bon, mais auquel on a reproché avec raison son ancienne anthropophagie. Il est certain qu'autrefois ces indigènes se livraient au cannibalisme. Ils ne faisaient pas de la chair humaine leur nourriture habituelle, ils se contentaient de manger leurs prisonniers. Depuis bien des années ils ont abandonné cette coutume barbare, progrès dû surtout à l'influence des missionnaires.

Tous les voyageurs sont d'accord pour reconnaître que cette population ne ressemble en rien à celle des îles voisines, et que les Marquisiens forment dans l'archipel un peuple asolument à part.

Le climat est sain et agréable. Le jour, le thermomètre se tient toujours entre 25° et 28°, et la nuit entre 20° et 24°. L'air est sans cesse rafraîchi par la brise de mer, et le soleil, quoique chaud, n'est pas dangereux; les insolations ne sont jamais à craindre. La saison des pluies se divise en deux parties : la première arrive en janvier, et la seconde dure de mai à août.

Les principales productions naturelles de l'île sont:

Le *Mei*, dont le fruit, comme nous l'avons vu, constitue la principale nourriture des habitants ; le *Cocotier*, dont on tire le *coprath* et dont le bois est employé pour la construction des cases ; le *Mio*, ou bois de rose, très estimé dans l'ébénisterie ; le *Toa*, ou bois de fer ; le *Ihi*, dont le fruit aplati, gros comme un œuf de poule, cuit sous les cendres, ressemble au marron ; le *Puahi*, bois de santal ; de nombreux orangers, des citronniers et des bananiers.

La *Kumaa*, ou patate douce, était autrefois très soignée, mais depuis 1868 la culture en a été complètement abandonnée.

Les missionnaires ont importé dans les îles le cotonnier, qui se multiplie par les soins des colons et des Chinois immigrés, dans une telle proportion, que sous peu l'île *Nu-hiva* sera entièrement couverte de cette plante si utile.

On ne rencontre pas d'animaux féroces dans les îles; il n'y a que les cochons sauvages, espèces de sangliers armés de défenses, qui soient à craindre.

Les animaux domestiques sont les porcs, les bœufs, très nombreux, introduits par les missionnaires, les moutons, les chèvres. Quelques chevaux, mulets et ânes, mais en petite quantité, et considérés plutôt comme des animaux de luxe.

A part les moustiques (*mono*), les fourmis, les araignées et les myriapodes, les insectes sont inconnus.

Telle est la description de ces îles. Quand on les aperçoit du large avec leurs côtes abruptes, tombant à pic dans la mer, d'une hauteur de trois ou quatre cents mètres, couronnées de hautes montagnes, on devine qu'elles sont d'origine volcanique ; les falaises qui les terminent font supposer des scissions brusques et des convulsions de la nature fractionnant un continent en plusieurs groupes d'îles.

La similitude des terrains et la couleur des roches ne laissent aucun doute à cet égard; l'opinion scientifique est d'ailleurs d'accord avec les légendes qui parlent d'îlots disparus, ou d'îles brusquement séparées. Telle, par exemple, Nu-hiva, qui, selon les habitants, fut un jour séparée de Uapa par le génie Tupa. Il suffit de considérer la couleur des roches de ces deux îles qui se font vis-à-vis. pour être convaincu qu'une séparation a eu lieu en effet, et à une époque relativement peu éloignée.

Ces îles que nous venons de décrire forment, avec les autres établissements de la Polynésie, un des points les plus importants pour la colonisation de l'avenir. Il serait à souhaiter que l'on pût y diriger des colons le plus tôt possible. Ils y trouveraient, sous un climat salubre, au milieu de populations douces, que l'on pourrait rendre laborieuses, des terres très fertiles, où poussent avec une vigueur incroyable le cotonnier, le caféier et la canne à sucre; ils s'emploieraient facilement dans le petit nombre d'établissements déjà créés, car on y manque de bras, et on est réduit, comme d'ailleurs dans la plupart de nos colonies, à recourir aux immigrés chinois. Ils en créeraient surtout de nouveaux, à la condition toutefois d'être aidés. Le prochain percement de l'isthme de Panama appelle ces différents points à devenir des stations navales et des centres commerciaux de la plus haute importance.

ARCHIPEL DES TUAMOTU

L'archipel de *Tuamotu* (îles lointaines) a mérité le surnom de dangereux à cause de son hydrographie demeurée imparfaite, et des récifs de corail qui en rendent l'accès difficile. On l'appelait aussi *Pomotu*, ou îles soumises; les habitants, quand ils ont accepté le protectorat de la France en 1842, ont demandé que cette appellation ne soit plus employée.

Ces îles, au nombre de quatre-vingt-six, font, avec les Gambier, partie d'un continent submergé, et ne sont que les sommets des hautes montagnes qui couvraient ce continent. Escarpées, et presque inabordables du côté de la mer, elles s'inclinent au contraire en pente douce vers l'intérieur, et circonscrivent un lagon central. Elles sont gardées par des récifs madréporiques constituant une barrière continue où, de temps à autre, se rencontre une interruption qui forme une passe. Quelques-unes n'ont point de passe, et restent inaccessibles même aux plus légers canots; on est forcé de soulever et de porter les embarcations pour franchir la ligne des brisants.

Il n'y a pas d'eau douce dans ces îles, si ce n'est à *Anao*, où le résident a fait construire une citerne qui fournit une petite provision. On n'y voit que des cocotiers et quelques arbres à pain.

La population des îles s'élève à 7,270 habitants. Eux aussi étaient autrefois anthropophages, et on prétend même que le cannibalisme subsiste encore chez quelques-uns. A cela près, ils ont maintenant les mêmes coutumes que les Taïtiens. C'est Anao qui la première s'est relativement civilisée: des Maoris chassés par la guerre vinrent s'y installer et modifièrent ses mœurs en y apportant les usages de Taïti, qui bientôt se répandirent dans tout l'archipel.

Le coprath occupe le premier rang dans le commerce des Tuamotu. On y traitait d'assez importantes affaires de *nacre* et de *perles*, mais l'activité de ces transactions a considérablement diminué. Les petites goëlettes appartenant aux maisons de Taïti viennent bien toujours dans l'archipel prendre des chargements de ces précieuses marchandises ; les naturels qui les recueillent en connaissent maintenant toute la valeur, et les commerçants se montrent moins empressés à l'achat, parce qu'ils ne réalisent plus les mêmes bénéfices qu'autrefois.

ARCHIPEL DES GAMBIER

Les Gambier sont au nombre de six. Cinq d'entre ces îles, *Mangarewa*, *Aukena*, *Okamaru*, *Akakawitaï* et *Tarawaï*, forment un cercle qui circonscrit un lagon intérieur de 18,000 hectares. La sixième, l'île *Crescent*, est en dehors du groupe. La plus importante est Mangarewa, que domine le *Duff*. Elle est très pittoresque, très boisée, et on y trouve l'eau en abondance. Le village principal est à l'extrémité d'une longue jetée; on y arrive en franchissant une porte monumentale dont les montants sont taillés dans des blocs de corail. Sur la place, où l'on débouche immédiatement, se trouve l'habitation du résident, espèce de tourelle à un étage ; la maison du chef, et dominant le tout, la mission, qui fait face directement à l'entrée du côté de la mer; à droite et à gauche s'élancent deux sentiers qui relient les divers points de l'île.

Les Gambier, découvertes en 1797 par Wilson, qui leur donna le nom du chef de la mission, furent visitées en 1826 par Bechey, qui dépeint les habitants comme de féroces anthropophages. En 1834, des Pères de Picpus débarquaient dans l'archipel, s'installaient à Mangarewa, et peu de temps après, malgré les efforts de Mormons accourus pour leur disputer des adeptes, ils convertissaient au catholicisme la plupart des naturels.

Le roi embrassa le premier la nouvelle religion ; sa conversion eut pour résultat de faire tomber le pouvoir aux mains des missionnaires. Dès lors, ceux ci exercèrent sur l'archipel un pouvoir absolu, et eurent une très grande influence commerciale et industrielle.

Ils conseillèrent au chef du pays de se placer sous le protectorat de la France. En 1843, l'amiral Dupetit-Thouars envoya dans l'archipel la frégate la *Charte,* qui en prit possession. L'année suivante, l'amiral Bruat déléguait le P. Lianon comme son représentant aux îles Gambier. Dès ce moment, à leur autorité morale, les missionnaires de Picpus ajoutèrent le titre de délégués officiels de la France.

Comme les Tuamotu, les Gambier sont infertiles ; les seuls arbres qui s'y développent sont le *cocotier* et le *pandanus,* qui arrivent à former des fourrés impénétrables. Les cocotiers ont un redoutable ennemi dans un crabe terrestre muni de fortes pinces et très friand de ses noix. Le fruit du cocotier constitue la base de la nourriture des indigènes, qui en retirent aussi de l'huile. Pour l'obtenir, ils ont recours à un procédé des plus primitifs ; ils râpent la noix avec une barre de fer dentelée, laissent fermenter la pulpe pendant deux ou trois semaines dans des réservoirs spéciaux, et la pressent ensuite entre leurs mains.

La diminution des habitants des îles Gambier est énorme. On évalue généralement à 2,500 le chiffre des insulaires au moment de l'arrivée des missionnaires, et aujourd'hui leur nombre ne monte pas à plus de 547 individus. On attribue cette dépopulation aux ravages de la phthisie ; soit ! mais c'est déplacer le problème, et non pas le résoudre : pourquoi donc la terrible maladie ne sévit-elle avec une si effroyable intensité que depuis notre arrivée dans ce pays ? Il est plus exact de dire d'une façon générale que ce sont les vices importés par les Européens dans ces contrées lointaines qui ont décimé si rapidement ces hommes ardents, faciles à séduire, et comme de grands enfants prompts à tout exagérer.

BIBLIOGRAPHIE

Le Fils. *Description des îles Marquises* (Paris, 1843, in-8°).
X. *Les îles Marquises* (1843).
Jouan. *Archipel des Marquises* (Revue coloniale, 1858).
Cuzent. *Voyage aux Gambier* (Paris, Masson et Cie, 1872, in-8°).
Mariot. *Note sur Taïti et les Tuamotu* (Revue maritine et coloniale, année 1875).
Jacquemart. *Les îles Gambier* (Annales hydrographiques 1875).
X. *Renseignements sur quelques points des îles Marquises, sur diverses îles des Tuamotu, sur les Gambier et sur l'île Melsetia* (Ann. hydrographiques 1876).
Eyriaud de Vergnes. *L'Archipel des îles Marquises* (Revue maritime et coloniale 1877).
Blin. *Notes de voyages.* — (Taïti. Missions océaniques 1877).
Ch. Blin. *Voyage en Océanie* (Le Mans, 1881, in-12).
Ch. Garnier de Laroche. *Documents manuscrits inédits.*
Lutteroth. *O'Taïti. Histoire et conquêtes.* 1843.
Dumoutier. *Histoire des îles Marquises en 1842.* 1843.
P. Mathias G... *Lettres sur les îles Marquises.* 1843.
Gaussin. *Cosmogonie tahitienne* (Tour du Monde 1860).
Cuzent. *O'Taïti. Considérations géologiques, météorologiques et botaniques sur l'île.* 1860.
X... *Annuaire des établissements français de l'Océanie.* 1864.
Arfousset. *Tahiti et les îles adjacentes. Voyage et séjour dans ces îles* (1862-1865). 1867.
Garnier. *Excursion autour de l'île de Tahiti* (Société de géographie, 1868).

X... *Renseignements sur quelques îles de l'archipel des Tuamotu* (Annales hydrographiques, 1874).
Durand. *Les missions catholiques françaises.* 1874.
Pailhès. *Souvenirs du Pacifique* (Tour du monde, 1875).
X.. *Les îles Marquises. Ressources naturelles, population, colonisation* (Economiste français 1877).
Vassel. *Colonisation française en Océanie* (Exploration, 1880).
Aube. *Entre deux campagnes.* 1861.
Cortambert. *Tahïti annexé aux colonies françaises* (Nature, 1880).
Pigeard. *Voyage dans l'Océanie centrale.* Annales des voyages, 1847).
X... *Les îles Tuamotu* (Exploration, juillet 1878).
P. Deschanel. *La politique française en Océanie* (Paris, in-12, 1884).
Pierre de Coral. *Taïti.* (Paris, Lecène et Oudin, 1885).

TABLE DES MATIÈRES

AVANT-PROPOS. . . . . ⅴ

AMÉRIQUE

SAINT-PIERRE ET MIQUELON.

Pages.

Chapitre Iᵉʳ. Aspect général. — Situation. — Topographie. — Climat. — La neige. — Le poudrin. — Sifflets de brume. — Le chant des sirènes. — La vache. — Aurores boréales. — Les jardins. — Les fermes. — La sapinette. — Remède contre les rhumatismes. — La cueillette. 3

Chapitre II. Un peu d'histoire. — Origine des colons. — La colonisation anglaise — Les habitants. — Pêcheurs et chasseurs. — Les loups de mer. — Saint-Pierre. — Miquelon. — Arrivée des navires. — Le marchand et le matelot anglais 21

Chapitre III. Les Bancs. — La morue. — Armements de la métropole. — Armements locaux. — Le fournisseur. — Pêcheurs à la Pouche. - La boitte. — Les lignes. — Le tanti. - La pêche. — L'habillage. — Le salage. — Morue verte et morue sèche. — Les sécheries. — L'huile de foie de morue. — La petite pêche. — Le désarmement. - Règlement de la Saint-Michel. — Il y a des juges à Saint-Pierre. 36

Bibliographie. 57

AFRIQUE

LE GABON.

Pages.

CHAPITRE Ier. L'occupation française. — Les traités. — Aspect général. — Topographie. — Rivières. . . .   59

CHAPITRE II. Administration. — Les missionnaires. — Climat. — Grandes pluies. — Productions. — Culture.   67

CHAPITRE III. Habitants du Gabon. — Les Krowmen. Les M'Pongwés. — Les Boulous. — Les Bakalais. — Les Fans au Pahouin. — Essences forestières. — Les éléphants. — Les gorilles. — Les fourmis.   75

CHAPITRE IV. L'Ogooué et ses explorateurs. — Serval et Griffon de Bellay. — Walker. — Génoyer. — Marche et de Compiègne. — De Brazza, Ballay et Marche. — De Brazza.   99

LE CONGO FRANÇAIS.

CHAPITRE Ier. L'association internationale africaine. — Deuxième voyage de M. de Brazza. — Le roi Makoko. — Fondation de Bazzaville.   111

CHAPITRE II. Troisième voyage de M. de Brazza. — Prise de Loango et de Pointe-Noire. — Remise du traité à Makoko. — Explorations dans le bassin du Congo. — La Conférence de Berlin.   124

CHAPITRE III. Le Congo français. — Situation, limites, étendue. — Les stations françaises. — Brazzaville. — Population.   139

GRAND-BASSAM — DABOU — ASSINIE.

CHAPITRE Ier. Occupation française. — Les Français sur la côte occidentale d'Afrique.   152

CHAPITRE II. Grand-Bassam. — Assinie. — Dabou. — Topographie. — Jack-Jack. — Abandon de nos établissements. — Une lettre instructive.   165

OBOCK.

Situation. — Climat. — Acquisition d'Obock. — Son avenir. .... Pages. 175

MAYOTTE.

CHAPITRE Ier. Histoire de Mayotte. — Mœurs des Malgaches............ 193

CHAPITRE II. Situation. — Aspect. — Configuration. — Centres principaux. — Description d'une fête. — Sol, cultures et productions. — Organisation. — L'avenir. . 201

NOSSI-BÉ.

L'arrivée. — Histoire de Nossi-Bé. — Hell-Ville. — Population. — Les villages. — Les Lakampias. — Ambanourou. — Douani. — Topographie. — Cultures et productions............ 209

SAINTE-MARIE DE MADAGASCAR.

CHAPITRE Ier. Aspect général. — Topographie. — Histoire. — But de l'occupation. — Climat. — Administration. 220

CHAPITRE II. Population. — Origines Malgaches. — Betsimisaracks. — Coutumes. — Les méthodistes. — Le premier homme et la première femme. — La couleuvre et la grenouille. — Climat. — Culture. — Productions. Budget. — Conclusion............ 229

Bibliographie............ 243

ASIE

ÉTABLISSEMENTS FRANÇAIS DANS L'INDE.

CHAPITRE 1er. Introduction. — Les Français dans l'Inde. — Premières tentatives. — Caron, François Martin, Lenoir, Dumas, Dupleix, Bussy, Godeheu, Lally-Tollendal. — Décadence de nos possessions. — Prises, reprises et perdues. — Les sapeurs de Calcutta, 1870. — Les établissements actuels............ 247

Pages.

CHAPITRE II. Pondichéry. — La rade. — Les *chelingues*. — Les deux villes. — Température. — Quatre éléments de population. — Trois religions. — Les langues. — Edifices principaux. — Services financiers. — La banque et l'argent. — Service postal et télégraphique. — Instruction publique. — Travaux publics. — Le culte. — L'industrie. — Organisation et administration. — La justice. — Les Dacoïts. — Les Thugs. — Institutions diverses. — La léproserie. 287

CHAPITRE III. La vie à Pondichéry. — Les pancas. — La table. — Les pousse-pousse. — La *pointe aux blagueurs*. Les serpents. — Villégiature. — Les mariages indiens. — Qu'il soit laid, vieux ou méchant. — La fête des Yamsays. — Bayadères et Ayas. — Les *Dobachis*. . 309

CHAPITRE IV. Territoire de Pondichéry. — Le sol. — Les cours d'eau. — Division des terres. — Productions. — Pagode de Villenour. — Fête de l'agriculture. — Fête du feu. — Kaly. 322

CHAPITRE V. Karikal. — Yanaon. — Mazulipatam. — Mahé. — Calicut. — Surate. — Chandernagor. — Loges du Bengale. — Coup d'œil général. — Conclusion. 332

Bibliographie. 347

OCÉANIE

Archipel polynésien. 349

TAITI ET SES DÉPENDANCES

CHAPITRE Ier. La dynastie des Pomaré. — Les missionnaires anglais. — Etat politique de l'île à l'arrivée des Français. — Prise de possession. — Affaire Pritchard. — Pacification de l'île. — Mort de Pomaré IV. — Avènement de son fils. — Traité de 1880. — Situation. — — Aspect général. — Topographie. — Climat. . . . 252

TABLE DES MATIÈRES.

Pages

CHAPITRE II. Les Taïtiens. — Caractère. — Mœurs. — Fêtes. — Danses. — *Himénés*. — Religion — Anciennes croyances. — Papëete. — La Petite Pologne. — Le marché. — Productions du pays. — Culte. — Industrie. 366

CHAPITRE III. Dépendances de Taïti. — Les Tubaï. — Ile Rapa. — Iles sous le Vent. 383

LES MARQUISES.

CHAPITRE Ier. — Découverte des îles. — Mendanao. — Cook. — Occupation française. — Les colons. — Canaques. — La famille. — La propriété. — Productions. Avenir de la colonie. 388
Archipel des Tuamotu. 406
Archipel de Gambier. 408
Bibliographie. 411

POITIERS. — TYPOGRAPHIE OUDIN.

www.ingramcontent.com/pod-product-compliance
Lightning Source LLC
Chambersburg PA
CBHW071105230426
43666CB00009B/1830